Priorize Deus

Devocionais diários para 365 dias

Priorize Deus

Devocionais diários para 365 dias

MICHEL SIMPLICIO

Vida

Vida
Editora Vida
Rua Conde de Sarzedas, 246 – Liberdade
CEP 01512-070 – São Paulo, SP
Tel.: 0 xx 11 2618 7000
atendimento@editoravida.com.br
www.editoravida.com.br
@editora_vida /editoravida

Editora-chefe: Sarah Lucchini
Editor responsável: Maurício Zágari
Revisão: Paulo Oliveira
Revisão de provas: Rosalice Gualberto e Jacqueline Mattos
Coordenadora de design gráfico: Claudia Fatel Lino
Projeto gráfico e diagramação: Marcelo Alves de Souza
Capa: Arte Vida

PRIORIZE DEUS

Todas as citações bíblicas e de terceiros foram adaptadas segundo o Acordo Ortográfico da Língua Portuguesa, assinado em 1990, em vigor desde janeiro de 2009.

■

As opiniões expressas nesta obra refletem o ponto de vista de seus autores e não são necessariamente equivalentes às da Editora Vida ou de sua equipe editorial.

Os nomes das pessoas citadas na obra foram alterados nos casos em que poderia surgir alguma situação embaraçosa.

Todos os grifos são do autor, exceto os indicados.

1. edição: set. 2024

Dados Internacionais de Catalogação na Publicação (CIP)
(Câmara Brasileira do Livro, SP, Brasil)

Simplicio, Michel
Priorize Deus : devocionais diários para 365 dias / Michel Simplicio. – São Paulo : Editora Vida, 2024.

ISBN 978-65-5584-566-2
e-ISBN: 978-65-5584-572-3

1. Bíblia - Estudos 2. Devoção a Deus 3. Devoções diárias 4. Escrituras cristãs 5. Literatura devocional 6. Vida espiritual – Cristianismo I. Título.

24-220645 CDD-242.8

Índice para catálogo sistemático:

1. Devoção : Vida espiritual : Cristianismo 242.8
Eliane de Freitas Leite – Bibliotecária – CRB 8/8415

Priorize Deus

Devocionais diários para 365 dias

DE:

PARA:

INTRODUÇÃO

Não é por acaso que você está segurando este livro. Necessitamos ouvir a voz de Deus todos os dias, pois é por meio dela que somos orientados, fortalecidos e encorajados.

O Senhor espera que o busquemos diariamente, pois nos reserva algo especial a cada amanhecer. Porém, em nossos dias cheios de desafios, a maioria das pessoas não costuma investir tempo a sós com ele.

Priorize Deus é uma ferramenta poderosa, que o ajudará a manter constância em uma rotina de intimidade com o Senhor. Este devocional foi escrito especialmente para que você cresça emocional e espiritualmente, vença os constantes desafios da vida e cumpra o propósito para o qual foi criado.

Escrevi as reflexões desta obra para ajudá-lo a manter a regularidade nos seus momentos diários de intimidade com o Eterno. Cada devocional representará um avanço em sua jornada pessoal e íntima de crescimento espiritual.

Oro a Deus que ele o acompanhe ao longo de cada leitura e fale poderosamente ao seu coração!

BEM-VINDO AO

PRIORIZE DEUS!

Nesta obra, embarcaremos juntos em uma jornada de profunda comunhão com Deus, ao longo de um ano inteiro. Aqui, você encontrará orientações práticas e inspiradoras para desenvolver uma rotina diária de conexão espiritual, trazendo o divino para o cerne de sua vida cotidiana.

Em meio às complexidades e aos desafios do mundo moderno, é fácil perder de vista o que é mais importante: a intimidade com o Criador. Diante dessa realidade, esta obra surge como um guia compassivo, oferecendo valiosas dicas e ferramentas para construir um relacionamento sólido com Deus, diariamente, ao longo de um ano completo.

Este livro é projetado para levar você além da simples leitura bíblica. É um convite para que você se aprofunde na Palavra de Deus, buscando compreender seus ensinamentos e aplicá-los em sua vida diária. Cada devocional é uma oportunidade para encontrar significado e propósito nas Escrituras, e para experimentar a presença de Deus de forma mais profunda.

A estrutura de *Priorize Deus* é concebida para facilitar sua jornada espiritual ao longo do ano. Cada devocional apresenta uma reflexão temática, com base em textos selecionados das Escrituras. Além disso, oferece dicas práticas sobre como conduzir seu devocional pessoal.

PARA UMA EXPERIÊNCIA VERDADEIRAMENTE ENRIQUECEDORA, ENCORAJAMOS VOCÊ A SEGUIR ALGUMAS ORIENTAÇÕES SIMPLES:

1. **Prepare o ambiente:** reserve um local agradável para ter seu tempo com o Senhor. Se possível, defina sempre o mesmo horário em sua agenda, pois hábitos ajudam a desenvolver um novo estilo de vida.

2. **Elimine as distrações:** deixe de lado qualquer coisa que possa vir a tirar sua plena concentração. Atente-se somente à voz de Deus e permita-se ser ministrado em cada mensagem.

3. **Interaja:** nestas páginas, você encontrará frases, palavras e detalhes que poderão ser resposta de oração em sua vida. Preste atenção e não deixe de responder com sinceridade às perguntas propostas.

4. **Oração, adoração e meditação na Palavra:** a cada devocional, invista um tempo de oração a respeito do tema abordado. Lembre-se de adorar a Deus com suas palavras, confissões, sinceridade e louvor. Medite nas histórias bíblicas narradas e desfrute intimidade com o Senhor.

5. **Faça anotações:** separe um bloco de notas físico ou digital para registrar o que o Espírito Santo trouxer à tona no decorrer de suas leituras e reflexões. Não deixe de escrever quais atitudes você colocará em prática.

Que este livro seja uma ferramenta valiosa para aprofundar seu relacionamento com Deus, fortalecendo sua fé e transformando sua vida diária. Estamos animados para acompanhá-lo nesta jornada espiritual, e oramos para que você experimente a alegria e a paz que vêm da comunhão com o Pai celestial. Vamos juntos embarcar nesta emocionante aventura espiritual que durará todo o ano, descobrindo novas perspectivas e experiências transformadoras em cada devocional. Que a graça de Deus esteja com você a cada passo do caminho!

COLOCANDO DEUS EM PRIMEIRO LUGAR

DIA 001

@michelsimplicio

Muitas pessoas desejam viver a vontade de Deus para sua vida, afinal, ela é boa, perfeita e agradável (cf. Romanos 12.2). Todavia, boa parte delas não consegue, porque não sabe definir as prioridades corretas.

Algumas priorizam seus sonhos, propósitos e objetivos, mas se esquecem do que é realmente primordial: o Reino de Deus e a sua justiça (cf. Mateus 6.33). Talvez Cristo tenha transmitido esse ensinamento precioso porque seus discípulos estivessem com as motivações e prioridades equivocadas.

É por isso que, hoje, o Senhor também deseja que definamos a prioridade correta. Isso significa que, antes de construir, é necessário investir na base: *Deus*.

Quando me perguntam o que deve vir primeiro, se é família, trabalho, estudo ou igreja, eu sempre respondo: é Deus! O Criador é o alicerce de tudo. Ele deve ser a prioridade na família, no trabalho, no ministério e em tudo mais.

Portanto, ponha o Senhor em primeiro lugar. Com isso, você cumprirá sua maravilhosa vontade e caminhando no passo do que ele estabeleceu para seus filhos.

> **“Dar prioridade é saber dizer não ao que o impede de avançar.”**

O que está impedindo você de buscar Deus antes das demais coisas?

PLANO DE LEITURA:

Gênesis 1—3

ACESSE O QR CODE PARA SABER MAIS:

DIA
002

@michelsimplicio

AGORA SERÁ DIFERENTE

Será que você tem sido determinado como Deus quer?

Muitas vezes, a grande virada de Deus em sua vida depende da sua determinação. Você já deve ter ouvido falar da história de Davi e Golias (cf. 1Samuel 17). Golias era um gigante que amedrontava o povo de Deus, mas foi vencido por Davi, um jovem determinado a escrever uma história diferente. Lembre-se: pessoas determinadas podem escrever uma nova história debaixo do poder do Altíssimo.

Enquanto o gigante amedrontava os israelitas, eles deixavam de viver as promessas que o Senhor havia preparado. Mas, no dia em que alguém se levantou, com determinação e na dependência de Deus, o gigante foi derrotado e tudo foi diferente.

A partir de hoje, seja determinado a fazer tudo diferente. Posicione-se e escreva uma nova história para a sua vida. Quando for trabalhar, faça diferente; quando for cuidar da família, seja diferente... creia que, se o Senhor está com você, tudo pode ser diferente! Afinal, se Deus é por nós, quem será contra nós?

A partir de hoje, não deixe ninguém o deter, porque quem o criou também o chamou para um propósito. Creia que, se ele o está capacitando, tudo pode ser diferente.

PLANO DE LEITURA:

Gênesis 4–6

ACESSE O QR CODE PARA SABER MAIS:

“Atitudes diferentes geram resultados extraordinários.”

DESCUBRA O SEU PROPÓSITO

DIA 003

@michelsimplicio

Descobrir o seu propósito fará você ter plenitude na sua existência, pois cada passo que der estará de acordo com a vontade do Senhor. A vida é curta e tudo passa rápido, mas, infelizmente, muitas pessoas vivem sem descobrir o seu propósito, por isso enfrentam cansaço extremo e insatisfação constante.

Todavia, acredite que Deus tem todo interesse em ajudá-lo a descobrir o seu propósito.

Gosto muito de auxiliar as pessoas a refletir para que encontrem o propósito dentro de si. E quando digo isso, é porque não creio que Deus manifeste externamente o caminho que você deve seguir – a sua razão de viver encontra-se em seu interior.

Quer saber qual é o seu propósito? Então responda a estas três perguntas: o que você mais gosta de fazer? Que habilidade você tem que é acima da média? O que as pessoas dizem que você faz com maestria? Descobrindo a resposta a essas perguntas, o direcionamento será bastante certeiro.

Portanto, reflita e peça ao Espírito Santo para lhe dar clareza, pois é do interesse dele que você viva e cumpra o seu propósito.

"Uma pessoa sem propósito é como um navio sem leme."

Você já descobriu o propósito de Deus para a sua vida?

....

....

....

....

....

....

....

PLANO DE LEITURA:

Gênesis 7–9

ACESSE O QR CODE PARA SABER MAIS:

DIA 004

@michelsimplicio

UMA NOVA HISTÓRIA VAI COMEÇAR

Você acredita que Deus pode reformular toda a sua vida?

Deus é perito em começar uma nova história na vida de pessoas frustradas. E ele pode fazer isso também com você.

Pode ser que seu coração esteja abatido por não alcançar alguns objetivos. Como consequência, talvez você esteja se sentindo abandonado ou incapaz. Se é o caso, creia que o Senhor tem todo poder para começar uma nova história em sua vida!

A mulher samaritana já havia tentado de diversas formas ter um relacionamento amoroso bem-sucedido, pois já tivera cinco maridos e não havia encontrado a felicidade com nenhum deles (cf. João 4.7). Aquela mulher, com um histórico muito ruim, estava sozinha junto ao poço, fora do horário habitual de pegar água. Até que Jesus a encontrou, e eles começaram a conversar. Aquele diálogo gerou um impacto tão grande que ela retornou à sua aldeia proclamando Cristo – o que levou muitas pessoas a ele.

Quando Jesus tem um propósito na vida de alguém, ele promove um recomeço. Deus é um Deus de recomeços, e se ele escolheu a sua vida para ser transformada, é para que, por meio do seu testemunho, muitas pessoas venham a conhecê-lo.

PLANO DE LEITURA:

Gênesis 10–12

ACESSE O QR CODE PARA SABER MAIS:

"As coisas velhas se passaram e tudo se fez novo!"

NÃO PARE NO MEIO DO CAMINHO

DIA 005

@michelsimplicio

É preciso começar bem e terminar bem, e para isso você não pode parar no meio do caminho. Gênesis 11.31 relata que o pai do patriarca Abraão, Terá, saiu de Ur dos caldeus rumo à terra de Canaã, mas habitou em Harã – ou seja, até saiu do lugar onde estava, mas parou no meio do caminho.

Não sabemos por que Harã atraiu tanto aquele homem, a ponto de ele fixar ali sua residência e morrer na localidade, sem nunca chegar ao seu destino. Mas não foi uma boa escolha.

Não pare no meio da sua trajetória. Fique atento às distrações e propostas que aparecem para impedi-lo de chegar aonde almeja. Por isso, Deus está falando ao seu coração: não pare no meio do caminho.

Terá parou e morreu ali, então, depois, Deus chamou o filho daquele homem, Abraão. Sim, foi Abraão quem, por fim, saiu da terra de seus pais e chegou ao lugar que Deus lhe havia prometido.

Creia que, do mesmo modo, assim será na sua vida. Você é filho de Deus, da descendência espiritual de Abraão. Por isso, não cometa o mesmo erro que o pai dele: prossiga e, se persistir, certamente chegará ao lugar preparado por Deus.

"A palavra *impossível* não consta no dicionário de Deus."

Existe algo impedindo você de avançar? Como pode se livrar do que o trava?

....

....

....

....

....

....

....

PLANO DE LEITURA:

Gênesis 13–16

ACESSE O QR CODE PARA SABER MAIS:

DIA
006

@michelsimplicio

CONQUISTANDO PELA FÉ

A fé vem pela Palavra de Deus. Como tem sido sua rotina de leitura bíblica?

PLANO DE LEITURA:

Gênesis 17–19

ACESSE O QR CODE PARA SABER MAIS:

Você está exatamente onde a sua fé lhe permitiu chegar. Porém, se crescer em fé, poderá alcançar lugares mais elevados.

Deus havia preparado para os israelitas uma terra que manava leite e mel (cf. Números 13), mas dos doze espiões enviados para analisar Canaã, dez não conquistaram a promessa, porque retrocederam ao ver gigantes. Apenas dois – Josué e Calebe – conseguiram entrar na terra da promessa, porque foram movidos pela fé.

A fé é o combustível que vai fazer você percorrer longas viagens. Porém, muitas pessoas não conquistam porque não acreditam no que Deus preparou para elas.

A fé verdadeira não deixará você desanimar. Antes, uma fé em sintonia com a Palavra de Deus move o sobrenatural e permite alcançar o que outros creem ser impossível. Por isso, Calebe fez calar o povo e disse: "Subamos e tomemos posse da terra. É certo que venceremos!" (Números 13.30).

Creia que Deus preparou grandes coisas para você. Mas para conquistar, é necessário ter fé de que se ele preparou, vai lhe entregar. Então, lembre-se: é a sua fé, baseada na vontade do Senhor, que fará você conquistar coisas grandes.

"A força mais potente do Universo é a fé."

QUEM OLHA PARA TRÁS PERDE VELOCIDADE

DIA 007

@michelsimplicio

Durante muito tempo me dediquei ao esporte e, por ser um atleta profissional, participei de grandes maratonas. Com isso, descobri que quem corre sempre olha para a frente. Isso é fundamental, porque quem se vira para trás perde velocidade.

Com Deus também não dá para correr olhando para trás. É necessário mirar sempre adiante. Portanto, lembre-se de que as coisas do passado não importam mais, é necessário viver o presente para chegar a um futuro glorioso.

O apóstolo Paulo disse: "[...] prossigo para o alvo, a fim de ganhar o prêmio do chamado celestial de Deus em Cristo Jesus" (Filipenses 3.14). Está na hora de olhar para o alvo, porque quem olha para trás perde não só a velocidade, mas também a direção.

Talvez você ainda esteja olhando para aquilo que não deu certo. Mas ouça: o seu futuro não está lá atrás, ele está adiante! Então, retome a direção e siga a corrida que Deus lhe propôs.

Lembre-se de que se você perder velocidade por ter olhado para trás, poderá perder também aquilo que Deus lhe preparou. Não corra esse risco! É hora de fugir das distrações e correr em direção às promessas do Senhor.

"Olhar para trás não é opção."

Quais são as coisas do passado que têm feito você perder velocidade? Como se livrar delas?

PLANO DE LEITURA:

Gênesis 20–22

ACESSE O QR CODE PARA SABER MAIS:

DIA 008

@michelsimplicio

ESCREVENDO A VISÃO

Você tem o hábito de escrever seus objetivos? Se não, faça uma experiência e veja a diferença.

Se Deus pôs sonhos e projetos em seu coração, é necessário obedecer às instruções do Senhor para que eles se concretizem.

Deus ordenou ao profeta: “Escreva claramente a visão em tabuinhas, para que se leia facilmente” (Habacuque 2.2). Que instrução interessante! Que tal fazer o mesmo? Então, escreva o que o Senhor pôs em seu coração, para que você possa relembrar, visualizar e orar. Afinal, muitas vezes, Deus nos dá projetos dos quais simplesmente nos esquecemos, porque não anotamos.

A visão aponta para o nosso propósito, por isso escreva-a e a ponha em um lugar onde possa vê-la constantemente. Às vezes, ela pode até parecer impossível, mas Deus tem o poder de trazer à existência o que não existe. Assim, aquilo que hoje é apenas um projeto pode se tornar realidade. Então, obedeça às instruções e, quando a visão se cumprir, dê toda a glória a Deus.

Escreva seu sonho de forma clara e nítida, grave e não permita que fique apenas nos seus pensamentos, porque, um dia, ele poderá se transformar no seu maior testemunho.

PLANO DE LEITURA:

Gênesis 23–24

ACESSE O QR CODE PARA SABER MAIS:

“Desempenhos de excelência começam com objetivos claros.”

É TEMPO DE CRESCER

DIA
009

@michelsimplicio

O crescimento e o amadurecimento espirituais são as chaves que dão acesso ao cumprimento das promessas de Deus.

Paulo escreveu em Gálatas 4.1: "[...] enquanto o herdeiro é menor de idade, em nada difere de um escravo, embora seja dono de tudo". O apóstolo estava se referindo ao fato de que o Senhor nos fez herdeiros da promessa. Da mesma forma, ele escreveu aos romanos: "Se somos filhos, então somos herdeiros; herdeiros de Deus e coerdeiros com Cristo [...]" (Romanos 8.17).

Deus tem grandes promessas, mas para usarmos bem a herança, é necessário ter maturidade. Em 1Coríntios 13.11, o apóstolo afirmou: "Quando eu era menino, falava como menino, pensava como menino e raciocinava como menino. Quando me tornei homem, deixei para trás as coisas de menino". O que isso nos mostra? Que está na hora de deixar as coisas de menino e crescer. Chega de guardar mágoas e ressentimentos! Deixe para trás tudo aquilo que prende você ao passado e avance!

É tempo de crescer e amadurecer para avançar, porque assim as promessas de Deus se cumprirão em sua vida.

"Amadurecimento na fé é fruto de estudo bíblico e oração."

Como anda sua rotina de oração e estudo bíblico, tão necessários para nosso amadurecimento?

PLANO DE LEITURA:

Gênesis 25–27

ACESSE O QR CODE PARA SABER MAIS:

DIA
010

@michelsimplicio

NÃO NEGOCIE SEUS PRINCÍPIOS

Que tal experimentar escrever no papel os seus princípios inegociáveis, para visualizá--los bem?

PLANO DE LEITURA:

Gênesis 28–30

ACESSE O QR CODE PARA SABER MAIS:

Para viver a vontade de Deus é necessário ter princípios bem-estabelecidos.

A Bíblia conta a história de Daniel, profeta que havia sofrido muito depois que um rei terrível invadiu sua nação e o levou como prisioneiro. Quando ele estava cativo na Babilônia, pessoas tentaram servir-lhe um banquete consagrado a falsos deuses. Porém, Daniel 1.8 diz que o jovem decidiu em seu coração não se contaminar com os manjares oferecidos pelo rei. Sim, aquele moço não negociou seus princípios. Mesmo em um momento difícil, ele foi fiel aos seus valores.

Quais são os seus princípios inegociáveis? Daniel não se contaminou com aqueles manjares e, por conta disso, Deus o estabeleceu como uma pessoa importante no governo da Babilônia, o que nos faz crer que o Senhor prepara aqueles que não negociam seus princípios para assumir lugares de destaque.

Se Deus preparou um lugar de relevo para você, saiba que seus princípios serão provados. Portanto, não os negocie. Antes, permaneça fiel e mantenha a sua fé, pois quem não negocia os princípios bíblicos recebe as promessas.

"Nunca negocie o que é inegociável."

É IMPOSSÍVEL, MAS DEUS PODE

DIA **011**

@michelsimplicio

Muitas vezes, deparamo-nos com circunstâncias que nos parecem impossíveis e até mesmo chegamos a nos esquecer de que tudo é possível para Deus (cf. Lucas 1.37).

A Bíblia conta a história de uma mulher chamada Ana, que almejava ter um filho. Porém, ela não conseguia engravidar, o que gerava uma grande frustração. Além disso, seu marido, Elcana, tinha outra esposa chamada Penina, que tinha filhos e, por isso, zombava de Ana.

Com o passar do tempo, a situação ficava cada vez mais difícil. Parecia impossível realizar o sonho de ser mãe. Mas foi naquele momento que Deus começou a agir.

Muitas vezes, o Senhor permite que as circunstâncias fiquem difíceis para que ele receba a glória pela solução dos problemas. Ana não conseguia gerar de forma natural, mas quando Deus fez o sobrenatural, ela deu à luz a um filho e reconheceu que foi o Senhor quem agiu.

Creia que o milagre acontecerá. Se Deus permitiu algumas situações difíceis, possivelmente é para que o nome dele seja glorificado. Lembre-se: para o Onipotente não há impossíveis.

"Causas impossíveis tornam-se grandes testemunhos."

Existe algum problema impossível em sua vida? Que tal entregá-lo para o Deus dos impossíveis?

PLANO DE LEITURA:

Gênesis 31–32

ACESSE O QR CODE PARA SABER MAIS:

DIA
012

@michelsimplicio

NÃO PERCA SEU TEMPO DISCUTINDO

Você já entrou em discussões inúteis, só para mostrar que tinha razão? De que adiantou?

....

....

....

....

....

....

....

PLANO DE LEITURA:

Gênesis 33–35

ACESSE O QR CODE PARA SABER MAIS:

Uma das grandes estratégias do Inimigo é fazer você entrar em discussões infrutíferas.

A Bíblia conta a história de Neemias, a quem Deus chamou para reconstruir os muros de Jerusalém após o exílio babilônico. Aquele homem começou a trabalhar bravamente, até que adversários começaram a se levantar.

Os inimigos faziam de tudo para que ele desviasse a atenção, desistisse ou parasse aquela obra. Mas Neemias estava tão focado em sua tarefa que enviou mensageiros aos adversários com esta resposta: "Estou executando um grande projeto e não posso descer. Por que parar a obra para ir encontrar-me com vocês?" (Neemias 6.3).

Neemias sabia que o tempo é algo precioso e que precisava cumprir seu chamado. Assim como ele, não perca seu tempo discutindo com quem não está no mesmo propósito. Levá-lo a discussões inconsequentes é uma estratégia do Inimigo para fazer você se distrair.

Portanto, mantenha o foco e creia que todo projeto que o Senhor o chamou a fazer será realizado, para a glória de Deus.

"Não discuta com quem não se rende à verdade."

É TEMPO DE VENCER

DIA
013

@michelsimplicio

Deus comissionou o povo de Israel a se empenhar na conquista da terra prometida. Porém, havia um grande obstáculo: as muralhas de Jericó.

Durante muito tempo, os israelitas olharam para os muros e acreditaram se tratar de um obstáculo intransponível. Todavia, Deus havia decretado o tempo de vencer.

O Senhor deu ao seu povo uma estratégia específica: rodear as muralhas certa quantidade de vezes. Com uma peculiaridade, que Josué transmitiu aos israelitas: "Não deem o brado de guerra, não levantem a voz, não digam palavra alguma, até ao dia em que eu lhes ordenar. Então vocês gritarão!" (Josué 6.10).

Fique atento às estratégias que Deus lhe dará, pois você pode depender delas para alcançar as bênçãos que ele tem para sua jornada.

Israel obedeceu às instruções e, com isso, as muralhas caíram. Do mesmo modo, se existem entraves em sua vida que durante muito tempo não deixaram você avançar, chegou o tempo de superá-los. Creia que é hora de vencer e vá em frente, segundo Deus o mandar avançar.

"A vitória está a poucos passos daquele que não desiste de lutar."

Você tem estado atento às estratégias do Senhor para derrubar as muralhas de sua vida?

PLANO DE LEITURA:

Gênesis 36–37

ACESSE O QR CODE PARA SABER MAIS:

DIA

014

@michelsimplicio

CONFIE EM DEUS

Será que você confia mais no motorista do ônibus do que em Deus?

....

....

....

....

....

....

....

PLANO DE LEITURA:

Gênesis 38–40

ACESSE O QR CODE PARA SABER MAIS:

Já fiz muitas viagens, seja de ônibus, seja de carro, seja de avião. Por diversas vezes, descansei durante o trajeto, mesmo sem conhecer o motorista ou o piloto. Cheguei até a dormir e, no fim, cheguei em paz ao meu destino.

Em nossa vida com Deus não é diferente. Confiar no Senhor é saber que ele está direcionando nossa rota, por isso podemos descansar e dormir em paz, assim como diz Salmos 4.8: "Em paz me deito e logo adormeço, pois só tu, Senhor, me fazes viver em segurança" e Salmos 125.1: "Os que confiam no Senhor são como o monte Sião, que não se pode abalar, mas permanece para sempre".

Pare e pense: se você entra em um avião ou ônibus e chega ao seu destino, mesmo sem conhecer quem o está conduzindo, quanto mais será se o Senhor estiver na direção de sua vida. Com certeza, ele não deixará você perecer no meio do caminho.

Deus sabe muito bem a maneira de conduzi-lo. Ainda que muitas vezes você não entenda o percurso, apenas descanse no Senhor. Entenda que, quanto mais você conhece a Deus, mais consegue confiar nele.

"Não se desespere. A confiança em Deus lhe mostrará os caminhos."

DEUS NÃO SE ESQUECEU DE VOCÊ

DIA 015

@michelsimplicio

Quando passamos por momentos difíceis, é comum pensarmos que Deus se esqueceu de nós. Muitas vezes, buscamos o Senhor e parece que não há respostas. Isso também aconteceu na vida do profeta Jeremias.

A Bíblia narra que ele estava em praça pública, exercendo o seu chamado, quando alguns homens o pegaram e o jogaram em um poço onde não havia água, somente lama – e ali ele ficou atolado.

Talvez esse seja o quadro da sua vida.

Era provável que Jeremias morresse dentro daquele poço. Porém, Deus tocou no coração de um homem para que salvasse a vida do profeta: "Então o rei ordenou a Ebede-Meleque, o etíope: 'Leve com você três homens sob as suas ordens e retire o profeta Jeremias da cisterna antes que ele morra'" (Jeremias 38.10).

Creia que Deus não vai deixar você morrer nessa situação. Confie que ele já está enviando providência e preparando pessoas para tirar você do fundo do poço. O Senhor não se esqueceu de você. Acredite nisso!

Você vai sair desse poço, e o sol da justiça vai brilhar sobre a sua vida.

"Como poderia Deus se esquecer daquele por quem deu o próprio Filho?"

Você se sente no fundo do poço? Lembre-se de que o único caminho é para fora dele.

PLANO DE LEITURA:

Gênesis 41–42

ACESSE O QR CODE PARA SABER MAIS:

DIA
016

@michelsimplicio

EXCELÊNCIA HONRA A DEUS E INSPIRA PESSOAS

Você dá sempre o seu melhor em tudo aquilo que faz? Se não, por quê?

PLANO DE LEITURA:

Gênesis 43–45

ACESSE O QR CODE PARA SABER MAIS:

Quando fazemos aquilo que agrada ao Senhor com a máxima excelência, atraímos o favor de Deus sobre nós, ou seja, somos abençoados por ele.

A Bíblia conta a história da rainha de Sabá, monarca que viajou de muito longe para conhecer de perto o famoso rei Salomão. 2Crônicas 9 relata que ela, quando chegou a Jerusalém, viu muitas coisas que lhe chamaram atenção: a mesa, a comida, a forma como os funcionários se comportavam e a organização deles, os uniformes que usavam, os banquetes, os sacrifícios... enfim, ela ficou extremamente admirada. A boa impressão foi tanta que aquela mulher pagã chegou a dizer a Salomão: "Bendito seja o Senhor, o teu Deus, que se agradou de ti e te colocou no trono dele para reinar pelo Senhor, pelo teu Deus" (v. 8a). Aquela mulher ficou impressionada com tanta excelência, e, dessa forma, o rei conseguiu honrar Deus.

Seja você também excelente em tudo o que realizar. Faça o seu melhor e, dessa forma, honrará o Senhor e inspirará outras pessoas a fazer o mesmo.

"A excelência não pode ser um modo isolado de agir, mas um hábito."

AINDA QUE NINGUÉM ACREDITE

DIA
017

@michelsimplicio

As pessoas muitas vezes não acreditam no seu potencial e sequer na sua vitória. A Bíblia relata a história de uma mulher que, havia 12 anos, sofria de uma hemorragia (cf. Lucas 8.43–48) e, possivelmente, enfrentou esse tipo de incredulidade.

Como era uma situação que se estendia por mais de uma década, provavelmente aquela senhora estava bem fraca. Além disso, havia uma grande multidão ao redor de Jesus, o que possivelmente também incluía muitos enfermos.

No entanto, a mulher superou a multidão e venceu o que muitos podiam imaginar ser impossível, ao tocar na orla do manto de Jesus e, assim, ser curada.

Ainda que ninguém acredite, prepare-se, confiando que você fará aquilo que muitos duvidam. E quando isso acontecer, não se exalte, antes, dê a glória ao Deus que sempre acreditou em você.

O Senhor sabe o seu potencial e, mesmo que você esteja enfrentando um momento difícil e ninguém imagine o que você é capaz de fazer, creia que Deus lhe dará a vitória e que, no tempo dele, todos contemplarão o que ele fará em sua vida. Com isso, o nome do Altíssimo será glorificado.

"Se Deus pôs algo em seu coração, não espere a validação dos outros."

As pessoas têm duvidado do seu potencial? O que você pode fazer para mudar isso?

PLANO DE LEITURA:

Gênesis 46–47

ACESSE O QR CODE PARA SABER MAIS:

DIA
018

@michelsimplicio

O QUE NÃO FAZER PARA VIVER AS PROMESSAS DE DEUS

Você tem tendência de reclamar diante das adversidades? O que pretende fazer a respeito?

PLANO DE LEITURA:

Gênesis 48–50

ACESSE O QR CODE PARA SABER MAIS:

Deus preparou para o povo de Israel uma terra boa, que manava leite e mel. Da mesma forma, acredito que isso também representa tudo o que o Senhor tem para sua Igreja na Terra. Embora aflições façam parte da vida dos cristãos (cf. João 16.33), Deus não tem prazer em nosso sofrimento. Tanto que Jesus disse: "[...] eu vim para que tenham vida, e a tenham plenamente" (João 10.10b).

No entanto, muitas pessoas não desfrutam dessa plenitude simplesmente porque cometem o grande erro de murmurar. Paulo nos advertiu, lembrando dos israelitas que murmuraram no deserto, por isso não herdaram a terra prometida: "E não se queixem, como alguns deles se queixaram – e foram mortos pelo anjo destruidor" (1Coríntios 10.10).

Talvez você seja tentado a murmurar, mas saiba que essa atitude impede que as pessoas entrem em lugares que Deus já lhes preparou. A murmuração nos impede de viver as promessas e nos faz andar em círculos – logo, o que ocorreria rápido leva anos para acontecer.

Portanto, seja grato e não permita que a murmuração impeça você de alcançar a promessa.

"A regra do dia é viver com mais gratidão e menos murmuração."

QUEM SERVE ATRAI O FAVOR DE DEUS

DIA 019

@michelsimplicio

Existe muita grandeza no serviço. Servir é um ato nobre, que precisamos pôr em prática com constância em nossa vida. O próprio Jesus não veio para ser servido, mas para servir (cf. Mateus 20.28).

Creio que servir atrai o favor do Senhor. Em 2Reis 4, lemos a história de uma mulher que se dispôs a servir o profeta Eliseu. Ela lhe ofereceu uma refeição e chegou até a construir um quarto para ele, onde pôs uma mesa, uma cama e um candeeiro, preocupada em servir da melhor forma o homem de Deus.

Ao receber tamanha generosidade, Eliseu lhe contou que ficaria grávida e, dali a um ano, estaria com o filho nos braços – e assim aconteceu. Aquela senhora era estéril e jamais receberia tal graça se não estivesse servindo. Servir gera milagres. Quem serve atrai o favor de Deus.

Quando você serve alguém, o Todo-Poderoso prepara pessoas para servi-lo em retorno. Que tal você investir no serviço e ajudar quem esteja com algum tipo de necessidade?

Sirva com amor, e Deus poderá lhe dar bênçãos e milagres grandiosos.

"Quem não vive para servir não serve para viver."

Você tem se preocupado em servir ao próximo ou só se preocupa em ser servido?

PLANO DE LEITURA:

Êxodo 1–4

ACESSE O QR CODE PARA SABER MAIS:

DIA 020

@michelsimplicio

VOCÊ JÁ TEM O QUE PRECISA

Você já tem posto em prática seus dons e talentos ou ainda está esperando algo?

Muitas pessoas ficam preocupadas com aquilo que ainda não possuem e se esquecem do que Deus já lhes entregou. Isso é um grande erro. Saiba que, se o Senhor quer que você faça algo, hoje, ele já depositou em suas mãos tudo de que necessita.

Êxodo 4 narra um episódio da vida de Moisés: "Então o Senhor lhe perguntou: 'O que é isso em sua mão?' 'Uma vara', respondeu ele. Disse o Senhor: 'Jogue-a ao chão'. Moisés jogou-a, e ela se transformou numa serpente" (vs. 2–3). Perceba que o milagre começou com aquilo que Moisés já tinha. É assim que Deus faz: ele não lhe pede que realize nada sem providenciar os meios para o cumprimento do propósito.

Utilizar as ferramentas de que dispomos demonstra que estamos prontos para receber outras que Deus tem preparado. Use os talentos e as habilidades que você tem hoje, sem depender de receber algo amanhã. O Senhor não lhe daria uma missão sem que antes tivesse fornecido as ferramentas necessárias.

Creia que Deus tem propósitos grandes a realizar por meio da sua vida, mas tudo só vai acontecer quando você começar a usar aquilo que ele já lhe deu.

"Você já tem tudo de que precisa para cumprir seu propósito."

PLANO DE LEITURA:

Êxodo 5–7

ACESSE O QR CODE PARA SABER MAIS:

ESTEJA DISPOSTO A RENUNCIAR

DIA
021

@michelsimplicio

Muitas pessoas desejam a vitória, mas nem todas recebem porque frequentemente obtê-la exige esforço e sacrifício. Não estou me referindo à vitória final, que é a salvação da nossa alma, pois Jesus já pagou o preço dela na cruz do Calvário. O que quero dizer é que, para vencer na Terra, precisamos ter dedicação, o que pressupõe certas renúncias.

Para que seja bem-sucedido, um atleta, por exemplo, sabe que deve renunciar guloseimas e se alimentar de forma saudável e regrada. De igual modo, a pessoa que deseja crescer intelectualmente precisa desenvolver o hábito da leitura e fazer cursos, renunciando passatempos desnecessários. O resumo é que você precisa renunciar para obter o resultado que tanto almeja. A pergunta é: você está disposto a pagar esse preço?

A Bíblia relata histórias de pessoas escolhidas por Deus para realizar propósitos, e que precisaram abster-se de alguns prazeres para chegar lá, como Daniel. Por outro lado, personagens bíblicos como Sansão não estavam dispostos a renunciar e acabaram tendo consequências negativas, apesar de terem sido escolhidos pelo Senhor.

"As renúncias de hoje constroem o sucesso de amanhã."

Você está disposto a pagar o preço da renúncia para cumprir os propósitos de Deus?

PLANO DE LEITURA:

Êxodo 8–10

ACESSE O QR CODE PARA SABER MAIS:

DIA
022

@michelsimplicio

LUTE PELO QUE É SEU

Será que você tem lutado o suficiente para guardar o que o Senhor lhe confiou?

PLANO DE LEITURA:

Êxodo 11–13

ACESSE O QR CODE PARA SABER MAIS:

O Inimigo tentará roubar muitas coisas que Deus lhe deu. Isso acontece porque ele sabe que o Senhor tem bênçãos para a sua vida e não se conforma com isso.

A Bíblia conta que existiu um homem chamado Samá, que possuía um campo de lentilhas. Atualmente, esse tipo de alimento não custa caro e, apesar disso, é pouco comercializado, embora seja rico em nutrientes. A Bíblia relata: "Os filisteus reuniram-se em Leí, onde havia uma plantação de lentilha. O exército de Israel fugiu dos filisteus, mas Samá tomou posição no meio da plantação, defendeu-a e derrotou os filisteus. E o Senhor concedeu-lhe uma grande vitória" (2Samuel 23.11–12). Aquele homem lutou pelo que era dele!

Infelizmente, muitas pessoas estão deixando o Inimigo ou pessoas usadas por ele roubar aquilo que Deus lhes confiou. E Samá nos ensina que é necessário lutar para não perder aquilo que nos foi entregue como bênção do Senhor.

Portanto, não desista. Antes, lute por aquilo que é seu, para que ninguém roube os presentes que Deus lhe deu.

"Não deixe que ninguém faça você desistir daquilo que Deus lhe deu."

O MEDO NÃO VAI PARALISAR VOCÊ!

DIA
023

@michelsimplicio

Muitas vezes, Satanás usa o medo como estratégia para nos paralisar. 1Pedro 5.8 diz que o Diabo, nosso adversário, anda em derredor, como leão que ruge, procurando alguém para devorar. Mas você não pode deixar que seus temores o façam parar.

Lembre-se de que Deus permite que o medo chegue até nossa vida, mas é para gerar um testemunho de que o vencemos. Como? Dominando-o! Afinal, ninguém perde o medo de fato, mas aprende a subjugá-lo. Quando você vê uma pessoa corajosa, na verdade, ela tem medos, mas conseguiu ser maior do que eles.

Números 13 relata que muitos não puderam tomar posse da terra prometida porque tiveram medo ao ver que gigantes habitavam nela. O pavor simplesmente dominou o coração daqueles homens, por isso não conseguiram entrar no lugar que Deus lhes havia preparado.

Muitas pessoas vivem estagnadas por medo de pôr em prática seus projetos. Mas se esses objetivos vêm do Senhor, você não pode ficar paralisado pelo medo, porque o perfeito amor lança fora o medo (cf. 1João 4.18).

"O medo é o maior inimigo das suas conquistas."

O que falta para você superar seus medos a fim de cumprir os propósitos de Deus?

....

....

....

....

....

....

....

PLANO DE LEITURA:

Êxodo 14–16

ACESSE O QR CODE PARA SABER MAIS:

DIA
024

@michelsimplicio

JESUS ESCOLHEU VOCÊ!

Você duvida da sua salvação? Então que tal estudar o que a Bíblia diz sobre o assunto?

PLANO DE LEITURA:

Êxodo 17–20

ACESSE O QR CODE PARA SABER MAIS:

Talvez você já tenha se questionado se Deus realmente o escolheu e o que ele viu em você para tê-lo elegido. Isso pode acontecer porque sabemos de nossos erros, nossas falhas e limitações, por isso duvidamos do fato de estarmos entre os eleitos do Senhor.

Você pode até pensar isso por ter clareza sobre seus pecados, mas a Bíblia diz: "Jesus subiu a um monte e chamou a si aqueles que ele quis, os quais vieram para junto dele" (Marcos 3.13). O texto diz que foi a vontade do Messias que determinou o seu chamado, ou seja, não sei o que ele enxergou nos discípulos, assim como não sei o que ele viu em mim ou em você, mas o fato é que ele escolheu quem quis e porque quis.

Se estamos em Cristo, quando o Pai olha para nós, não enxerga nossos pecados nem nossas imperfeições e falhas, mas vê o sangue de Jesus e o sacrifício dele na cruz do Calvário. O Pai está de braços abertos para recebê-lo, e quando você atender ao seu chamado, ele o levará a lugares onde você jamais imaginou chegar e o usará de uma forma sobrenatural.

Prepare-se, porque por meio da sua vida muitas pessoas podem ser alcançadas.

"Ninguém poderá derrotar aquele que foi escolhido para vencer."

A SUA VITÓRIA ESTÁ À DISTÂNCIA DE UMA ATITUDE

DIA 025

@michelsimplicio

Pequenas atitudes podem nos fazer receber grandes bênçãos da parte de Deus.

O texto de 2Reis 4 conta a história da mulher sunamita, a quem Deus havia concedido um filho. Todavia, esse menino adoeceu e morreu. A mãe não se conformou com a morte dele, por isso foi atrás do profeta Eliseu e lhe disse: "Acaso eu te pedi um filho, meu senhor? Não te disse para não me dar falsas esperanças?" (v. 28).

Essa conduta fez o profeta ir novamente à casa daquela mulher e orar pelo menino. Sabe o que aconteceu? Ele ressuscitou!

Muitas pessoas lamentam e outras se entristecem diante das dificuldades, mas poucas tomam uma atitude como a daquela mulher. A conduta daquela mãe desesperada tocou o coração de Deus, e ele lhe concedeu um milagre.

Muitas coisas podem ter morrido em sua vida, mas, a partir de hoje, creia que elas podem ressuscitar diante do seu posicionamento. Se você recorrer ao Todo-Poderoso, a sua vitória está à distância de uma atitude.

Deus honra a fé dos seus filhos, e sempre que você se levantar com confiança inabalável, creia que ele o escutará.

"Atitudes cheias de fé falam mais alto que palavras vazias."

Você acredita que atitudes de fé são capazes de lançar montes ao mar?

....

....

....

....

....

....

....

PLANO DE LEITURA:

Êxodo 21–23

ACESSE O QR CODE PARA SABER MAIS:

DIA
026

@michelsimplicio

SUAS AMIZADES DIZEM MUITO SOBRE VOCÊ

Qual tem sido a qualidade das suas companhias?

PLANO DE LEITURA:

Êxodo 24–26

ACESSE O QR CODE PARA SABER MAIS:

Nossas amizades têm forte relação com o que ocorre em nossa vida. Isso acontece porque as pessoas que escolhemos como amigos exercem grande influência sobre a forma como pensamos e, consequentemente, como agimos.

Paulo escreveu: "Não se deixem enganar: as más companhias corrompem os bons costumes" (1Coríntios 15.33). Que perigo! Então, reflita: qual tem sido a qualidade das suas companhias?

Precisamos buscar amizades que nos levem para perto do Senhor e nos impulsionem a viver o nosso propósito. Afinal, esse tipo de amigo nos encoraja a viver a vontade de Deus.

Infelizmente, muitos se perdem pelo caminho devido às más companhias. Portanto, lembre-se de que as suas amizades dizem muito a seu respeito, e um homem e uma mulher de Deus devem caminhar com quem anda com o Senhor. Quando convivemos com pessoas cheias do Espírito Santo, buscamos mais a presença do Senhor.

O provérbio popular nos alerta: "Diga-me com quem andas e te direi aonde irás chegar". Está correto! Por isso, filtre bem a qualidade das suas companhias, pois elas podem corromper os seus bons costumes.

"Amizade verdadeira não se compra, constrói-se."

ALGO GRANDE PODE ACONTECER NA SUA VIDA

DIA
027

@michelsimplicio

Muitas vezes, antes de algo bom acontecer pode nos suceder algo aparentemente ruim. Nesse caso, talvez Deus esteja permitindo que você passe por circunstâncias humanamente incompreensíveis a fim de prepará-lo para algo grande que está próximo de ocorrer. Jesus disse: "A mulher que está dando à luz sente dores, porque chegou a sua hora; mas, quando o bebê nasce, ela esquece a angústia, por causa da alegria de ter nascido no mundo um menino" (João 16.21).

Quando minha esposa estava prestes a gerar nossos filhos, sentia um incômodo muito grande, devido ao tamanho da barriga e às dores das contrações. Mas isso só revelava que algo maravilhoso estava por vir.

Assim como as dores das contrações significavam que algo bom estava próximo, é possível que as dores que você está sentindo em sua vida não simbolizem a sua morte, e sim a vida.

Portanto, não desista agora. Aguente firme e persevere, crendo que está chegando a sua hora. Creia que a sua bênção vai chegar e que, quando isso acontecer, você se esquecerá de toda aflição por que passou.

"A dor é fértil, é dela que brota a força."

Que tal trazer à memória dores do passado que foram sucedidas por grandes bênçãos?

....

....

....

....

....

....

....

PLANO DE LEITURA:

Êxodo 27–29

ACESSE O QR CODE PARA SABER MAIS:

DIA
028

@michelsimplicio

ESTABELECENDO UMA ROTINA DE SUCESSO

Você já organizou a sua rotina para alcançar o sucesso?

....

....

....

....

....

....

....

Os seus hábitos têm o poder de influenciar diretamente o seu futuro. Muitas pessoas até desejam viver dias melhores mais à frente, mas a sua rotina não condiz com o seu desejo. Então, se você quer ser bem-sucedido, é possível que precise mudar hábitos.

A Bíblia revela que Daniel orava três vezes ao dia. Aquele homem tinha a oração como uma prática diária, e o resultado foi que Deus o pôs em lugares elevados no governo da Babilônia.

Você precisa estabelecer prioridades. Está na hora de definir os hábitos necessários para se tornar uma pessoa bem-sucedida. Estabeleça uma rotina de sucesso para ter saúde física, emocional e espiritual. Cuide, por exemplo, da maneira como você se alimenta, reflita sobre os livros que lê e analise como são suas dinâmicas de relacionamento com Deus.

Por meio de uma rotina de oração, Daniel teve a sua vida transformada. De igual modo, lembre-se de que seu relacionamento com o Pai celestial e o seu nível de intimidade com ele determinam seu futuro.

PLANO DE LEITURA:

Êxodo 30–32

ACESSE O QR CODE PARA SABER MAIS:

"Somos o que fazemos repetidamente. Logo, excelência é um hábito."

DEUS MOSTRARÁ O MELHOR CAMINHO

DIA
029

@michelsimplicio

Muitas vezes, sentimo-nos sem direção diante de tudo o que está acontecendo em nossa vida. Isso também ocorreu com o rei Davi. O texto de 1Samuel 30 relata que ele foi para uma batalha e deixou sua família em Ziclague, mas quando retornou, inimigos haviam saqueado a cidade e levado cativa a sua parentela.

Davi ficou sem saber o que fazer e chorou até não ter mais forças. Porém, após se recompor, ele consultou a Deus e perguntou: "'Devo perseguir este bando de invasores? Irei alcançá-los?' E o Senhor respondeu: 'Persiga-os; é certo que você os alcançará e conseguirá libertar os prisioneiros'" (v. 8).

Talvez você esteja passando por um momento difícil, porém não é tempo de ficar prostrado. Você pode falar agora com Deus e pedir que lhe mostre o melhor caminho.

Davi perseguiu os inimigos e obteve êxito, pois conseguiu resgatar sua família e as de seus soldados. O Senhor restituiu ao rei tudo o que havia sido roubado pelas mãos dos seus inimigos, e creia que assim também será na sua vida.

Não murmure nem ande cabisbaixo, porque Deus é com você e lhe mostrará o caminho.

"Descanse seu coração; Deus lhe mostrará o caminho certo."

O que tem feito você ser vencido pelo desânimo?

....

....

....

....

....

....

....

PLANO DE LEITURA:

Êxodo 33–35

ACESSE O QR CODE PARA SABER MAIS:

DIA
030

@michelsimplicio

QUEM O AMA VAI PERMANECER EM SUA VIDA

Pessoas próximas partiram? Como você se sentiu então e como se sente agora?

Muitas vezes, Deus nos permite passar por situações difíceis porque nesses momentos é revelado quem realmente nos ama. Afinal, nos vales da vida algumas pessoas saem da nossa convivência e outras chegam.

Isso aconteceu com uma mulher chamada Noemi. Ela tinha dois filhos casados, que morreram. Uma das noras a abandonou, mas Rute, sua outra nora, permaneceu e disse: “Não insistas comigo que te deixe e não mais a acompanhe. Aonde fores irei, onde ficares ficarei! O teu povo será o meu povo e o teu Deus será o meu Deus!” (Rute 1.16).

No momento mais difícil de Noemi, uma pessoa saiu da sua vida, mas Rute permaneceu e se tornou a sua melhor companhia. E ela foi abençoada de tal forma que fez parte da genealogia de Jesus.

Quem ama você ficará em sua vida, portanto não insista para que pessoas fiquem ao seu lado – pelo contrário, deixe-as ir. Porque quando os indivíduos errados partirem, coisas boas provavelmente começarão a acontecer, mesmo que você não esteja entendendo: é Deus preparando seu futuro.

PLANO DE LEITURA:

Êxodo 36–38

ACESSE O QR CODE PARA SABER MAIS:

“Verdadeiros amigos não nos abandonam em momentos difíceis.”

VOCÊ NÃO VAI DESISTIR

DIA
031

@michelsimplicio

Há momentos em que enfrentamos lutas tão fortes que pensamos em desistir. Às vezes, o Inimigo usa pessoas para nos desanimar, por palavras ou ações, e tudo para nos impedir de desfrutar das promessas de Deus.

A Bíblia mostra a história de um homem chamado Jairo, que era o líder da sinagoga. Sua filha estava enferma, e ele não sabia mais o que fazer. Acredito que já havia buscado todos os recursos possíveis, mas sem encontrar uma cura. Por isso, decidiu ir até Jesus. Ao encontrá-lo, implorou que fosse até sua casa sará-la. O Senhor atendeu seu pedido e foi com ele.

Todavia, durante o trajeto, chegou um dos príncipes da sinagoga e disse: "Sua filha morreu, não incomode mais o Mestre" (Lucas 8.49). Naquele momento, Jairo foi tentado a desistir, mas continuou acreditando e, por causa disso, recebeu o milagre: Jesus ressuscitou sua filha.

Talvez você esteja temeroso em relação ao futuro e pense que não há mais solução. Você não pode desistir, porque Jesus está com você, e ele é poderoso para mudar essa situação. Fique firme e creia que verá um milagre de Deus.

"A persistência abre as portas para o impossível."

Você está pensando em desistir? O que Jesus diria disso?

PLANO DE LEITURA:

Êxodo 39–40

ACESSE O QR CODE PARA SABER MAIS:

DIA
032

@michelsimplicio

NÃO CARREGUE UM PESO DESNECESSÁRIO

Será que você tem lutado o suficiente para guardar o que o Senhor lhe confiou?

PLANO DE LEITURA:

Levítico 1–4

ACESSE O QR CODE PARA SABER MAIS:

Nossa vida é uma jornada. Estamos na Terra como peregrinos e forasteiros e, nesta caminhada, é muito mais difícil avançar quando carregamos peso morto nas costas.

Por muito tempo fui atleta profissional e, durante os treinos, muitas vezes era necessário vestir coletes que pesavam entre cinco e sete quilos. Enquanto usávamos a peça, era muito mais difícil executar os movimentos, pois tínhamos de forçar muito para ter agilidade e velocidade. Mas quando removíamos aquele colete pesado, parecia que estávamos voando.

Esse é o cenário de vida de muitas pessoas que carregam pesos desnecessários, como o da culpa ou o do ressentimento. Se é o seu caso, lembre-se das palavras de Jesus: “Venham a mim, todos os que estão cansados e sobrecarregados, e eu lhes darei descanso” (Mateus 11.28).

Cristo nos convida a trocarmos de fardo, pois o jugo dele é suave e seu fardo é leve. O Cordeiro de Deus pagou um alto preço na cruz do Calvário para que hoje você pudesse ter vida com abundância e leveza em sua vida.

Portanto, livre-se do peso morto.

“O peso da cruz tirou de nossos ombros todo o peso da vida.”

SUA HISTÓRIA AINDA NÃO ACABOU

DIA 033

@michelsimplicio

Acredito com toda a força da minha fé que você ainda viverá nesta Terra grandes coisas da parte de Deus. Mas é fundamental que você também acredite nisso e aja de acordo com a sua fé.

O fato é que muitas vezes passamos por momentos de provações e frequentemente ficamos desanimados, pensando até em desistir da caminhada. Foi exatamente isso o que aconteceu com o profeta Elias.

Ele estava habituado a ouvir a voz de Deus, com quem sempre andava, mas, mesmo assim, pensou em desistir. Deprimido, o profeta entrou em uma caverna e ali ficou, enfrentando uma enorme crise existencial. Fato é que Elias não queria mais viver.

No entanto, o texto de 1Reis 19.7 nos mostra que o anjo do Senhor o tocou e disse: "Levante-se e coma, pois a sua viagem será muito longa". E ele assim o fez.

Da mesma forma, você precisa crer com todas as forças que a sua jornada não acabou e que ainda fará muitas obras para Deus. Então, levante-se! O Eterno conta com você e quer realizar atos grandiosos por seu intermédio. Levante-se agora, porque sua história não acabou.

"Se a jornada não é fácil, a chegada valerá a pena. Não desista antes do fim!"

Se somente Deus pode decretar o fim, será mesmo que tudo acabou?

PLANO DE LEITURA:

Levítico 5–7

ACESSE O QR CODE PARA SABER MAIS:

DIA
034

@michelsimplicio

POR MEIO DE VOCÊ, ALGO GRANDE PODE ACONTECER

Será mesmo que seu passado define totalmente seu futuro?

PLANO DE LEITURA:

Levítico 8–10

ACESSE O QR CODE PARA SABER MAIS:

Quando olhamos para trás e vemos um quadro de fracasso, com situações como separações e falência, somos tentados a crer que valemos muito pouco. Todavia, lembre-se de que Deus o escolheu e entregou o próprio Filho à cruz por você.

A Bíblia fala de um dos reis de Judá, chamado Acaz, que foi um péssimo monarca. Aquele homem fez o que não era reto aos olhos do Senhor e, portanto, não era exemplo para ninguém. Mas quando Acaz morreu, seu filho Ezequias assumiu o trono (cf. 2Crônicas 28).

Olhando para esse cenário, Ezequias tinha tudo para ser como o pai. No entanto, ele decidiu escrever uma nova história, por isso rejeitou o procedimento reprovável de Acaz. Sim, Ezequias fez diferente e acabou se tornando um dos melhores reis da história de sua nação.

Eu não sei como é o seu histórico familiar, mas lhe garanto que é possível escrever uma nova história. Eu acredito que Deus escolheu você para fazer a diferença e, para isso, um novo tempo pode começar a qualquer momento. Prepare-se, porque quando Deus quer, ninguém consegue impedir!

“Sua história será uma inspiração para muitas pessoas.”

ESSA ADVERSIDADE FARÁ VOCÊ CRESCER

DIA 035

@michelsimplicio

Muitas vezes, pensamos que as adversidades vêm sobre nós para nos abater, mas Deus promove desafios para nos fazer crescer. Quando ele tem algo mais elevado para realizar na vida de uma pessoa, não raro permite provações. Foi isso o que aconteceu com José.

Aquele homem passou por muitas adversidades, foi perseguido pelos irmãos e acabou se tornando escravo e prisioneiro (cf. Gênesis 37. 39–46). O processo foi bem doloroso, mas, ao mesmo tempo, o sofrimento fez José crescer, amadurecer e ser preparado para algo grandioso. Ele passou anos sendo provado, até que, em certo momento, Deus mudou sua história e fez dele governador do Egito.

Anos depois, ao reencontrar os irmãos, José lhes disse: "Vocês planejaram o mal contra mim, mas Deus o tornou em bem, para que hoje fosse preservada a vida de muitos" (Gênesis 50.20). Sim, Deus fez aquele homem passar por uma árdua preparação para poder estabelecê-lo em uma posição elevada.

Creia que a adversidade que está enfrentando não é para acabar com você, mas para fazê-lo crescer e prepará-lo para coisas mais elevadas.

"No meio das adversidades encontramos muitas oportunidades."

Que tal enxergar as provas da vida como oportunidades de crescimento?

PLANO DE LEITURA:

Levítico 11–12

ACESSE O QR CODE PARA SABER MAIS:

DIA
036

@michelsimplicio

NÃO ABRA MÃO DA HUMILDADE

O que domina seu coração, humildade ou arrogância?

Humildade não é pensar menos *de* si, é pensar menos *em* si. É por isso que a humildade é uma virtude tão valorizada pelo Senhor, refletida na essência de Cristo. Jesus disse: "Tomem sobre vocês o meu jugo e aprendam de mim, pois sou manso e humilde de coração [...]" (Mateus 11.29).

Humildade é valorizar os outros. É não pensar apenas no próprio bem-estar, ignorando as necessidades de quem está ao redor. A verdadeira humildade se manifesta quando servimos as pessoas e cuidamos delas, dedicando tempo para ajudá-las.

É hora de se preocupar com alguém! Portanto, invista tempo no próximo, escutando suas necessidades e empenhando-se em auxiliá-lo. Quanto tempo faz que você não para suas atividades para cuidar de alguém?

Jesus nos deu o exemplo máximo de humildade, pois, sendo Deus Todo-Poderoso, criador de todas as coisas, sempre escolheu servir. Precisamos entender que quando cuidamos dos outros, o Senhor prepara pessoas para cuidar de nós. Creio que todo indivíduo humilde será honrado pelo Eterno, portanto não abra mão da humildade, pois ela poderá levá-lo a patamares que você jamais imaginou.

PLANO DE LEITURA:

Levítico 13–15

ACESSE O QR CODE PARA SABER MAIS:

"Felizes são os humildes de espírito, porque deles é o Reino dos Céus."

VENCENDO BATALHAS ESPIRITUAIS

DIA
037

@michelsimplicio

Enfrentar batalhas espirituais com armas naturais não funciona, é preciso lutar com armamentos espirituais.

Certa vez, Jesus subiu ao monte para orar e, quando desceu, viu seus discípulos tentando expulsar o demônio de um menino. O espírito maligno ora o fazia se jogar na água, ora no fogo – uma tremenda batalha espiritual.

Talvez o pai daquele pobre rapaz já tivesse tentado ajudar o filho de diversas formas naturais, mas não havia conseguido obter a libertação do mesmo porque a questão era espiritual.

Jesus, então, explicou: "Mas esta espécie só sai pela oração e pelo jejum" (Mateus 17.21). Fica claro que jejum e oração são algumas das armas espirituais que precisamos utilizar para vencer as lutas espirituais.

É possível que você tente lutar muitas vezes com a força do seu próprio braço. Porém, se a luta for espiritual, é preciso mudar as estratégias, separar tempo para o jejum e aprofundar-se em oração.

É somente dessa forma que você obterá a vitória nas guerras travadas espiritualmente.

"Devemos nos submeter a Deus e resistir ao Diabo, para que ele fuja de nós."

Você já teve vitórias espirituais? Traga à mente as armas que utilizou e use-as sempre que necessário.

PLANO DE LEITURA:

Levítico 16–18

ACESSE O QR CODE PARA SABER MAIS:

DIA
038

@michelsimplicio

VOCÊ PODE MARCAR A SUA GERAÇÃO

O que você tem feito para deixar uma marca em sua geração?

PLANO DE LEITURA:

Levítico 19–20

ACESSE O QR CODE PARA SABER MAIS:

Todo cristão deve fazer a diferença e deixar um legado para as gerações seguintes. Creia nisso! Nesse sentido, a Bíblia conta a história de um homem que, infelizmente, não aproveitou a oportunidade de marcar positivamente a sua geração. O nome dele era Jeorão.

"Jeorão tinha trinta e dois anos de idade quando começou a reinar, e reinou oito anos em Jerusalém. Morreu sem que ninguém o lamentasse [...]" (2Crônicas 21.20). Perceba que Jeorão reinou, mas não deixou um legado.

Deus permite que você chegue a lugares onde sabe que sua vida pode ser um instrumento nas mãos dele para marcar as pessoas que ali estão. Você pode influenciar sua geração por meio, por exemplo, de sua santidade e de um comportamento exemplar. Portanto, na roda de amigos, com a família, na faculdade, na igreja, no trabalho ou onde for, seja luz. Demonstre que Cristo habita em você e faça a diferença.

Quando o Senhor é reconhecido por meio de sua vida, o Inimigo não fica contente, e é por isso que você enfrenta grande resistência. Mas nunca desista do seu propósito. Antes, resista e creia que você nasceu para marcar sua geração.

"A vida é passageira, mas seu legado pode ser eterno."

UMA VIRTUDE CHAMADA GRATIDÃO

DIA **039**

@michelsimplicio

A gratidão tem o poder de abrir muitas portas – até mesmo celestiais. Paulo escreveu: "Deem graças em todas as circunstâncias, pois esta é a vontade de Deus para vocês em Cristo Jesus" (1Tessalonicenses 5.18). Ao exercer gratidão, você se põe no centro da vontade de Deus.

Certa vez, Jesus estava diante de uma multidão faminta. Antes de alimentar aquelas pessoas, ele pegou o pão e simplesmente olhou para o céu e rendeu graças pelo pouco alimento que havia ali. Milagrosamente, pães e peixes foram multiplicados e toda aquela multidão foi saciada (cf. João 6).

A multiplicação só aconteceu depois da gratidão. Por isso, creio que ela é o primeiro passo para que muitas bênçãos sejam multiplicadas em sua vida.

É tempo de experimentar um novo estilo de vida, com ações de graça, pois isso fará você viver todos os dias o que Deus prometeu. A gratidão exerce um papel fundamental em nossa vida, de modo que, sempre que você é grato, algo novo e belo ocorre nas regiões celestiais.

Portanto, recomendo que, a partir de hoje, você desenvolva cada vez mais essa virtude tão elevada chamada gratidão.

> **"A gratidão é a verdadeira expressão da alegria do coração."**

O que você pratica mais, a gratidão ou a murmuração?

....

....

....

....

....

....

....

PLANO DE LEITURA:

Levítico 21–23

ACESSE O QR CODE PARA SABER MAIS:

DIA 040

@michelsimplicio

DESCULPAS OU RESULTADOS? QUAL A SUA ESCOLHA?

Se Deus chamou você para um propósito, o que o faz viver fugindo dele?

Na vida, ou apresentamos desculpas, ou resultados – não dá para exercer os dois ao mesmo tempo. Aquele que geralmente não obtém resultados tem sempre uma boa desculpa para justificar o fracasso. Qual será a sua escolha?

Deus chamou Moisés para uma missão, mas o homem argumentou que não falava bem. Então, o Onisciente disse: "Quem deu boca ao homem? Quem o fez surdo ou mudo? Quem lhe concede vista ou o torna o cego? Não sou eu, o Senhor? Agora, pois, vá; eu estarei com você, ensinando-lhe o que dizer" (Êxodo 4.11–12).

Jeremias também se desculpou ao ser chamado pelo Senhor, pois afirmou que não passava de uma criança. Mas Deus respondeu: "Não diga que é muito jovem. A todos a quem eu o enviar você irá e dirá tudo o que eu lhe ordenar" (Jeremias 1.7).

Esses exemplos bíblicos nos mostram que o Eterno não nos chamou para viver dando desculpas e fugindo de nosso chamado. Está na hora de parar com essa atitude e começar a fazer o que Deus nos chamou para fazer. Lembre-se: quem vive dando desculpas nunca terá bons resultados.

PLANO DE LEITURA:

Levítico 24–25

ACESSE O QR CODE PARA SABER MAIS:

"Quem é bom em arranjar desculpas raramente é bom em qualquer outra coisa."

CARACTERÍSTICAS DE UM VENCEDOR

DIA
041

@michelsimplicio

A Bíblia nos revela características importantes de alguém que consegue alcançar grandes objetivos: ao chamar Josué para liderar o povo de Israel na conquista da terra prometida, o Senhor lhe disse: "Somente seja forte e muito corajoso!" (Josué 1.7).

Fica claro que força e coragem são características importantes para empreender conquistas. Creio que as pessoas que conseguiram vitórias relevantes em diferentes áreas da vida precisaram pôr em prática essas virtudes. Por isso, ainda que esteja passando por um momento desafiador, não entregue os pontos. Antes, seja forte e corajoso.

E lembre-se de algo importantíssimo: a força e a coragem necessárias para galgar patamares mais altos não emanam do ser humano. É por isso que precisamos da presença diária de Deus em nossa vida. Só ele nos dá a coragem e a força de que precisamos para vencer o medo e os obstáculos.

Acredite que o Eterno tem grandes propósitos para a sua vida e que ele está sempre disposto a fortalecer e encorajar seus filhos. Portanto, clame diariamente ao Senhor, pedindo que ele lhe conceda força e coragem.

"Cada desafio superado é um passo para uma grande conquista."

Você permite que o medo o paralise? Que tal pedir a Deus força e coragem?

PLANO DE LEITURA:

Levítico 26–27

ACESSE O QR CODE PARA SABER MAIS:

DIA
042

@michelsimplicio

PREOCUPAR-SE NÃO RESOLVE NADA

Além de não resolver os problemas, a preocupação ainda tira a nossa paz. É por isso que muitos vivem inquietos e não conseguem descansar.

Paulo enfrentou muitos momentos difíceis, mas, mesmo assim, revelou que é possível confiar em Deus em meio à adversidade. O apóstolo escreveu: "Não andem ansiosos por coisa alguma, mas em tudo, pela oração e súplicas, e com ação de graças, apresentem seus pedidos a Deus. E a paz de Deus, que excede todo o entendimento, guardará os seus corações e as suas mentes em Cristo Jesus" (Filipenses 4.6–7).

Mesmo preso, nos últimos dias de sua vida, na antessala da morte, enquanto aguardava o julgamento, em vez de se preocupar Paulo foi orar! Quem sabe isso também não seja o melhor que você deve fazer? Sim, é possível trocar a preocupação pela oração.

Lembre-se de que quando você ora, põe seus problemas nas mãos daquele que tudo pode resolver. Então, pare de se preocupar, passe a orar e descanse em Deus, porque a oração gera milagres, mas a preocupação não resolve nada.

"Preocupar-se é ocupar-se previamente com aquilo que não aconteceu e talvez nunca acontecerá."

O que é maior na sua vida: as preocupações ou Deus?

PLANO DE LEITURA:

Números 1–2

ACESSE O QR CODE PARA SABER MAIS:

CHEGOU A HORA DE CONQUISTAR

DIA
043

@michelsimplicio

Será que não chegou o tempo de receber as promessas de Deus?

O povo de Israel ouviu por muito tempo a promessa de que se apossaria da terra prometida. Havia uma expectativa muito grande para viver tudo aquilo que o Eterno havia prometido. Foi então que o Senhor convocou um homem chamado Josué e lhe disse: "Ninguém conseguirá resistir a você todos os dias da sua vida. Como estive com Moisés, assim estarei com você; nunca o deixarei nem o abandonarei. Seja forte e corajoso, porque você conduzirá este povo para herdar a terra que jurei aos seus antepassados" (Josué 1.5–6).

Assim como Josué se levantou para conquistar a terra prometida, está na hora de você se posicionar para receber as suas promessas. Ponha-se na posição necessária para viver as promessas, e não apenas ouvi-las. Deus pode cumprir a qualquer momento tudo o que lhe prometeu, mas talvez você precise se posicionar para recebê-las.

Israel se levantou e conquistou a terra da promessa porque o Senhor estava com o seu povo. Deus também está com você! Por isso, levante a cabeça e tenha fé, crendo que chegou a hora de receber tudo aquilo que o Todo-Poderoso tem preparado para a sua vida.

"Deus não mente: ele cumpre o que promete!"

Você tem feito a sua parte para receber o que Deus lhe prometeu?

....

....

....

....

....

....

....

PLANO DE LEITURA:

Números 3–4

ACESSE O QR CODE PARA SABER MAIS:

DIA
044

@michelsimplicio

VOCÊ TEM UM PAI QUE O AMA

Você consegue separar a figura de seu pai terreno da figura do Pai celestial?

PLANO DE LEITURA:

Números 5–7

ACESSE O QR CODE PARA SABER MAIS:

Pode ser que você tenha crescido sem o afeto do seu pai ou que, por circunstâncias adversas, teve a presença paterna, mas de forma negativa e traumática. Todavia, não importa que tipo de paternidade humana você tenha tido, entenda que você sempre desfrutou da presença do Pai celestial – e ele o ama!

Lucas 15 narra a história do filho pródigo. Aquele jovem inconsequente pediu em vida sua parte da herança do pai e, de posse daquela riqueza, saiu de casa. Viajou para lugares longínquos, fez más escolhas e acabou perdendo tudo. Porém, a Bíblia relata que o pai se manteve sempre aguardando o filho voltar para o seio da família.

Deus age da mesma forma. Portanto, independentemente do que tenha feito, saiba que o Senhor o ama e está de braços abertos para recebê-lo.

Quando o filho pródigo voltou para casa, o pai não o acusou de ter saído, não ficou bravo nem o condenou por aquele período em que ele esteve fora. Em vez disso, simplesmente o amou e celebrou a chegada do seu filho que estava perdido e foi achado.

Não importa o passado: corra para os braços do Pai, pois ele o ama!

"Se nós sabemos dar boas dádivas aos nossos filhos, quanto mais nosso Pai, que está nos Céus!"

RESILIÊNCIA, A MARCA DO CRISTÃO

DIA
045

@michelsimplicio

Em nossos dias, o termo resiliência é muito utilizado. Ser resiliente significa ter capacidade de superação após um evento ou um processo traumático.

Tenho certeza de que você já enfrentou momentos difíceis. É para essas horas que Jesus afirmou: "Eu lhes disse essas coisas para que em mim vocês tenham paz. Neste mundo vocês terão aflições; contudo, tenham ânimo! Eu venci o mundo" (João 16.33). Ele estava nos encorajando a ter resiliência, firmados no Senhor.

A resiliência vem de uma vida diária com Deus. É na presença dele que recebemos a força necessária para vencermos os desafios da vida e nos recuperarmos após sofrermos baques. Resiliência não é fruto de pensamento positivo, mas da companhia de Jesus, pois é na presença e na força dele que superamos as tragédias da vida.

Assim como personagens bíblicos como Jó e Paulo enfrentaram momentos difíceis e venceram, creia que você também vencerá. Afinal, você não está sozinho; Deus está com você! E ele lhe dará força e resiliência para que continue a sua jornada.

Lembre-se de que a resiliência é a marca do cristão.

"A bênção não é nunca cair, mas, sim, levantar-se sempre depois de cada queda."

Como você lida com as quedas da vida: com derrotismo ou resiliência?

....

....

....

....

....

....

....

PLANO DE LEITURA:

Números 8–10

ACESSE O QR CODE PARA SABER MAIS:

DIA
046

@michelsimplicio

RESOLVA O PASSADO, E SEU FUTURO ESTARÁ GARANTIDO

Você já conseguiu se desembaraçar das negatividades do passado? Se não, por quê?

....

....

....

....

....

....

....

PLANO DE LEITURA:

Números 11–12

ACESSE O QR CODE PARA SABER MAIS:

Quantas vezes você teve o desejo de viver algo novo, mas foi impedido por estar preso ao passado e agarrado às coisas velhas, assim como fez a mulher de Ló, lembrada como um mau exemplo pelo próprio Jesus (cf. Lucas 17.32)?

Quem não resolve o passado ainda não está pronto para experimentar algo novo. Mas ao solucionar as coisas que ficaram para trás, é muito mais fácil viver um futuro garantido.

Deus sempre nos lembra por sua Palavra de que precisamos levantar a cabeça e nos esquecer de algumas dores sofridas em dias que não voltam mais. Porém, é importante lembrar-nos daquilo que de importante o passado tem a nos ensinar.

Por isso, não guarde mágoas e ressentimentos. Às vezes dói, porque as feridas ainda estão abertas, mas é necessário pedir a Deus que as cicatrize e não deixar que o peso do que foi ruim no passado nos esmague no presente.

Saiba que quem se apega às negatividades de dias que já se foram deixa de viver as coisas positivas do futuro que Deus almeja. Por isso, quando resolver o seu passado, tenha a certeza de que isso contribui para garantir seu futuro.

"Passado resolvido e presente bem-vivido são futuro garantido."

SUA PERSEVERANÇA SERÁ RECOMPENSADA

DIA **047**

@michelsimplicio

Lucas 1 conta a história de um casal, Isabel e Zacarias, que, havia muito tempo, servia a Deus, porém não tinha filhos. Na cultura judaica da época, isso poderia até significar que a pessoa não desfrutava do favor de Deus. O interessante é que eles serviam juntos ao Senhor, e de forma irrepreensível. A perseverança deles foi tão forte que conseguiram vencer até mesmo a cultura de então.

Se você quiser viver a vontade do Eterno, vai precisar perseverar e crer, mesmo que falem mal a seu respeito, critiquem-no e duvidem que Deus está com você.

Aquele casal permaneceu firme. Certo dia, "ele [Zacarias] foi escolhido por sorteio, de acordo com o costume do sacerdócio, para entrar no santuário do Senhor e oferecer incenso" (Lucas 1.9). Sabemos que o cristão não conta com sorte, e sim com a presença do Altíssimo. Desse modo, cremos que Deus havia marcado aquele encontro para mudar a história do casal. No fim, o Onipotente abençoou Isabel e Zacarias com um filho, João Batista – o precursor de Jesus.

Creia que a sua perseverança será recompensada. Não desista!

> **"A perseverança é o caminho para o êxito."**

Diante dos obstáculos, qual é sua reação: desanimar ou perseverar?

....

....

....

....

....

....

....

PLANO DE LEITURA:

Números 13–15

ACESSE O QR CODE PARA SABER MAIS:

DIA
048

@michelsimplicio

VOCÊ VIVE OU APENAS SOBREVIVE?

Você tem gastado seus dias somente sobrevivendo?

Muitas pessoas aceitam a proposta da sobrevivência, mas não é isso que Deus deseja para nossa vida.

A Bíblia diz que, em certa ocasião, o guerreiro amonita Naás sitiou os israelitas de Jabes-Gileade e propôs um acordo: caso se rendessem, teriam apenas o olho direito comprometido e não seriam mortos (cf. 1Samuel 11). O direito era o olho da mira de um soldado, ou seja, caso aceitassem perdê-lo, eles não morreriam, mas lhes restaria sobreviver.

Ainda em nossos dias, lamentavelmente, muitas pessoas não estão mais vivendo, estão somente sobrevivendo. Contudo, essa não é a vontade do Senhor para os seus eleitos. Jesus disse: "[...] eu vim para que tenham vida, e a tenham plenamente" (João 10.10). A proposta de Cristo é uma vida abundante, e não de exclusiva sobrevivência.

Portanto, se você está apenas sobrevivendo em algumas áreas da sua vida – casamento, trabalho, espiritualidade, estudos ou o que for –, a partir de hoje, rompa com isso e aceite a proposta de Jesus: fazer você viver tudo o que Deus prometeu.

PLANO DE LEITURA:

Números 16–18

ACESSE O QR CODE PARA SABER MAIS:

"Não apenas sobreviva, mas viva a vida abundante que Jesus preparou para você."

OS PLANOS DE DEUS SÃO MAIORES!

DIA
049

@michelsimplicio

O Senhor tem grandes planos preparados para seus filhos. Contudo, muitas vezes, ao passar por momentos difíceis, deixamos de acreditar neles. Agir assim é caminhar por vista, e não por fé, pois os planos divinos não dependem de momentos, mas do grande esquema das coisas.

Deus disse: "Assim como os céus são mais altos do que a terra, também os meus caminhos são mais altos do que os seus caminhos e os meus pensamentos mais altos do que os seus pensamentos" (Isaías 55.9). Que verdade! Então, se você passou por algo difícil no passado e deixou de acreditar naquilo que o Todo-Poderoso tem preparado, está na hora de crer nos planos do Onisciente.

Não permita que momentos ruins definam a sua história. Lembre-se de que eles apenas nos preparam para viver os planos e os propósitos de Deus. Continue firme, perseverando e crendo que, em breve, os planos de Deus se cumprirão.

Quando isso acontecer, você verá que as promessas são reais e verdadeiras. Portanto, não deixe que um momento ruim impeça você de sonhar e acreditar. Lembre-se: os planos de Deus são mais altos que os seus.

"O que Deus tem preparado para aqueles que o amam ninguém consegue imaginar."

Você tem caminhado por fé ou por vista?

PLANO DE LEITURA:

Números 19–21

ACESSE O QR CODE PARA SABER MAIS:

DIA
050

@michelsimplicio

SE VOCÊ PROFETIZAR, A SITUAÇÃO PODERÁ MUDAR

Você acredita que a situação que está enfrentando pode mudar se você crer?

PLANO DE LEITURA:

Números 22–24

ACESSE O QR CODE PARA SABER MAIS:

Muitas vezes, passamos por situações em que pensamos que não há mais jeito e que só nos resta nos conformarmos. Isso aconteceu também na vida do profeta Ezequiel.

A Bíblia diz que Deus deu a ele uma visão, na qual se via um vale de ossos sequíssimos (cf. Ezequiel 37). Isso significa que a situação deles estava do mesmo jeito havia muito tempo. No entanto, quando o Senhor lhe disse que profetizasse, a situação mudou. Ezequiel o fez, e houve vida em meio à morte.

Está na hora de você usar os seus lábios para mudar a situação ruim que está vivendo. Eu acredito que quando profetizamos em sintonia com as Escrituras e a vontade soberana de Deus, os Céus se movem em nosso favor.

Creia que o Senhor vai transformar em grande testemunho aquilo que parece um caos. E, assim como cada osso se juntou a outros mediante a palavra de vida que foi dita, eu creio que você precisa profetizar e acreditar que um milagre pode acontecer.

Então, libere com fé uma palavra sobre essa situação ruim e você verá o agir de Deus – e creia de forma inabalável que a situação vai mudar!

“Se você profetizar, Deus poderá fazer algo grandioso.”

QUEM JÁ FOI COMPRADO NÃO SE VENDE!

DIA **051**

@michelsimplicio

Jesus pagou um alto preço na cruz do Calvário por mim e por você. Por isso, de forma alguma podemos negociar a nossa fé nem os nossos valores.

A Bíblia narra a história do profeta Daniel, que, mesmo em meio às dificuldades, não negociou os seus princípios. Ele tinha sido transportado do seu país para outra nação, e ali era apenas um escravo. Mesmo assim, ele decidiu em seu coração não se contaminar com os manjares que lhe eram oferecidos (cf. Daniel 1.8).

Daniel não se vendeu. Mesmo em outro ambiente, manteve-se firme diante de um sistema que lutava contra a sua fé. Por isso, Deus o estabeleceu em uma posição elevada dentro do governo daquela nação.

Quem é comprado não se vende! Cristo pagou um alto preço por você; por isso, não negocie os seus princípios nem ceda à pressão do mundo. O Inimigo vai pressionar você de diversas formas para que negocie aquilo que o Senhor lhe deu como princípios inegociáveis. Quando isso acontecer, mantenha a fé e não ceda.

Seja fiel, acreditando que Deus vai honrar o seu posicionamento.

"Jesus Cristo pagou um alto preço por você."

Você tem negociado seus princípios para obter benefícios? O que acha que Deus pensa disso?

PLANO DE LEITURA:

Números 25–26

ACESSE O QR CODE PARA SABER MAIS:

DIA
052

@michelsimplicio

UMA NOVA ESTRATÉGIA DE DEUS PARA A SUA VIDA

O que você acha que acontece com quem luta pela força do próprio braço?

....

....

....

....

....

....

....

PLANO DE LEITURA:

Números 27–30

ACESSE O QR CODE PARA SABER MAIS:

Deus sempre nos dá estratégias eficientes para lutarmos nas batalhas que nos permite enfrentar. Então, aguarde com paciência os sinais e o direcionamento do alto para entender qual arma deve ser utilizada em cada circunstância.

A Bíblia nos conta que Josué e guerreiros de Israel foram lutar contra os amalequitas. A estratégia utilizada foi inusitada: "Enquanto Moisés mantinha as mãos erguidas, os israelitas venciam; quando, porém, as abaixava, os amalequitas venciam" (Êxodo 17.11).

O ato de manter as mãos levantadas representa o poder da oração e da adoração ao Senhor – armas infalíveis nas mãos do cristão. Então, independentemente da situação que você esteja vivendo hoje, saiba que, em qualquer luta, pode levantar as mãos e clamar o nome do Todo-Poderoso.

Paulo escreveu, em 1Timóteo 2.8: "Quero, pois, que os homens orem em todo lugar, levantando mãos santas, sem ira e sem discussões". Essa é a estratégia de Deus para você: ore mais e reclame menos, pois, pela oração, você vai vencer esta batalha segundo a estratégia que o Senhor lhe der em cada ocasião.

"Deus lhe dará estratégias em meio às batalhas da vida."

OBEDEÇA ÀS SINALIZAÇÕES DE DEUS

DIA
053

@michelsimplicio

Quando Deus tirou os israelitas do Egito, sua presença passou a ser representada durante o dia por uma nuvem, como uma sinalização para o povo: "Sempre que a nuvem se levantava de cima da Tenda, os israelitas partiam; no lugar em que a nuvem descia, ali acampavam. Conforme a ordem do Senhor, os israelitas partiam, e conforme a ordem do Senhor, acampavam. Enquanto a nuvem estivesse por cima do tabernáculo, eles permaneciam acampados" (Números 9.17–18).

Para permanecer na presença do Senhor, os israelitas precisavam seguir as sinalizações da nuvem. Essa atitude de obediência traria a proteção e a provisão necessárias para chegarem à terra prometida. Afinal, debaixo da nuvem havia cuidado, proteção e provisão, e o ritmo era determinado pelo próprio Deus.

Erga a cabeça, crendo que o Senhor sinalizará seu próximo passo. Israel só se movimentava no deserto seguindo as sinalizações da nuvem, e assim é conosco: espere em Deus e esteja atento ao direcionamento e às instruções dele, crendo que seu Pai lhe mostrará a direção a seguir.

"Deus mostra pequenos sinais para que coisas grandes aconteçam."

Quem tem direcionado seus passos: Deus ou sua própria vontade?

PLANO DE LEITURA:

Números 31–32

ACESSE O QR CODE PARA SABER MAIS:

DIA
054

@michelsimplicio

A DISTRAÇÃO É INIMIGA DO SEU PROPÓSITO

Quais atividades ou pessoas de sua vida têm desviado você do alvo?

....

....

....

....

....

....

....

PLANO DE LEITURA:

Números 33–34

ACESSE O QR CODE PARA SABER MAIS:

Acredito que Deus tem um grande propósito para a sua vida. Todavia, há um inimigo, chamado distração, que, muitas vezes, atrapalha e afasta você de onde o Senhor quer que você chegue.

Jesus designou 72 discípulos para uma missão, e os enviou, de dois em dois, dizendo: "Vão! Eu os envio como cordeiros no meio de lobos. Não levem bolsa, nem saco de viagem, nem sandálias, e não saúdem ninguém pelo caminho" (Lucas 10.3–4). Veja que interessante: o próprio Cristo mandou não cumprimentarem pessoa alguma por onde passassem.

Quando li essa passagem pela primeira vez, fiquei abismado, porque parece até falta de educação. Na verdade, Jesus estava dizendo para não perderem tempo e não se distraírem. Afinal, a distração é inimiga do propósito.

Se Deus quer usar sua vida no ministério, não perca tempo com outras questões! Mantenha o foco! Creio que o Senhor fará você viver tudo o que ele lhe prometeu, mas, para isso, é preciso manter-se firme no propósito. Portanto, não se distraia nem dê atenção a qualquer questão que possa afastá-lo do alvo.

"O objetivo de toda e qualquer distração é um só: desviá-lo do alvo."

CUIDE DE ALGUÉM, E DEUS CUIDARÁ DE VOCÊ

DIA
055

@michelsimplicio

Quando cuidamos de alguém, o próprio Deus se encarrega de cuidar de nós. Na parábola do bom samaritano (cf. Lucas 10), Jesus relata que muitas pessoas passaram pelo homem caído à beira do caminho, mas apenas o samaritano parou para socorrê-lo. E somente ele foi elogiado pelo Senhor.

A Bíblia relata outros casos de pessoas que pararam o que estavam fazendo para cuidar de quem precisava e foram abençoadas por Deus. Um exemplo é a mulher de Suném (cf. 2Reis 4), que, apesar de rica, não tinha filhos. Ela parou tudo o que fazia para cuidar de Eliseu. Como resultado, o Eterno lhe deu um filho.

Cuidar de alguém não é perda de tempo, mas um investimento no nosso futuro. Enquanto você se dispõe a ajudar e servir outras pessoas, Deus cuida de você.

A generosidade abre portas que você jamais imaginaria. Por isso, dedique-se a cuidar de quem precisa. Você pode fazer isso oferecendo tempo, recursos, habilidades, etc. Ponha em prática esse princípio, e Deus cuidará de todos os detalhes da sua vida, concedendo, em sua soberania, tudo o que ele sabe de que você precisa.

“Amar o próximo é mais que sentimento: é ação.”

De quantas pessoas você cuidou esta semana?

PLANO DE LEITURA:

Números 35–36

ACESSE O QR CODE PARA SABER MAIS:

DIA
056

@michelsimplicio

NÃO SE ESCONDA DE DEUS

Você já tentou se esconder de Deus? Quais foram os resultados?

PLANO DE LEITURA:

Deuteronômio 1–2

ACESSE O QR CODE PARA SABER MAIS:

Quando Deus tem um propósito na vida de alguém, não adianta se esconder, pois, uma hora, ele o encontrará.

O Senhor deu uma missão a Jonas, mas o profeta fugiu da presença do Onisciente e do seu chamado e seguiu em caminho contrário, para a cidade de Társis (cf. Jonas 1.3).

Note que quando aquele homem tentou se esconder do Eterno, as coisas começaram a dar errado. Jonas foi até o porto, entrou no navio, desceu até o porão e acabou jogado pela tripulação ao mar, até ser engolido por um grande peixe.

Isso também pode acontecer na vida de todo aquele que tenta se esconder da presença do Todo-Poderoso, não por um castigo da parte dele, mas pela falta de sabedoria e direcionamento, em razão das escolhas erradas ou decisões precipitadas.

Deus tem uma missão, um chamado para a sua vida. Portanto, não se esconda dele. É inútil tentar fugir, porque, uma hora, o propósito vai encontrá-lo! Jonas se arrependeu, voltou para o propósito, cumpriu a missão, e muitas pessoas foram beneficiadas pela sua obediência – ainda que tardia.

"Não dá para se esconder de quem tudo vê."

DEUS TEM MUITO MAIS PARA VOCÊ!

DIA
057

@michelsimplicio

Muitas vezes, podemos pensar que Deus não tem mais nada para nós. Podemos até entrar em lugares perigosos e achar que o Senhor não se importa nem escuta nosso clamor.

A Bíblia narra que, após receber uma mensagem de Jezabel dizendo que iria matá-lo, Elias fugiu para o deserto e pediu a morte. Todavia, o anjo do Senhor apareceu e disse: "Levante-se e coma, pois a sua viagem será muito longa" (1Reis 19.7).

Naquele momento, era como se o anjo dissesse: "Ainda há muita coisa para você fazer. Deus tem muito mais para sua vida. Chegou o tempo de retomar as suas forças, alimentar-se da Palavra de Deus e se preparar para uma longa jornada. Portanto, prepare-se, acreditando que grandes coisas estão por vir. Não é hora de desistir. Deus tem muito mais para você!".

O profeta Elias ouviu do Senhor que era hora de recobrar o ânimo. Hoje, o Senhor quer que você acredite que, com ele, terá uma viagem de paz. Não é hora de desistir ou parar, mas, sim, de sair dessa caverna de solidão e voltar ao convívio social – de viver as promessas.

Deus ainda tem muito mais para realizar em sua vida!

"Deus sabe do que você precisa mesmo antes de você pedir."

Você tem se escondido com medo do que pode vir pela frente?

PLANO DE LEITURA:

Deuteronômio 3–4

ACESSE O QR CODE PARA SABER MAIS:

DIA
058

@michelsimplicio

O PODER DA MOTIVAÇÃO

O que tem desmotivado sua jornada e como você pode vencer esse obstáculo?

A motivação pode levá-lo a lugares que você jamais imaginou. Quando Deus põe sonhos em nosso coração, é preciso ter motivação para conquistá-los.

A palavra "motivação" deriva do latim *movere* e significa "mover", ou seja, "mover-se por algum motivo". Diante disso, responda: qual é o motivo que faz você se mover todos os dias? Saiba que é preciso ter motivação para chegar aos lugares que o Senhor preparou para você.

Talvez o Inimigo esteja tentando roubar a sua motivação. Quem sabe você esteja sem ímpeto algum para continuar. Mas o Todo-Poderoso quer que você se lembre de que grandes homens de Deus também passaram por momentos difíceis e venceram.

Lembre-se de que todos aqueles que receberam grandes chamados também enfrentaram grandes provações. Deus está trazendo um motivo para ação. O encorajamento está voltando, e aquele que viu você caído quer vê-lo em pé.

Creia que Deus está trazendo um tempo, uma história e uma motivação novos para você. Grandes coisas o Senhor fará! Por isso, ele está capacitando e motivando você para que viva plenamente as promessas.

PLANO DE LEITURA:

Deuteronômio 5–7

ACESSE O QR CODE PARA SABER MAIS:

"Toda grande jornada começa com um pequeno passo."

DEUS TRANSFORMA SONHOS EM REALIDADE

DIA
059

@michelsimplicio

A Bíblia relata histórias de muitas pessoas que tinham o sonho de um futuro melhor, e Deus tornou realidade. É incrível ver como ele pode transformar circunstâncias contrárias em bênçãos.

O texto de 1Samuel 1 conta a história de uma mulher chamada Ana. Apesar de ser estéril, ela tinha o desejo de ser mãe. Lembre-se de que ela carregava o sonho, e o Senhor desejava ter um profeta. O que aconteceu? A junção do sonho humano com a vontade divina tornou desejo em realidade.

Entenda que Deus não põe um desejo no seu coração que contradiga a sua Palavra, portanto avalie seus sonhos, e se estiverem de acordo com as Escrituras, Deus os transformará em realidade.

Muitos personagens mencionados no texto da Bíblia testemunharam a respeito de um sonho que se tornou realidade, e você precisa crer que também dará o seu testemunho. Prepare-se, porque, querendo o Senhor, o sonho que parece tão difícil será realizado, porque para Deus nada é impossível! Sendo assim, guarde no seu coração esta palavra: o Onipotente ainda transforma sonhos em realidade.

"Só se vence amanhã se você não desistir hoje."

Você analisa seus sonhos à luz da Bíblia para saber se estão de acordo com as Escrituras?

PLANO DE LEITURA:

Deuteronômio 8–10

ACESSE O QR CODE PARA SABER MAIS:

DIA
060

@michelsimplicio

NA HORA CERTA, DEUS VAI AGIR

Como você tem lidado com a impaciência de esperar o tempo de Deus?

Se Deus não agiu, pode ser porque ainda não é a hora certa. Ele nunca chega atrasado! Por isso, mantenha a calma e aguarde com paciência a ação do Senhor.

João 11 nos conta o episódio em que Lázaro, amigo de Jesus, ficou enfermo e morreu. Quando Cristo recebeu a notícia, ainda permaneceu no lugar em que estava por dois dias, e ao chegar à cidade, Lázaro já estava morto. Então, Marta, irmã do falecido, disse-lhe: "Senhor, se estivesses aqui meu irmão não teria morrido!" (João 11.21). O que Jesus fez? Ressuscitou Lázaro! Sim, ele sabia o que estava fazendo. Para muitos, a situação não tinha mais jeito, porém o Criador do Universo sabia o dia e a hora certa de agir.

Você pode estar enfrentando um momento difícil e se perguntando: onde está o Senhor? Por que não intervém? Por que não me responde?

Lembre-se: Deus jamais se esquece de um filho. Tudo o que você precisa fazer é confiar. Creia que aquilo que está estagnado terá andamento, aquilo que está morto ressuscitará e a porta fechada se abrirá, pois, no tempo do Senhor, as coisas vão acontecer. Deus sabe a hora de agir.

PLANO DE LEITURA:

Deuteronômio 11–13

ACESSE O QR CODE PARA SABER MAIS:

"Deus nunca se atrasa, porque ele é o Senhor do tempo."

NÃO PARE DE CAMINHAR, DEUS ESTÁ ABRINDO O MAR

DIA
061

@michelsimplicio

É interessante como, em alguns momentos, parece que tudo está paralisado e nada vai acabar bem. Foi isso que aconteceu com o povo de Israel quando saiu do Egito e caminhou para a terra prometida.

No trajeto, havia um grande mar. Os hebreus ficaram preocupados, pois o exército inimigo vinha atrás deles. Foi quando Moisés disse: "'Não tenham medo. Fiquem firmes e vejam o livramento que o Senhor lhes trará hoje, porque vocês nunca mais verão os egípcios que hoje veem. O Senhor lutará por vocês; tão somente acalmem-se'. Disse então o Senhor a Moisés: 'Por que você está clamando a mim? Diga aos israelitas que sigam avante'" (Êxodo 14.13–15).

O interessante é que os israelitas não estavam vendo o mar se abrir, mas tiveram de continuar adiante. E você também precisa fazer isso. Logo, não pare de caminhar, pois o Todo-Poderoso está abrindo o mar! Não é hora de questioná-lo nem desistir, continue caminhando.

Portanto, não pare diante da adversidade. Lembre-se: se abrir o mar é com Deus, caminhar é com você.

"O Senhor conhece o caminho dos justos, mas o caminho dos ímpios perecerá."

Se Deus mandou, por que ainda está clamando a ele? Siga avante!

PLANO DE LEITURA:

Deuteronômio 14–18

ACESSE O QR CODE PARA SABER MAIS:

DIA
062

@michelsimplicio

AUTOCONHECIMENTO OU CONHECIMENTO DO ALTO?

Você tem buscado se conhecer por técnicas humanas ou divinas?

PLANO DE LEITURA:

Deuteronômio 19–22

ACESSE O QR CODE PARA SABER MAIS:

O conceito de autoconhecimento está em alta nos últimos tempos, e muitas pessoas dizem que precisamos desenvolvê-lo. Ter autoconhecimento é saber analisar-se para conseguir avaliar as próprias ações e seus resultados. Essa técnica pode ajudá-lo muito, mas se existe algo que pode auxiliá-lo ainda mais, é o conhecimento do alto – algo possível somente na presença de Deus.

Isaías deixou o autoconhecimento de lado e passou a buscar o Senhor. Com isso, o profeta adquiriu conhecimento do alto. Por meio do poder do Onipotente, ele conseguiu enxergar os próprios erros e dizer: "Ai de mim! Estou perdido! Pois sou um homem de lábios impuros e vivo no meio de um povo de lábios impuros; e os meus olhos viram o Rei, o Senhor dos Exércitos!" (Isaías 6.5).

Precisamos de autoconhecimento, mas precisamos mais ainda do conhecimento que vem do alto. Após receber a revelação, Isaías cumpriu o seu propósito. Por isso, quero convidar você a entrar na presença de Deus, pois ele revelará as áreas da sua vida que precisam ser melhoradas, para que, assim, possa haver uma grande transformação.

"Não busque autoajuda, busque ajuda do alto."

ALGO GRANDE PODE ESTAR PRESTES A ACONTECER

DIA
063

@michelsimplicio

Deus tem poder para fazer coisas grandes em nossa vida. Todavia, você precisa compreender que, antes de isso acontecer, é possível que ele permita que você enfrente circunstâncias ruins e desanimadoras.

Salmos 30.5b diz: "O choro pode persistir uma noite, mas de manhã irrompe a alegria". Pode até parecer coincidência, mas, muitas vezes, antes de algo positivo acontecer, ocorre alguma situação negativa. Então, você precisa crer que essa fase ruim que está atravessando precede algo grande da parte de Deus.

Se você está sendo provado, é bem possível que uma bênção incrível chegará em breve. Então, não é tempo de desistir, mas, sim, de levantar a cabeça. Afinal, os obstáculos frequentemente revelam que estamos no caminho certo.

As dificuldades da vida muitas vezes são permissões do Senhor para ver se a nossa fé é genuína ou se desistiremos diante da primeira dificuldade. Então, esteja atento, pois se o Deus que faz coisas grandes tem permitido provas, é porque o seu testemunho poderá ser ainda maior.

"Na dificuldade, lembre-se de que a tempestade precede a bonança."

Quantas vezes você recebeu grandes bênçãos depois de grandes crises?

....

....

....

....

....

....

....

PLANO DE LEITURA:

Deuteronômio 23–25

ACESSE O QR CODE PARA SABER MAIS:

DIA
064

SONHAR É PENSAR EM ALGO MELHOR

@michelsimplicio

Que sonhos você tem tido nos últimos tempos? Se é Deus quem pôs um sonho em seu coração, ele certamente tem seus motivos, que sempre são benéficos.

Lembre-se do que ele disse ao povo de Judá que estava cativo na Babilônia: "'Porque sou eu que conheço os planos que tenho para vocês', diz o Senhor, 'planos de fazê-los prosperar e não de lhes causar dano, planos de dar-lhes esperança e um futuro'" (Jeremias 29.11).

Os sonhos que Deus põe em nosso coração apontam para o nosso propósito e fazem parte daquilo que ele tem prometido e preparado. Não é só na Bíblia que temos a história de grandes sonhadores, podemos citar ainda figuras públicas que tiveram grandes sonhos e fizeram parte da história, como Martin Luther King Jr., que proferiu o famoso discurso "Eu tenho um sonho", e Nelson Mandela, que ficou preso durante 27 anos, mas suportou todo esse tempo de privação da sua liberdade porque tinha o sonho de libertar seu país do *apartheid*.

Portanto, se seus sonhos levam a algo melhor e estão de acordo com a Bíblia, não desanime e persiga-os, com fé em Deus

"Sonhar é acreditar em um futuro melhor."

Você tem acreditado nos sonhos que Deus pôs em seu coração?

....

....

....

....

....

....

....

PLANO DE LEITURA:

Deuteronômio 26–28

ACESSE O QR CODE PARA SABER MAIS:

SEU CORAÇÃO VAI PROMOVÊ-LO

DIA
065

@michelsimplicio

Quando Deus procurou um homem para estabelecer como rei de Israel, não olhou o estereótipo, as habilidades, tampouco a estatura: olhou o coração. A Bíblia nos afirma: "[...] O Senhor não vê como o homem: o homem vê a aparência, mas o Senhor vê o coração" (1Samuel 16.7).

Deus está olhando o seu coração. E se você o mantiver puro e humilde, ele terá prazer de elevá-lo a posições mais altas. Não permita que ele abrigue sentimentos como mágoas, rancores ou outros semelhantes; antes, faça constantes avaliações de si mesmo para ter a certeza de que o tem mantido limpo e longe de toda arrogância.

Davi era um simples pastor de ovelhas que ficava tocando a sua harpa, mas, como tinha um coração disposto a obedecer, atraiu a atenção do Todo-Poderoso e se tornou rei de toda a nação de Israel.

Assim como o Senhor exaltou Davi, ele pode fazer você sair do anonimato e ocupar uma posição de destaque. Mas, para isso, mantenha seu coração puro e humilde e não deixe que o Inimigo ponha nele nada que possa influenciar você.

"Pela grandeza do seu coração, você poderá chegar a uma elevada posição."

Você tem o hábito de avaliar diariamente como está o seu coração?

PLANO DE LEITURA:

Deuteronômio 29–31

ACESSE O QR CODE PARA SABER MAIS:

DIA
066

@michelsimplicio

UMA NOVA ESTAÇÃO CHEGOU

O que falta para você acreditar no novo do Senhor em sua vida?

....

....

....

....

....

....

....

PLANO DE LEITURA:

Deuteronômio 32–34

ACESSE O QR CODE PARA SABER MAIS:

Muitas pessoas imaginam que a vida será sempre do mesmo jeito. Não se engane! A vida é feita de ciclos e fases e, assim como passamos pelas estações do ano, atravessamos estações diferentes de tempos em tempos.

Daniel disse: "Louvado seja o nome de Deus para todo o sempre [...]. Ele muda as épocas e as estações [...]" (Daniel 2.20–21). A verdade é que não vivemos para sempre na mesma fase, pois o Senhor está sempre trazendo uma nova estação, e isso diz respeito a um novo tempo para a sua vida.

Aumente as suas expectativas. É hora de receber uma nova motivação, ao crer que uma nova era chegou e tudo aquilo que estava fora do lugar será reorganizado. Isso significa que, quando o Todo-Poderoso traz uma nova fase, é preciso andar de forma diferente: assim como uma nova estação do ano requer roupas diferentes, deixe o passado e vista-se para o tempo que se inicia.

Lembre-se de que uma nova etapa traz novas expectativas. É hora de acreditar que o futuro que Deus tem para você está começando. Portanto, celebre esta nova fase.

"Uma nova estação pode estar chegando à sua vida."

QUEM OBSERVA O VENTO NÃO SEMEIA

DIA
067

@michelsimplicio

O rei Salomão recebeu de Deus uma sabedoria superior a de qualquer outro ser humano, revelada, por exemplo, no livro de Eclesiastes. Ele escreveu: "Quem observa o vento não plantará; e quem olha para as nuvens não colherá" (Eclesiastes 11.4).

Podemos entender "olhar o vento" como o ato de fixar os olhos no momento difícil que se está atravessando. Com isso, muitas pessoas deixam de projetar o futuro, como se aquela fase complicada fosse durar para sempre. Porém, não existe ventania que sopre perpetuamente, por isso pare de focar o vento.

Muitos ficam tão preocupados com o cenário do momento que deixam de plantar e investir no futuro. Isso não convém, porque quem assim procede não terá parte na grande colheita.

Portanto, não permita que os momentos difíceis da vida o paralisem a ponto de você não ter o que colher. Comece a semear e assim, em breve, as sementes se tornarão uma grande colheita.

Viva e ande por fé, e não por vista. É tempo de espalhar as sementes. Pare de observar o vento e comece a semear.

"Sua semeadura de hoje poderá trazer grandes colheitas amanhã."

Você tem fixado o olhar nas dificuldades do momento ou em quem pode vencê-las?

PLANO DE LEITURA:

Josué 1–4

ACESSE O QR CODE PARA SABER MAIS:

DIA
068

@michelsimplicio

PRESSÃO GERA PODER

Você tem extraído o melhor que pode dos momentos em que sofre pressão?

Quando enfrentamos tempos difíceis, pensamos que os problemas vêm para acabar conosco, mas a verdade é que o poder de Deus se manifesta em momentos de pressão.

Quando Jesus passou pelo Getsêmani (palavra que significa "prensa de azeite") na noite de sua prisão, toda aquela pressão gerou grande poder. Assim como a azeitona precisa ser esmagada para gerar o puro azeite, o cristão também precisa passar pela pressão para viver o poder de Deus.

Êxodo 1.12 revela que quanto mais Israel era oprimido pelos egípcios, mais se multiplicava. Sim, a Bíblia deixa claro que há benefícios advindos da pressão. Portanto, o Senhor permite que isso ocorra também em sua vida. Não desista, pois isso vai levar o Onipotente a gerar poder sobrenatural sobre você. Continue perseverando.

Creia: Deus permite as pressões para extrair tudo aquilo que você tem de melhor! O Inimigo pode até pensar que a opressão dele acabará com você, mas, na verdade, ela vai revelar sua verdadeira essência. Portanto, não se preocupe, pois enquanto você é pressionado o Eterno trabalha em seu favor com grande poder.

"De todos os lados somos pressionados, mas não desanimados."

PLANO DE LEITURA:

Josué 5–8

ACESSE O QR CODE PARA SABER MAIS:

BOAS DECISÕES TRAZEM BONS TEMPOS

DIA
069

@michelsimplicio

Quando tomamos boas decisões, devemos acreditar que bons tempos estão por vir. Existem vários exemplos na Bíblia de pessoas que optaram sabiamente diante de dilemas e viveram tempos maravilhosos e daquelas que fizeram más escolhas e viveram momentos difíceis.

O filho pródigo, por exemplo, decidiu sair da casa do pai para viver de forma dissoluta e sofreu a consequência de seus atos. Em contrapartida, temos o ótimo exemplo do ladrão que estava ao lado de Jesus no Calvário. Aquele homem havia feito muitas coisas erradas, mas, no último momento da vida, tomou uma boa decisão: olhou para Cristo e disse: “Lembra-te de mim quando entrares no teu Reino”. Ao que o Senhor lhe respondeu: “Eu garanto: hoje você estará comigo no paraíso” (cf. Lucas 23.42–43). Aquele homem havia feito péssimas escolhas, mas uma única acertada o fez herdar a eternidade.

Boas decisões trazem bons tempos. Por isso, tenha prudência ao decidir e discernimento para fazer suas escolhas segundo a boa, perfeita e agradável vontade de Deus.

“Suas decisões influenciam seu futuro, e não suas condições.”

O que você tem levado em conta na hora de tomar suas decisões?

PLANO DE LEITURA:

Josué 9–11

ACESSE O QR CODE PARA SABER MAIS:

DIA
070

@michelsimplicio

É TEMPO DE FICAR EM SILÊNCIO

Você tenta resolver suas lutas com silêncio e fé ou com gritos e brigas?

PLANO DE LEITURA:

Josué 12–14

ACESSE O QR CODE PARA SABER MAIS:

Muitas pessoas pensam que as guerras são vencidas com argumentos, por isso não param de falar. Todavia, Deus valoriza o silêncio. Ele disse aos israelitas: "No arrependimento e no descanso está a salvação de vocês, na quietude e na confiança está o seu vigor, mas vocês não quiseram" (Isaías 30.15).

Será que não é tempo de ficar em silêncio? Não seria hora de observar e discernir melhor os tempos? Afinal, nestes últimos dias haverá lutas que, para serem vencidas, vão requerer mais silêncio que palavras.

Josué 6 narra que o Todo-Poderoso orientou os hebreus a rodear a cidade de Jericó e dar sete voltas, mas seis deveriam ser em silêncio. Entenda que nem todas as batalhas se vencem com argumentos. Algumas pessoas não param de falar um só minuto e pensam que, por muito falar, vencerão as lutas. Puro engano! Como Salomão escreveu: "Até o insensato passará por sábio, se ficar quieto [...]" (Provérbios 17.28).

É tempo de ficar em silêncio, pois quando você fala, Deus se cala. Mas quando você se cala, Deus não só fala, mas também age.

"Nem toda batalha se ganha com argumentos."

NENHUMA ARMA FORJADA CONTRA VOCÊ PROSPERARÁ

DIA
071

@michelsimplicio

Deus o guarda, protege e sustenta. Ao olhar para trás, certamente você verá o cuidado dele em diferentes momentos de sua vida.

Assim como o Senhor declarou aos judaítas: "[...] nenhuma arma forjada contra você prevalecerá [...]" (Isaías 54.17), ele também tem promessas de proteção para a sua Igreja. O Todo-Poderoso tem guardado toda a sua existência, desde o ventre de sua mãe.

Quando Balaque pediu ao profeta Balaão que proferisse palavras de maldição contra o povo do Senhor, ele até tentou, mas depois disse: "Como posso amaldiçoar a quem Deus não amaldiçoou? Como posso pronunciar ameaças a quem o Senhor não quis ameaçar?" (Números 23.8).

Podem até atentar contra você, mas nenhuma arma forjada contra a sua vida prevalecerá, porque Deus o guarda e abençoa! É promessa dele: "[...] nenhum mal o atingirá, desgraça alguma chegará à sua tenda" (Salmos 91.10).

Você tem um Pai que peleja por você e luta as suas causas. Ele é protetor, por isso não tenha medo, pois nenhuma arma forjada contra você prevalecerá.

"Mil poderão cair ao seu lado, dez mil à sua direita, mas nada o atingirá!"

Se Deus é por você, quem será contra você?

PLANO DE LEITURA:

Josué 15–16

ACESSE O QR CODE PARA SABER MAIS:

DIA
072

@michelsimplicio

NÃO DEIXE A OPORTUNIDADE PASSAR

O que tem impedido você de agarrar as boas oportunidades da vida?

PLANO DE LEITURA:

Josué 17–19

ACESSE O QR CODE PARA SABER MAIS:

Existem pessoas que, infelizmente, perdem muitas oportunidades. Com isso, deixam de viver tudo aquilo que Deus lhes preparou. É verdade que o Senhor fará a parte dele, mas precisamos fazer a nossa.

A Bíblia narra a história de um homem de pequena estatura, conhecido como Zaqueu, que subiu numa figueira-brava para ver Jesus passar (cf. Lucas 19.4–5). Quando o Mestre chegou, olhou para cima e disse: "Zaqueu, desça depressa. Quero ficar em sua casa hoje".

Aquela era provavelmente a única oportunidade que aquele homem teria, e ele não a desperdiçou. Antes, agarrou a chance, arrependeu-se dos seus pecados, mudou de vida, e com isso Jesus transformou completamente sua história.

Você precisa estar atento às oportunidades. Aprenda com Zaqueu e não dê nenhuma desculpa, pois o Eterno sempre nos dá oportunidades de amadurecimento na fé. E nenhuma delas deve ser desperdiçada.

Afinal, quando Deus escolhe alguém, ele lhe dá muitas chances. Por isso, tudo o que você precisa fazer é estar atento à voz do Senhor, para não perder nenhuma oportunidade.

"A vida é uma sucessão de oportunidades. Portanto, viva!"

CUIDADO COM OS DESANIMADORES!

DIA **073**

@michelsimplicio

Ao longo da vida, encontraremos muitas pessoas que são o que chamo de "desanimadores". São aqueles que querem nos deixar para baixo, nos abater e desencorajar. Esse tipo de gente está sempre por perto, e se dermos ouvidos àquilo que têm a dizer, demoraremos muito mais para chegar aos lugares que Deus nos prometeu.

Jairo era o dirigente da sinagoga. Jesus lhe havia prometido que iria até a sua casa para curar sua filha. De repente, veio alguém e disse: "Jairo, a sua filha morreu. Não incomode mais o Mestre" (Lucas 8.49). Pessoas como essa são os desanimadores: dizem que não tem mais jeito, que a vida é assim mesmo e frases do gênero.

Os desanimadores não acreditaram nas promessas de Deus. Todavia, Jairo não lhes deu ouvidos, pois preferiu crer em Cristo. Com isso, Jesus foi até sua casa e ressuscitou sua filha. Já os desanimadores não puderam entrar para presenciar o milagre (cf. Marcos 5.40–42).

Então, a partir de hoje, não pare para ouvir ou mesmo conversar com os desanimadores, pois eles não sonham e não querem que você sonhe. Ouça apenas a voz de Deus.

"Nada nem ninguém conseguirá desanimar você."

A quem você tem dado ouvidos: a Deus ou aos desanimadores?

PLANO DE LEITURA:

Josué 20–22

ACESSE O QR CODE PARA SABER MAIS:

DIA
074

ESTÁ NA HORA DE LEVANTAR A CABEÇA

@michelsimplicio

Quais são os impedimentos para que você olhe para o alto, hoje?

....

....

....

....

....

....

....

PLANO DE LEITURA:

Josué 23–24

ACESSE O QR CODE PARA SABER MAIS:

Muitas pessoas vivem olhando para baixo, cabisbaixas, observando as coisas da Terra e deixando de olhar para o alto. A Bíblia conta a história de uma mulher que vivia encurvada havia 18 anos e não conseguia de modo algum endireitar-se. Aquela senhora já estava habituada a olhar para baixo, mas Jesus havia marcado aquele dia para mudar a sua história.

O Mestre agiu com poder sobre aquela mulher, e ela se endireitou: "Ao vê-la, Jesus chamou-a à frente e lhe disse: 'Mulher, você está livre da sua doença'. Então lhe impôs as mãos; e imediatamente ela se endireitou, e louvava a Deus" (Lucas 13.12–13).

Chegou o tempo de você também levantar a cabeça!

O Inimigo da nossa alma tenta o tempo todo fazer você olhar para baixo. Podem ter acontecido situações que fizeram você desanimar, deixando-o prostrado, frustrado e envergonhado, e isso fez você se encurvar. Se foi o caso, endireite-se e levante-se, porque o tempo da vergonha acabou! Cristo chegou à sua vida para que nunca mais você fique encurvado. É tempo de viver uma nova história.

"Levante a cabeça e siga em frente; Deus está cuidando de tudo!"

POTENCIALIZE A SUA VISÃO

DIA **075**

@michelsimplicio

Deus lhe deu uma visão do seu futuro, mas você pode potencializá-la por meio da sua posição. Afinal, sua posição determina a visão, e a visão pode mudar toda a sua vida.

Certa vez, eu estava ao pé de uma montanha, e aquele lugar proporcionava uma visão muito bonita. Eu conseguia ver o mar de onde estava, até que alguém me pediu que subisse ao cume. Lá, no pico daquela elevação, pude perceber que minha visão havia sido ampliada por causa da minha posição.

Isso acontece quando deixamos os lugares baixos e subimos para os mais elevados, o que amplia os horizontes. E isso acontece também quando você entra em um ambiente de oração. Ali você sai do ambiente natural e entra no sobrenatural.

Chegou o momento de potencializar sua visão. Se você continuar nos lugares baixos, não enxergará as possibilidades de Deus. É tempo de mudar a sua posição e ampliar sua visão.

Se você ainda não enxerga as coisas que Deus tem preparado para a sua vida, pode ser devido à sua posição. Então, passe mais tempo com ele, pois é na presença do Senhor que a sua visão será potencializada.

"Visão é a capacidade de ver como as coisas se tornarão."

De que ponto de vista você tem enxergado a vida: do seu ou de Deus?

PLANO DE LEITURA:

Juízes 1–3

ACESSE O QR CODE PARA SABER MAIS:

DIA
076

@michelsimplicio

NEM SEMPRE O MELHOR É SEGUIR EM FRENTE

O que deve ter mais peso em nossa vida: frases de efeito ou a Bíblia?

Atualmente, muitas pessoas gostam de utilizar frases de efeito, como: "Siga sempre em frente", "Nunca pare" e "Jamais retroceda". Palavras como essas podem até soar bonito, porém são perigosas.

A parábola do filho pródigo (cf. Lucas 15) diz que aquele rapaz saiu da casa de seu pai, mas gastou tudo e ficou sem rumo nem direção, perdido em seus devaneios. Quando caiu em si, compreendeu que a melhor opção seria retroceder e voltar ao lugar de onde jamais deveria ter saído. O filho pródigo não precisou de um sermão nem de uma frase de efeito. Ele simplesmente parou e pensou que o melhor era retornar.

Nem sempre seguir em frente é o melhor. Existem momentos em que é preciso voltar e pedir perdão, retroceder e recomeçar de onde parou.

A história do filho pródigo nos ensina uma importante lição. Ela mostra que, para tomarmos a melhor decisão, devemos ter humildade e reconhecer nossos erros, com prudência e sabedoria. Afinal, nem sempre o melhor é seguir em frente, pois, muitas vezes, também será necessário voltar atrás.

PLANO DE LEITURA:

Juízes 4–7

ACESSE O QR CODE PARA SABER MAIS:

"Às vezes, é necessário retroceder para entender o valor das coisas."

MUDAR DÓI, MAS VALE A PENA

DIA
077

@michelsimplicio

Mudar faz muito bem! A vida é repleta de mudanças, desde a fase da infância, passando por adolescência, juventude e maturidade. Todos passamos por diversas mudanças, tanto hormonais quanto na aparência, ou seja, a mudança faz parte da vida. Porém, quando resistimos e não mudamos, tudo se repete.

A transformação exterior está em alta nos últimos dias. As pessoas gostam de mudar a cor do cabelo, o formato do nariz, a estética... e não há nada de errado com isso. Todavia, a principal mudança deve ser no interior.

O primeiro passo para a sua transformação acontecer está em confiar mais em Deus e se preocupar menos com as coisas deste mundo. Fato é que a mudança dói porque tira de nós o controle da vida.

Está na hora de mudar a sua mentalidade, como disse Paulo: "Não se amoldem ao padrão deste mundo, mas transformem-se pela renovação da sua mente, para que sejam capazes de experimentar e comprovar a boa, perfeita e agradável vontade do Senhor" (Romanos 12.2).

Mudar dói, a dor do crescimento é evidente, mas vale a pena, porque você nunca mais será o mesmo.

"Deus pode trazer um tempo de mudanças positivas em sua vida."

O que ainda falta ser mudado no seu coração para uma vida de plena santidade?

PLANO DE LEITURA:

Juízes 8–9

ACESSE O QR CODE PARA SABER MAIS:

DIA
078

@michelsimplicio

UMA NOVA MENTALIDADE PODE MUDAR A SUA REALIDADE

Você está aberto a uma mudança de mentalidade? O que o prende?

PLANO DE LEITURA:

Juízes 10–12

ACESSE O QR CODE PARA SABER MAIS:

Antes de Deus mudar a sua realidade, ele muda a sua mentalidade e, consequentemente, a sua forma de enxergar a vida.

Certo homem ficava diariamente junto à porta do templo, pedindo esmolas. Foi quando Pedro passou por ali e lhe disse: "'Não tenho prata nem ouro, mas o que tenho, isto lhe dou. Em nome de Jesus Cristo, o Nazareno, ande'. Segurando-o pela mão direita, ajudou-o a levantar-se, e imediatamente os pés e os tornozelos do homem ficaram firmes" (Atos 3.6–7).

Na mentalidade daquele homem, ele sempre precisaria de esmolas para sobreviver, mas, depois que olhou para os discípulos de Cristo, sua vida mudou radicalmente, porque passou a enxergar a vida da maneira correta. Ele estava sentado, desanimado e conformado, mas quando levantou a cabeça, passou a ter uma nova postura, fruto de uma nova mentalidade.

Deus quer mudar a sua realidade, mas, antes, você precisa olhar para cima e mudar sua mentalidade, porque a maneira como você pensa influencia os lugares a que Deus vai levá-lo.

É tempo de mudar a sua mentalidade, porque você não nasceu para viver de esmolas.

"Uma boa mentalidade pode alterar sua má realidade."

DEUS ESTÁ RESTAURANDO A SUA SORTE

DIA **079**

@michelsimplicio

A Bíblia diz que, quando o Senhor restaurou a sorte de Sião, o povo ficou como quem sonha, a boca se encheu de riso e a língua de júbilo, pois grandes coisas Deus fez por ele (cf. Salmos 126).

Durante muito tempo, o Eterno observou as dificuldades dos israelitas. Eles tinham sido levados para o cativeiro, para um lugar onde não desejavam estar. Muitas vezes, nós também somos levados para lugares indesejados.

O povo de Deus sofreu durante muito tempo nas mãos do inimigo, mas isso não durou para sempre. O Todo-Poderoso, no seu tempo, restaurou a sorte de sua gente, que ficou como quem sonha.

Você deve crer que, se estiverem de acordo com a Bíblia e com a vontade do Senhor, seus sonhos se tornarão realidade. Está na hora de voltar a sorrir novamente! Saiba que Deus tem poder para restaurar sua sorte.

Por isso, prepare-se para que as coisas comecem a dar certo para você. Acredite que portas que estavam fechadas vão se abrir, e todos hão de reconhecer o cuidado de Deus em sua vida. Afinal, ele é especialista em tornar tristeza em riso e murmuração em júbilo.

"Creia que o Senhor, seu Deus, mudará a sua sorte."

Por que você crê que Deus tem poder para abençoar todos, menos você?

PLANO DE LEITURA:

Juízes 13–16

ACESSE O QR CODE PARA SABER MAIS:

DIA
080

ESTÁ CHEGANDO O TEMPO DA COLHEITA

@michelsimplicio

Se você tem semeado, deve acreditar que o tempo da colheita pode estar chegando em sua vida. Afinal, quem sabe o que planta não teme a colheita.

A lei da semeadura é um dos princípios que Deus estabeleceu em sua Palavra: "Não se deixem enganar: de Deus não se zomba. Pois o que o homem semear, isso também colherá" (Gálatas 6.7).

Já Oseias 8.7 diz que quem semeia vento colhe tempestade. Se você tem se dedicado a plantar coisas bíblicas e maravilhosas, deve ter confiança de que há uma expectativa boa para sua vida. Sua colheita pode ser sobremodo grande.

Hamã conspirava contra o povo judeu. Por isso, preparou uma forca para matar Mardoqueu (cf. Ester 6.4). Todavia, como Hamã havia semeado a morte, foi isso que ele colheu, uma vez que pereceu na forca que tinha preparado (cf. Ester 7.10).

Talvez você esteja há muito tempo semeando, mas frustrado, porque até agora não colheu nada de bom. Se é assim, continue e não desanime. Afinal, aqueles que são fiéis ao Senhor devem ter o coração alegre e confiante de que o tempo de colher chegou.

"Prepare-se para viver um tempo de grandes colheitas!"

Que tipo de semente você tem plantado?

PLANO DE LEITURA:

Juízes 17–18

ACESSE O QR CODE PARA SABER MAIS:

PARE DE FALAR E COMECE A FAZER

DIA
081

@michelsimplicio

Todos gostamos de dar conselhos e orientações. Isso é bom, porém existe um tempo em que precisamos parar de falar e precisamos começar a fazer aquilo que dizemos.

Isso aconteceu na vida de Jó. Certa vez, seus amigos disseram: "Pense bem! Você ensinou a tantos; fortaleceu mãos fracas. Suas palavras davam firmeza aos que tropeçavam; você fortaleceu joelhos vacilantes. Mas, agora que se vê em dificuldade, você se desanima; quando você é atingido, fica prostrado. Sua vida piedosa não lhe inspira confiança, e o seu procedimento irrepreensível não lhe dá esperança?" (Jó 4.3–6).

Jó parece ser o tipo de homem que ajuda muitas pessoas. Possivelmente, deu sábios conselhos. Todavia, diante das provações, ele era quem precisava pôr em prática as mesmas recomendações que dava aos outros.

Está na hora de você pôr em prática tudo aquilo que prega, de fazer o que ensina aos outros, pois é isso que vai manter você em pé. Deus nos conclama, por meio de sua Palavra, a parar de falar e começar a fazer. Portanto, levante-se, fortaleça-se no Senhor e mãos à obra!

"Aprenda a falar menos e fazer mais."

Será que não está na hora de falar menos e agir mais?

PLANO DE LEITURA:

Juízes 19–21

ACESSE O QR CODE PARA SABER MAIS:

DIA
082

@michelsimplicio

HAVERÁ UM BOM FUTURO PARA VOCÊ

O que prevalece em sua vida: o desânimo ou a esperança?

PLANO DE LEITURA:

Rute 1–4

ACESSE O QR CODE PARA SABER MAIS:

Quando passamos por momentos difíceis, em geral não conseguimos enxergar o que Deus tem preparado para nós. Isso aconteceu na vida de Mefibosete: "Jônatas, filho de Saul, tinha um filho aleijado dos pés. Ele tinha cinco anos quando chegou a notícia de Jezreel de que Saul e Jônatas haviam morrido. Sua ama o apanhou e fugiu, mas, na pressa, ela o deixou cair e ele ficou manco. Seu nome era Mefibosete" (2Samuel 4.4).

A história daquela criança parecia ter sido interrompida por conta da tragédia, todavia Deus já havia preparado um bom futuro para Mefibosete. Em 2Samuel 9, vemos que o rei Davi lembrou-se do pacto que havia feito com Jônatas e mandou chamar o filho dele para desfrutar da vida no palácio.

Essa história nos leva a crer que, debaixo da graça e da misericórdia de Deus, podemos ter a esperança de um bom futuro, não importa o que tenha acontecido no passado. Assim como Mefibosete foi tirado da pobreza para o palácio, seu futuro está nas mãos do Senhor para coisas melhores. Portanto, alegre seu coração, crendo que pode haver algo mais excelente para você.

"Deus pode fazê-lo prosperar mesmo em tempos de crise."

PROSPERANDO EM TEMPOS DIFÍCEIS

DIA **083**

@michelsimplicio

Quando os tempos são difíceis, muitas pessoas não conseguem avançar, mas a história de Isaque mostra que em fases ruins também é possível prosperar.

Gênesis 26 diz que havia muita fome na terra de Canaã, mas Deus deu uma direção a Isaque e lhe disse que não descesse ao Egito, mas habitasse na terra que ele lhe indicasse. O patriarca obedeceu e permaneceu no lugar que o Senhor ordenara.

Muitas pessoas, nos momentos difíceis, têm a ideia de que, saindo do lugar de onde estão, as coisas vão melhorar. Mas Deus pode fazer você prosperar no lugar onde está se é aí que ele quer honrar sua vida.

A Bíblia diz que Isaque permaneceu em Gerar e começou a cavar poços. Mesmo em tempos difíceis, Deus lhe deu a graça de encontrar água – e houve refrigério em tempo de agonia. Do mesmo modo, você pode prosperar em tempos difíceis.

O Todo-Poderoso não depende do tempo para fazer seus filhos avançarem. Ele é soberano e, assim como deu aquela estratégia a Isaque, lhe dará novos caminhos para que prospere onde você está.

Portanto, prepare-se, crendo que você ainda terá muitos frutos nessa terra.

"O cobiçoso provoca discórdias, mas o que confia no Senhor prosperará."

Antes de sair de onde está em busca de prosperidade, você já consultou a Deus?

PLANO DE LEITURA:

1Samuel 1–4

ACESSE O QR CODE PARA SABER MAIS:

DIA
084

SEU PASSADO NÃO O REPRESENTA MAIS

@michelsimplicio

O que ainda prende você ao passado? Por que você não lança essas lembranças sobre a Cruz?

....

....

....

....

....

....

....

PLANO DE LEITURA:

1Samuel 5–7

ACESSE O QR CODE PARA SABER MAIS:

Uma das grandes estratégias do Inimigo é fazer você ficar preso ao seu passado. Ele lhe mostra os momentos mais difíceis da vida e o faz ficar preso a eles, a fim de que você se sinta mal. Mas quando Deus olha para você, ele não se baseia somente em seu passado, pois já viu seu futuro.

O Todo-Poderoso chama você pelo nome, enquanto o Diabo conhece seu nome, mas prefere chamá-lo pelo seu pecado a fim de prendê-lo ao passado. Porém, a Bíblia diz que aquele que está em Cristo é uma nova criatura (cf. 2Coríntios 5.17). Seus erros do passado não definem você, por isso não fique preso a eles. O Senhor tem coisas novas para a sua vida!

Muitas vezes, o Inimigo tentará fazer você pensar nas situações que não deram certo. A maior estratégia dele é fazer você se ver como era antes, ignorando que, dia após dia, o Criador está fazendo uma grande obra em sua vida.

Sempre que Satanás vier lhe mostrar seu passado, lembre-se de que você é uma nova criatura em Cristo e que tudo aquilo que já passou não o define mais.

"Seu passado não pode fazer parte do seu presente."

AME O QUE VOCÊ FAZ

DIA
085

@michelsimplicio

Um dos maiores segredos do sucesso é pôr muito amor naquilo que você faz. Realizar coisas por obrigação não o torna bem-sucedido, mas amar aquilo que você faz, sim!

Aprendemos isso com o nosso maior exemplo, Jesus, que disse: "Todo o que o Pai me der virá a mim, e quem vier a mim eu jamais rejeitarei" (João 6.37). Enquanto esteve aqui na Terra, ele demonstrou seu amor com muita intensidade: deu atenção às pessoas porque as amava, esteve com os pecadores, ensinou, abraçou as crianças.

O segredo está em amar o que chega às suas mãos. Portanto, não importa qual é o seu trabalho, desempenhe-o com amor. Quem atua diretamente com o público precisa amar as pessoas, da mesma forma que quem lida com animais precisa amá-los.

Um dos grandes segredos da vida é fazer tudo com amor, dedicando-se inteiramente ao que está fazendo. Então, a partir de hoje, lembre-se de que amar é uma decisão e que, portanto, você pode decidir amar o que faz.

Ame tudo aquilo que Deus entrega em suas mãos para realizar e, assim, verá o que ele pode fazer em sua vida.

> **"Se você tem amor pelo que faz, não só trabalha, mas se realiza."**

Que tal decidir amar aquilo que você faz e abandonar toda murmuração?

PLANO DE LEITURA:

1Samuel 8–10

ACESSE O QR CODE PARA SABER MAIS:

DIA
086

@michelsimplicio

NÃO ESTEJA PREOCUPADO, ESTEJA PREPARADO

A preocupação com as adversidades da vida tem tomado conta do coração de muita gente. Guerras acontecem ao redor do mundo, a fome se espalha rapidamente, muitas pestes ocorrem em nossa geração: tudo isso faz as pessoas andarem preocupadas, aflitas e pensativas.

Mas aqueles que estão em Cristo não precisam estar preocupados, mas, sim, preparados.

Afinal, Paulo escreveu: "Mas vocês, irmãos, não estão nas trevas, para que esse dia os surpreenda como ladrão" (1Tessalonicenses 5.4). O apóstolo disse que os cristãos não devem se preocupar com o grande dia, mas se alegrar. Ainda hoje, muitos temem quando se fala a respeito do fim dos tempos. Mas não precisamos nos preocupar, devemos estar preparados.

Por quê? Porque, naquele grande dia, nos encontraremos com o Senhor e "ele enxugará dos seus olhos toda lágrima. Não haverá mais morte, nem tristeza, nem choro, nem dor, pois a antiga ordem já passou" (Apocalipse 21.4).

Então, não se preocupe, pois seu futuro está nas mãos do Senhor. Ele está cuidando de tudo, apenas esteja preparado!

Você está preparado para a volta de Jesus?

PLANO DE LEITURA:

1Samuel 11–14

ACESSE O QR CODE PARA SABER MAIS:

"Pare de se preocupar e comece a se preparar."

SE DEUS NÃO ESTIVER DENTRO, TÔ FORA!

DIA
087

@michelsimplicio

Antes de entrar em algum projeto, verifique se Deus faz parte dele. Antes de ingressar em alguma sociedade, veja se o Senhor está nesse negócio. Lembre-se: bom planejamento e boa organização não significam necessariamente que o Eterno está presente ali.

Gênesis 11 conta a história da Torre de Babel. Ali havia planejamento, propósito e criatividade, um projeto que tinha tudo para dar certo, porém deu errado. Por quê? Porque Deus não estava naquele negócio! Os idealizadores começaram o processo de construção com um propósito, mas se esqueceram do principal: a presença do Todo-Poderoso. E se ele não estiver presente, não tem como dar certo.

A partir de hoje, antes de entrar em qualquer empreitada, diga como Moisés: "Se a tua presença não for comigo, não nos faças sair deste lugar" (Êxodo 33.15, NAA). Ouro exemplo é Davi: a primeira coisa que fez ao começar a reinar foi buscar a arca da aliança, que representava a presença de Deus (cf. 2Samuel 6).

Se você fizer sempre questão da presença do Senhor em tudo, com certeza os seus projetos serão bem-sucedidos.

"A presença de Deus é a maior garantia de que seus planos serão bem-sucedidos."

Será que você sempre consulta a Deus antes de participar de alguma empreitada?

....

....

....

....

....

....

....

PLANO DE LEITURA:

1Samuel 15–17

ACESSE O QR CODE PARA SABER MAIS:

DIA
088

O QUE FAZER QUANDO TUDO SAI DO LUGAR?

@michelsimplicio

Quando algo lhe parece fora do lugar, você consulta a Deus para saber se está mesmo?

PLANO DE LEITURA:

1Samuel 18–20

ACESSE O QR CODE PARA SABER MAIS:

Você já teve a sensação de que algo saiu do lugar? É tão desagradável procurar alguma coisa e não encontrar, não é mesmo? Bem, para o Senhor pode não ser.

A Bíblia conta a história de Saul (cf. 1Samuel 9), cujo pai havia perdido jumentas e o enviou para procurá-las. Todavia, o que o rapaz não sabia era que, por trás daquelas perdas, Deus tinha um propósito maior. O Todo-Poderoso estava procurando um rei, enquanto Saul procurava jumentas!

Quando o Eterno permite que as coisas aparentemente saiam do lugar é porque ele quer substituir aquilo por algo ainda maior e com propósitos mais grandiosos. Por isso, não se preocupe. O que para você foi uma perda, para Deus é apenas uma preparação para o que está por vir.

Saul saiu de casa tenso e despreparado, apenas procurando o que havia sido perdido. Deus, porém, o estava conduzindo para um grande propósito. Portanto, lembre-se de que o Onisciente não tira nada da sua vida que ele não venha substituir ou restituir por algo melhor.

Então, sabe o que se deve fazer quando tudo sair do lugar? Descansar o coração.

"Algumas coisas se perdem para que você encontre algo melhor."

NÃO PERCA A SUA IDENTIDADE

DIA **089**

@michelsimplicio

Uma das principais estratégias do Inimigo é interferir na sua identidade. Ele não quer que você se veja como realmente é: um filho amado de Deus.

O rei Adoni-Bezeque, que se opunha a Israel, mandava cortar os polegares das mãos e dos pés dos soldados, uma estratégia que tirava a identidade dos guerreiros – visto que, sem eles, não poderiam mais ir à guerra. É isso o que Satanás busca fazer: roubar nossa identidade, para que não possamos mais vencer as nossas batalhas.

Se Deus tem permitido que você enfrente lutas, é porque, com certeza, consegue vencê-las. Mas talvez você esteja se sentindo como um soldado fora de combate. Se isso está ocorrendo, saiba que é justamente o que o Adversário almeja.

O Diabo quer fazer você olhar no espelho e se sentir incapaz. Todavia, ele já foi derrotado. A sua identidade é de filho de Deus. "Se somos filhos, então somos herdeiros; herdeiros de Deus e coerdeiros com Cristo" (Romanos 8.17). Por isso, não negocie seus princípios nem a sua identidade.

"O importante não é quem os outros acham que você é, mas quem Deus fez você ser!"

Será que o Inimigo tem conseguido interferir na sua identidade?

PLANO DE LEITURA:

1Samuel 21–24

ACESSE O QR CODE PARA SABER MAIS:

DIA
090

@michelsimplicio

SE VOCÊ TEM DEUS, VOCÊ TEM TUDO

Se você já tem Deus em sua vida, o que está esperando?

PLANO DE LEITURA:

1Samuel 25–27

ACESSE O QR CODE PARA SABER MAIS:

Deus pôs muitos projetos em seu coração, mas pode ser que você esteja à espera do melhor momento, da melhor estrutura ou de melhores condições para fazê-los acontecer. Mas saiba que se você tem o Senhor ao seu lado, já possui tudo de que precisa.

Isso aconteceu na vida de Moisés. O Criador disse que ele seria o libertador do seu povo e conduziria milhões de pessoas do Egito até a terra prometida. Certamente, havia muitas pessoas mais capacitadas e bem-preparadas para liderar o povo, mas aquela foi a opção do Eterno.

Moisés, então, disse: "Se não fores conosco não nos envies" (Êxodo 33.15). Com essa atitude, era como se ele estivesse dizendo: "Se eu é que devo realizar essa tarefa, Deus é tudo de que preciso para ser bem-sucedido, não importa quantas pessoas estejam ao meu lado.". Você já tem o Senhor? Então já tem tudo de que necessita para todas as suas realizações.

Muitos não executam seus projetos porque focam a energia naquilo que ainda não possuem, mas não pararam para pensar que já têm a presença do Onipotente ao lado deles. Lembre-se: se você tem Deus, já tem tudo.

"Quem tem tudo sem Deus na verdade não tem nada."

AUTOCUIDADO: CUIDAR DE SI PARA CUIDAR DOS OUTROS

DIA **091**

@michelsimplicio

Na primeira carta que escreveu a seu discípulo, Paulo exortou Timóteo: "Atente bem para a sua própria vida e para a doutrina" (1Timóteo 4.16). Com essas sábias palavras, vemos a importância do autocuidado. Afinal, como podemos zelar pelos outros se não estamos em condições de cuidar de nós mesmos?

O autocuidado é extremamente necessário para viver uma vida de equilíbrio. Pessoas machucadas acabam machucando o próximo, mas gente curada sara pessoas. Portanto, cuide-se.

Reserve tempo para você. E, com isso, me refiro não apenas ao zelo pela saúde emocional, mas também pelo corpo físico, o que inclui a saúde e a aparência, visto que uma boa autoimagem eleva a autoestima.

Cuide também da sua vida espiritual e social, porque, quanto melhor estiver com você mesmo, mais transbordará. Pessoas felizes transmitem felicidade, porém quem não tem tempo para cuidar de si mesmo acaba não tendo tempo para cuidar dos outros.

Por isso, hoje, separe um tempo para aproveitar o dia, desfrutar da jornada e apreciar a vida. Cuide de você para poder cuidar dos outros.

"Ao cuidar de si, você se capacita a cuidar melhor dos outros."

Você tem cuidado de todos os âmbitos de sua vida ou tem deixado algum de lado?

PLANO DE LEITURA:

1Samuel 28–31

ACESSE O QR CODE PARA SABER MAIS:

DIA
092

@michelsimplicio

ESFORÇA-TE!

Você tem dado o melhor de você mesmo?

PLANO DE LEITURA:

2Samuel 1–4

ACESSE O QR CODE PARA SABER MAIS:

Deus fez grandes promessas a Josué. Ele foi escolhido para conduzir Israel até a terra prometida, mas, assim que o chamou, o Senhor disse: "Tão somente esforça-te e tem mui bom ânimo [...]" (Josué 1.7, ACF). Por que o Eterno lhe disse que se esforçasse? Simples: para alcançar as promessas, é necessário fazer sua parte.

Deus promete grandes coisas para a nossa vida, todavia muitos não fazem nada porque imaginam que tudo se cumprirá automaticamente. Mas isso é um engano.

A Bíblia mostra que aqueles que alcançaram grandes vitórias a obtiveram com boa dose de esforço. Como, por exemplo, a mulher do fluxo de sangue, que estava havia 12 anos vivendo doente, mas decidiu romper a multidão e se dedicou a receber a cura de que tanto precisava. Zaqueu também se esforçou para subir na árvore a fim de ver Jesus passar.

Você tem promessas do alto para sua vida, por isso precisa se empenhar e fazer a sua parte. Pode não ser fácil, mas acredite: é recompensador. Creia que a Palavra de Deus vai se cumprir sobre a sua vida se tão somente você se esforçar.

"Deus recompensará seu esforço."

HÁ UM TEMPO CERTO PARA TUDO

DIA **093**

@michelsimplicio

Eclesiastes 3.1 diz: "Tudo tem o seu tempo determinado, e há tempo para todo o propósito debaixo do céu" (ACF). De acordo com essas palavras, fica claro que precisamos discernir o tempo que estamos enfrentando. Afinal, pode ser um tempo de guerra, de paz, de semeadura ou de colheita. E, dependendo do momento, é hora de se deitar ou se levantar, de descansar ou de lutar.

Que tempo você está atravessando?

Entender cada época da vida com fé fará você andar de cabeça erguida mesmo diante das mais cruéis adversidades. Porque, independentemente do período em que você esteja vivendo, nosso Senhor, Jesus Cristo, prometeu: "E eu estarei sempre com vocês, até o fim dos tempos" (Mateus 28.20b).

Saiba que existe um Deus que vai ajudá-lo, porque ele é gracioso e o ama. O Todo-Poderoso está ao seu lado e não o abandona. Se o Salvador do mundo prometeu, é porque não há dúvidas: ele está conosco!

Então, lembre-se: você não está sozinho. Existe um tempo para todas as coisas, e na hora certa o Deus onipotente se levantará e a sua bênção vai chegar.

"No tempo certo, tudo dará certo."

Você tem aguardado o tempo de Deus ou tem forçado para que tudo ocorra na sua hora?

PLANO DE LEITURA:

2Samuel 5–7

ACESSE O QR CODE PARA SABER MAIS:

DIA
094

POR QUE COISAS RUINS ACONTECEM?

@michelsimplicio

Como você ora quando tudo vai mal? Com gratidão e fé ou murmuração?

PLANO DE LEITURA:

2Samuel 8–10

ACESSE O QR CODE PARA SABER MAIS:

Há séculos a humanidade se pergunta: por que coisas ruins acontecem com pessoas boas? A Bíblia tem a resposta para tudo. Paulo esclareceu: "Sabemos que Deus age em todas as coisas para o bem daqueles que o amam, dos que foram chamados de acordo com o seu propósito" (Romanos 8.28).

Saiba que Deus tem um propósito em tudo. Por exemplo, ele pode estar provando a sua fé (cf. 1Pedro 1.7) ou mesmo usando o sofrimento para corrigi-lo naquilo em que tem pecado, como o salmista escreveu: "Foi-me bom ter sido afligido, para que aprendesse os teus estatutos" (Salmos 119.71, ACF).

Sim, Deus muitas vezes permite que coisas ruins aconteçam para que possamos recalcular a nossa rota e sejamos aperfeiçoados, do mesmo modo como ele permitiu que tragédias acontecessem na vida de José para que ele fosse aperfeiçoado antes de se tornar governador do Egito.

Portanto, não pense que o Todo-Poderoso é mau ou algo do gênero. Sempre que ele permite a dor, é porque tem propósitos mais elevados. E o principal deles é para que o seu santo nome seja glorificado em sua vida.

"Se Deus tirou algo da sua vida é porque ele tem preparado coisas melhores."

SUPERANDO A FRUSTRAÇÃO

DIA
095

@michelsimplicio

Muitas pessoas se frustraram na vida a ponto de se abater de tal maneira que nunca mais conseguiram se reerguer. Isso aconteceu na vida de Pedro.

A Bíblia diz que ele andava com Jesus. Ainda assim, certa vez, o Mestre lhe disse: "Asseguro-lhe que, ainda esta noite, antes que o galo cante, três vezes você me negará". Mas Pedro retrucou: "Mesmo que seja preciso que eu morra contigo, nunca te negarei" (Mateus 26.34–35). Porém, quando Cristo foi preso, o apóstolo o traiu três vezes. O resultado? O texto informa: "[...] saindo dali, chorou amargamente" (Mateus 26.75).

Naquele momento de frustração, Pedro pensou que tudo havia terminado. Porém, João 21 relata que, após a ressurreição do Senhor, aquele homem pega suas redes e vai ao mar pescar. Ele não queria mais continuar a sua jornada, mas, para sua surpresa, Jesus aparece na praia, chama-o pelo nome e o constitui pastor de seu rebanho.

Quando Deus tem um propósito com alguém, ele fala até que a pessoa entenda. Assim como Pedro venceu aquela frustração, você também vai vencer, porque o propósito do alto na sua vida ainda não terminou.

"Certamente haverá um futuro, e a sua esperança não será frustrada."

Você já pensou que algo não tinha jeito? O que Jesus diria disso?

PLANO DE LEITURA:

2Samuel 11–14

ACESSE O QR CODE PARA SABER MAIS:

DIA
096

@michelsimplicio

CHEGOU A HORA DE DAR A VOLTA POR CIMA

Você crê que Deus tem poder para virar seu cativeiro?

....

....

....

....

....

....

....

PLANO DE LEITURA:

2Samuel 15–17

ACESSE O QR CODE PARA SABER MAIS:

Todos passamos por momentos difíceis. Existem ciclos de perdas, dificuldades e aflições. Mas não será assim para sempre.

A Bíblia mostra vários exemplos de pessoas que superaram momentos difíceis. Um desses casos é o de Ester. A vida dela não foi fácil: aquela jovem cresceu sem os pais, em uma nação estranha. Porém, certo dia, foi selecionada pelo imperador para se tornar a sua nova esposa.

Sim, as coisas foram complicadas, mas só até que Deus determinou que havia chegado a vez de Ester. Você deve crer que está na hora de dar a volta por cima.

É possível que muitas pessoas não acreditassem que Ester pudesse se tornar rainha. Mas, pela vontade do Senhor e apesar de toda dificuldade, ela superou qualquer eventual descrença e se tornou a soberana daquele império – o que lhe permitiu salvar todo o seu povo.

Erga a sua cabeça! Acredite que você também vai vencer, pelo poder de Deus! O Altíssimo estava vendo tudo e já havia preparado o momento de Ester superar as adversidades. Creia que na sua vida também será assim e que breve você dará a volta por cima.

“Em cada desafio existe uma oportunidade para triunfar.”

A SUA VITÓRIA ALEGRARÁ MUITOS

DIA **097**

@michelsimplicio

A Bíblia conta a história do casal Zacarias e Isabel, que eram avançados de idade e durante muito tempo tentaram ter filhos, mas não conseguiram. Todavia, Deus enviou um anjo para aquele homem, que lhe disse que sua oração fora ouvida e eles teriam um herdeiro. E mais: "Ele será motivo de prazer e de alegria para você, e muitos se alegrarão por causa do nascimento dele [...]" (Lucas 1.14).

Creia que muitas pessoas vão se alegrar quando o Todo-Poderoso abençoar você. Muita gente torce por sua vida. Por isso, não abaixe a cabeça. Em vez disso, continue, porque sua vitória alegrará quem o ama, que celebrará quando o seu projeto se tornar realidade.

A Bíblia diz que João Batista nasceu daquele casal, trazendo alegria e regozijo para uma geração inteira. Confie que Deus pode fazer o mesmo na sua vida e que muitas pessoas celebrarão com você a sua bênção.

Jesus foi preso, torturado e crucificado. Mas, por fim, ressuscitou. E quando ele voltou à vida, todos os seus discípulos, homens e mulheres, ficaram alegres e celebraram aquela grande bênção.

Creia: ele tem poder para fazer o mesmo em sua vida e, com isso, alegrar muitos.

"Continue perseverando; sua vitória pode estar chegando."

Algo impede você de acreditar que sua bênção alegrará muitos?

....

....

....

....

....

....

....

PLANO DE LEITURA:

2Samuel 18–19

ACESSE O QR CODE PARA SABER MAIS:

DIA
098

@michelsimplicio

DÊ SENTIDO À SUA VIDA

Você já encontrou o sentido da sua vida?

A nossa existência terrena é breve e rápida. Como escreveu o salmista, "o homem é como um sopro; seus dias são como uma sombra passageira" (Salmos 144.4). Diante dessa brevidade, você precisa agir logo para que sua vida tenha sentido.

Muitos vivem uma existência sem propósito. Não sabem por que se levantam diariamente, nem a razão de trabalharem tanto. Tampouco entendem para onde estão seguindo. O que lhes falta? Dar sentido à vida. E nada cria mais propósito para nós do que cumprir o chamado e viver o que Deus nos chamou para realizar.

Paulo fez isso. Tanto que, no fim da vida, escreveu: "Combati o bom combate, terminei a corrida, guardei a fé" (2Timóteo 4.7). O apóstolo descobriu o seu propósito aos olhos do Todo-Poderoso. O sentido da sua vida era viver a vontade de Deus. Ele tinha uma carreira pela qual estava correndo e sabia bem aonde estava indo.

Desejo que você consiga encontrar o verdadeiro sentido da sua vida para realizar a vontade de Deus e, assim, conseguir viver todos os dias o propósito do Senhor.

"Sem Jesus Cristo nada faz sentido."

PLANO DE LEITURA:

2Samuel 20–22

ACESSE O QR CODE PARA SABER MAIS:

VOLTE A SER FELIZ

DIA
099

@michelsimplicio

Muitas pessoas já foram felizes um dia e viveram momentos alegres, mas, hoje, se encontram tristes, sem alegria de viver. É gente outrora extrovertida, com uma vida social cheia de amigos, mas que, agora, não tem prazer nem mesmo de sair de casa.

Jó perdeu amigos, filhos, saúde e tudo o que possuía, mas, por fim, "mudou o Senhor a sorte de Jó, quando este orava pelos seus amigos; e o Senhor deu-lhe o dobro de tudo o que antes possuíra" (Jó 42.10, ARA).

Assim como, em determinado momento, Deus mudou a sorte de Jó e aquele homem voltou a ser feliz, o Onipotente também pode restituir tudo o que você perdeu. Tenha fé de que está na hora de voltar a ser feliz. Portanto, não pare de sonhar!

Vivemos uma batalha espiritual muito grande, e o Inimigo faz de tudo para que você se mantenha sozinho, isolado e triste. Mas a vontade de Deus é que você encontre contentamento, esteja rodeado por amigos e realize todos os sonhos que ele pôs em seu coração.

Com isso, o Altíssimo está lhe dizendo para voltar a ser feliz. Creia que, assim como o Senhor mudou a sorte de Jó, ele pode mudar a sua também.

"Não dependa de ninguém para ser feliz a não ser de Deus."

Você acredita que Deus tem poder para fazer você feliz novamente?

PLANO DE LEITURA:

2Samuel 23–24

ACESSE O QR CODE PARA SABER MAIS:

DIA
100

@michelsimplicio

DEUS NÃO FEZ VOCÊ PARA SER MORNO

Analise sua vida. Você tem coxeado entre dois pensamentos?

PLANO DE LEITURA:

1Reis 1–2

ACESSE O QR CODE PARA SABER MAIS:

A carta que Deus envia à igreja de Laodiceia nos dá uma importante exortação em relação à forma como estamos vivendo: "Assim, porque você é morno, nem frio, nem quente, estou a ponto de vomitá-lo da minha boca" (Apocalipse 3.16).

Aquela epístola admoestava uma igreja que não estava vivendo a vontade do Senhor. E, assim como aquelas pessoas, o Criador não fez você para ser morno.

Infelizmente, muitos vivem dessa forma. Cumprem todos os ritos religiosos, usam jargões da igreja e cantam músicas cristãs, mas o pecado domina seu coração, pois perderam o fervor espiritual.

Morno é todo aquele que não vive, mas apenas sobrevive. O Todo-Poderoso não fez você para viver assim. Portanto, resgate a sua verdadeira essência e viva a espiritualidade com intensidade e fervor na presença de Deus. E com relação a tudo o que fizer, faça com muito amor e dedicação, pois isso é bom aos olhos do Altíssimo.

Não dá mais para viver na média. Afinal, quem vive na média é morno, e a Bíblia diz que não fomos criados para sermos assim.

Portanto, viva com profundidade sua vida de fé.

"É impossível ser morno se a fé estiver aquecida."

RECOMECE QUANTAS VEZES FOR NECESSÁRIO

DIA
101

@michelsimplicio

A vida é feita de recomeços. Gênesis 6 nos mostra que o próprio Senhor recomeçou a humanidade por meio da família de Noé. Ele é um Deus de recomeços, mas muitas pessoas têm dificuldade de reconhecer que precisam reiniciar coisas em sua vida.

O Todo-Poderoso disse: "Não vos lembreis das coisas passadas, nem considereis as antigas. Eis que faço coisa nova, que está saindo à luz; porventura, não o percebeis?" (Isaías 43.18–19, ARA). Na Bíblia, vemos que muitos homens de Deus tiveram de partir para um novo início, como Davi, Abraão e Pedro.

Portanto, analise quais são as áreas da sua vida que precisam de um reinício e comece de novo, com muita humildade e confiança no Senhor.

Quando o Eterno chamou Moisés para libertar os israelitas da escravidão, aquele homem havia matado um egípcio e fugido do país. Que péssimo começo! Todavia, ele teve humildade e aceitou viver um novo início, tornando-se, assim, um dos maiores líderes da história do povo de Israel.

Então, se Deus o levar a isso, esqueça o passado, sabendo que você também pode recomeçar e escrever uma linda história.

"Não importa onde você parou. O importante é, sempre que preciso, recomeçar."

O que em sua vida precisa de um novo começo?

PLANO DE LEITURA:

1Reis 3–5

ACESSE O QR CODE PARA SABER MAIS:

DIA
102

@michelsimplicio

EM DEUS VOCÊ ESTARÁ SEGURO

Em que, na prática, você tem depositado a sua confiança?

....

....

....

....

....

....

....

PLANO DE LEITURA:

1Reis 6–7

ACESSE O QR CODE PARA SABER MAIS:

O Inimigo luta diariamente para nos prejudicar. Deus, porém, sempre nos dá segurança.

Salmos 42.1 diz: "Como a corça anseia por águas correntes, a minha alma anseia por ti, ó Deus". A corça exala um cheiro muito forte, e os predadores, mesmo a quilômetros de distância, conseguem sentir seu odor. Com isso, passam a persegui-la. Dessa forma, só existe uma maneira de a corça sobreviver: encontrando as águas correntes. Quando ela mergulha, o cheiro é amenizado, o que garante a sua segurança.

Assim como a segurança da corça está em mergulhar nas águas, nós precisamos mergulhar no rio da vida, na presença de Deus, porque, assim, o cheiro do pecado se vai e o Inimigo não pode mais nos tocar.

A sua segurança está em Deus. E quanto mais tempo você passar na presença dele, mais seguro estará. Assim como a corça corre para as águas, corra para mergulhar na presença do Senhor – porque, desse modo, Satanás não poderá alcançá-lo.

Mergulhe até que possa se sentir seguro e lembre-se de que somente no Todo-Poderoso você está realmente protegido.

"Confiar em Deus é encontrar um lugar seguro e ali permanecer."

NEM TODA TEMPESTADE CONSTA NA PREVISÃO DO TEMPO

DIA
103

@michelsimplicio

Por vezes enfrentamos tempestades pelas quais não esperávamos e cujo propósito não compreendemos. Isso aconteceu na vida dos discípulos de Cristo, quando, ao atravessar o Mar da Galileia em um barco, foram assolados por uma grande tormenta: "Jesus estava na popa, dormindo com a cabeça sobre um travesseiro. Os discípulos o acordaram e clamaram: 'Mestre, não te importas que morramos?'" (Marcos 4.38).

O que eles não entenderam é que toda tempestade tem um propósito.

Talvez você esteja enfrentando uma tormenta em sua vida e não compreenda o propósito de ela estar acontecendo. Saiba disto: algumas tempestades surgem simplesmente para que você ponha em prática tudo aquilo que Deus lhe ensinou, sem esmorecer e com fé.

Jesus havia ensinado os discípulos. Ele já havia ministrado sobre eles, mas estava na hora de viver pela fé, e não apenas no falar, mas na prática, como o Mestre havia ensinado.

Não se preocupe, essa tempestade vai passar. Creia que os ventos vieram para fazer você crescer e dar-lhe um novo testemunho para contar.

"Com uma única palavra Jesus acalma todas as tempestades. Creia!"

Quando vem a tempestade, você afunda nas águas ou caminha sobre elas?

PLANO DE LEITURA:

1Reis 8–9

ACESSE O QR CODE PARA SABER MAIS:

DIA
104

@michelsimplicio

VIVA EM PAZ COM TODOS

Você consegue discernir entre as pessoas que lhe fazem mal e os espíritos que as levam a isso?

O apóstolo Paulo escreveu: "Façam todo o possível para viver em paz com todos" (Romanos 12.18). Constantemente, o Inimigo usa pessoas que estão ao redor para tirar o nosso foco das coisas do alto. Isso, muitas vezes, nos faz esquecer que a nossa luta não é contra seres humanos, mas, sim, contra os principados e as potestades (cf. Efésios 6.11).

Por isso, Jesus pediu em oração: "Pai, perdoa-lhes, pois não sabem o que estão fazendo" (Lucas 23.34). Precisamos entender que muita gente é apenas instrumento nas mãos do Maligno para tentar tirar a nossa paz. Está na hora de abrir os olhos espirituais para viver em paz com todos. Declare guerra contra o verdadeiro inimigo, nunca contra pessoas.

Ore, levante-se e guerreie contra o Inimigo, que vem para nos prejudicar de todas as formas possíveis, e ame o próximo. Afinal, Satanás pode estar causando algumas situações para que você fique nervoso, entristecido e preocupado, mas, a partir de hoje, como os seus olhos espirituais estarão abertos, você viverá em paz com todas as pessoas.

PLANO DE LEITURA:

1Reis 10–11

ACESSE O QR CODE PARA SABER MAIS:

"Felizes são aqueles que promovem a paz!"

NÃO DEPENDA DA FORÇA DE VONTADE

DIA **105**

@michelsimplicio

Algumas pessoas ficam esperando pela vontade para avançar seus projetos, por isso nunca vão adiante. Quem fica dependendo de fazer as coisas só quando tem desejo e interesse não vive a vontade de Deus. Então, se você quer chegar aos lugares que o Senhor lhe preparou, é necessário ter disciplina.

Muitos querem ter saúde, mas não sentem vontade de ir à academia. Outros querem prosperar financeiramente, mas estão esperando ter vontade de procurar um novo emprego, por isso continuam da mesma forma. Não pode ser assim.

O profeta Daniel costumava orar três vezes ao dia. "Ele se punha de joelhos, e orava, e dava graças diante do seu Deus, como antes costumava fazer" (Daniel 6.10b). Certamente, o profeta não sentia vontade de orar nessas três vezes todos os dias, mas ele o fazia. Provavelmente, havia dias em que ele poderia estar triste. Em outros, chateado ou passando por algum momento difícil. Mas, ainda assim, ele orava rotineiramente.

Este é o segredo: fazer o que precisa ser feito, mesmo quando não se tem vontade, pois é isso que vai levar você ao êxito.

"Com ou sem vontade, faça! Isso se chama decisão."

O que você faz para vencer a preguiça e o comodismo?

....

....

....

....

....

....

....

PLANO DE LEITURA:

1Reis 12–13

ACESSE O QR CODE PARA SABER MAIS:

DIA
106

@michelsimplicio

PLANTE HOJE PARA COLHER AMANHÃ

O que você tem plantado em sua vida e na do seu próximo?

....

....

....

....

....

....

....

PLANO DE LEITURA:

1Reis 14–17

ACESSE O QR CODE PARA SABER MAIS:

A vida é feita de plantio e colheita.

Depois do dilúvio, Deus fez uma promessa para Noé e sua geração: "Enquanto durar a terra, plantio e colheita, frio e calor, verão e inverno, dia e noite jamais cessarão" (Gênesis 8.22). Sim, ele prometeu que a dinâmica de plantar e colher jamais acabaria. Portanto, se quero segar algo grandioso amanhã, preciso começar a semear hoje.

Pense no que você tem plantado, pois é isso que colherá nos próximos anos. Muitas pessoas desejam ter um corpo saudável, mas se esquecem de que precisam semear praticando exercícios físicos. Outros querem crescer intelectualmente e ser exemplos para a próxima geração, por isso terão de investir tempo lendo bons livros e dedicando-se aos estudos. Isso é semear!

Saiba que se você plantar hoje, amanhã a sua colheita será extraordinária. Afinal, Deus não se deixa escarnecer, como está escrito em Gálatas 6.7: "Pois o que o homem semear, isso também colherá".

Então, aproveite. Verifique as áreas da sua vida em que deseja viver uma colheita exponencial e comece hoje a plantar nelas.

"Cada um tem a colheita conforme o plantio que realizou."

NÃO TENHA UM PLANO B

DIA **107**

@michelsimplicio

Um hábito que se tornou muito comum entre as pessoas é o de dizer: "Se isso não der certo, eu tenho um plano B". Essa mentalidade é arriscada, pois pode até mesmo trazer certo comodismo. Mas para quem acredita no plano A, não existe plano B.

Veja a história de Eliseu. Deus o chamou para se tornar um grande profeta, e quando Elias o encontrou, ele estava arando a terra com doze juntas de bois. Depois do chamado, a Bíblia diz que Eliseu matou os animais, queimou o equipamento de arar para cozinhar a carne e a deu ao povo para que comesse. Depois, partiu com Elias e se tornou o seu auxiliar (cf. 1Reis 19.19–21). Com aquele gesto, Eliseu quis dizer: "A partir de agora, não tem mais como voltar.". Isto é, Eliseu não tinha um plano "B", ele tinha apenas o plano "A"!

Se Deus nos chamou para realizar algo, precisamos acreditar que aquilo dará certo. Afinal, o que o Senhor prometeu ele vai cumprir. Aquilo que Deus colocou em seu coração acontecerá.

Portanto, não tenha estratégias alternativas, porque não existe outro caminho além daquele que o Todo-Poderoso já determinou.

"Plano B é para quem não acredita no sucesso do plano A."

Que tal abandonar os planos alternativos e investir no propósito único de Deus?

PLANO DE LEITURA:

1Reis 18–20

ACESSE O QR CODE PARA SABER MAIS:

DIA
108

@michelsimplicio

A INCREDULIDADE É INIMIGA DA OPORTUNIDADE

Será que existe incredulidade em seu coração? Se há, o que você fará a respeito?

PLANO DE LEITURA:

1Reis 21–22

ACESSE O QR CODE PARA SABER MAIS:

Deus está proporcionando grandes oportunidades para a sua vida, mas para aproveitá-las você precisa crer. Muitas pessoas desperdiçam chances dadas pelo Senhor porque as ignoram.

A Bíblia relata casos de gente que, infelizmente, não soube aproveitar as oportunidades, como Judas Iscariotes, que andou por três anos com Jesus, mas, mesmo assim, teve um fim trágico. Outro foi Demas, que desamparou o apóstolo Paulo e percorreu um caminho que Deus não havia preparado.

Em contrapartida, a Bíblia narra também a história de pessoas que souberam aproveitar as oportunidades e foram bem-sucedidas. Lucas 19 fala de Zaqueu, um homem de baixa estatura que subiu em uma árvore para ver Jesus passar e foi abençoado. Já Marcos 14.3 conta a história de uma mulher que quebrou um vaso de alabastro para ungir os pés de Jesus. Ambos agiram por entender que ali poderia ser a sua última oportunidade.

Portanto, esteja atento e lembre-se de que a incredulidade é inimiga da oportunidade e que muitas oportunidades vêm disfarçadas de problemas, mas, depois de serem resolvidos, geram mudanças positivas.

"Deus escreverá uma nova história para você."

NÃO ATIRE A PRIMEIRA PEDRA

DIA 109

@michelsimplicio

A Escritura Sagrada narra a história de uma mulher que foi pega em flagrante adultério e levada debaixo de vergonha pública até Jesus. Imagine o tipo de constrangimento que aquela pessoa enfrentou por ser exposta a tal situação.

Enquanto aquela mulher estava ali, constrangida, todos seguravam as pedras nas mãos, pois, segundo a lei de Moisés, a pessoa que cometesse adultério deveria ser apedrejada. Até que Jesus fez uma pergunta: "Se algum de vocês estiver sem pecado, seja o primeiro a atirar pedra nela" (João 8.7). Todos soltaram as pedras e saíram.

Aprendemos com Jesus que não devemos julgar nem falar daquilo que não deu certo na vida das pessoas. Portanto, não seja o primeiro a atirar a pedra, pois pode ser que, um dia, essa situação aconteça com você. A Bíblia diz: "Com a medida com que medirem, vocês serão medidos; e ainda mais lhes acrescentarão" (Marcos 4.24).

O que você oferece hoje é o que receberá amanhã. Então, tenha misericórdia das pessoas e entenda que todos somos falhos. Portanto, não atire a primeira pedra.

"A pedra que você atira hoje é a mesma em que tropeça amanhã."

Você se apressa em punir ou em restaurar?

PLANO DE LEITURA:

2Reis 1–4

ACESSE O QR CODE PARA SABER MAIS:

DIA
110

@michelsimplicio

DEUS RENOVARÁ AS SUAS FORÇAS

Você tem buscado a Deus para renovar suas energias?

....

....

....

....

....

....

....

PLANO DE LEITURA:

2Reis 5–7

ACESSE O QR CODE PARA SABER MAIS:

A Bíblia registra uma grande verdade a respeito de Deus: "Ele fortalece ao cansado e dá grande vigor ao que está sem forças" (Isaías 40.29). Talvez essa palavra seja para você, que está se sentindo tão exausto nos últimos dias e precisa que o Senhor o fortaleça e revigore.

Creia que ele renovará as suas forças, assim como fez com Sansão. A Bíblia diz que aquele homem estava em uma batalha e havia ferido muitos inimigos, mas estava cansado e prestes a entregar os pontos. O Senhor, porém, fendeu uma rocha, e dela saiu água: "Sansão bebeu, suas forças voltaram, e ele recobrou o ânimo" (Juízes 15.18).

Deus operou um grande livramento na vida daquele homem, pois ele nasceu para um propósito, e o Todo-Poderoso não o deixaria ser vencido pelo cansaço. Creia que o mesmo acontecerá com você. Clame, e o Senhor renovará as suas forças, para que você continue seu chamado e cumpra seu propósito.

O Eterno olha, cuida, zela, protege e renova as nossas forças. Por isso, seja renovado por aquele que o ama com amor indescritível.

"Deus renovará suas forças para que você cumpra seu propósito."

FAÇA O QUE DEUS O CHAMOU PARA FAZER

DIA
111

@michelsimplicio

Deus chamou você para uma obra específica. Mas se você se envolve em muitas coisas, será que consegue dedicar-se a priorizar o que o Senhor o chamou para realizar? Entenda: a pergunta não é se você está fazendo coisas boas, mas se está cumprindo a vontade do Eterno.

Davi tinha o desejo de construir um templo para Deus. Parecia uma atitude nobre, porém o Senhor não o havia chamado para essa obra. Salomão é quem ele havia escolhido para a missão (cf. 1Reis 8; 2Samuel 7; 1Crônicas 22).

Às vezes, nós nos cansamos porque fazemos inúmeras coisas que não fomos chamados a fazer – até mesmo com boas intenções – e acabamos investindo energias em coisas secundárias. Se o Altíssimo não o chamou para fazer, não faça. Dedique-se somente ao que ele o comissionou.

Se existe algo específico para o qual Deus o enviou, pergunte-lhe qual é a vontade dele para a sua vida. Quando fazemos sua santa vontade, a fadiga e o estresse não conseguem nos dominar, porque o Senhor passa a renovar as nossas forças.

Portanto, esteja atento à voz do Senhor e cumpra seu chamado.

"Fazer o que Deus não o chamou para fazer é perder tempo."

Você já sabe qual é o seu chamado?

PLANO DE LEITURA:

2Reis 8–10

ACESSE O QR CODE PARA SABER MAIS:

DIA
112

@michelsimplicio

DEUS VAI HONRAR VOCÊ

Você tem honrado o Senhor como deveria?

PLANO DE LEITURA:

2Reis 11–14

ACESSE O QR CODE PARA SABER MAIS:

O verbo "honrar" significa "pôr em lugar de destaque", "fazer distinção". Assim, quando o Senhor diz: "Honrarei aqueles que me honram, mas aqueles que me desprezam serão tratados com desprezo" (1Samuel 2.30), fica claro que há uma promessa da parte de Deus. Se você o puser em primeiro lugar em sua vida, creia que ele vai honrá-lo.

Muitos querem viver a honra que vem do Senhor, mas nem todos desejam honrá-lo. Jesus nos deu a orientação: "Busquem, pois, em primeiro lugar o Reino de Deus e a sua justiça, e todas essas coisas lhes serão acrescentadas" (Mateus 6.33), mostrando a primazia do que é do alto.

Entenda: honrar o Senhor não é apenas uma questão de palavras, mas também de ações e atitudes que refletem a reverência por seu caráter e santidade. É por meio da conduta diária, do compromisso com a verdade e da busca pela justiça que verdadeiramente expressamos honra ao Senhor.

Portanto, prepare-se, pois se você o honrar, o Altíssimo poderá honrar a sua vida. Então, dê honras ao nome do Senhor nos ambientes em que ele o tem posto, seja no trabalho, seja na família, seja em qualquer outro local.

"Honre o Senhor, e ele o honrará."

O QUE É SEU NINGUÉM TOMA

DIA **113**

@michelsimplicio

Deus tem algo específico e personalizado preparado especialmente para você. O que ele preparou unicamente para sua vida é seu, ninguém toma.

Podemos ver essa realidade quando Deus enviou Samuel à casa de Jessé para ungir aquele que seria o futuro rei de Israel (cf. 1Samuel 16). O rapaz não estava em casa, pois cuidava das pequenas ovelhas de seu pai. Ninguém se lembrou de chamá-lo. Entretanto, após algum diálogo, o Senhor revelou que era justamente aquele jovem o seu escolhido.

Observe, havia algo separado especialmente para Davi e ninguém podia tomá-lo. Seus irmãos poderiam ter mais força e habilidade, e até uma aparência melhor, mas eles não haviam sido escolhidos.

Assim como Deus selecionou Davi, em sua soberana vontade e por razões misteriosas, também elegeu você para algo que é só seu, e ninguém pode tomar.

Muitas vezes, parece que a sua hora não chega e que você foi esquecido. Se isso está acontecendo, descanse o coração e não se preocupe, pois o que é seu ninguém pode tomar.

> **"O que Deus preparou para você ninguém poderá impedir de acontecer."**

Você tem fé no que Deus determinou exclusivamente para sua vida?

....

....

....

....

....

....

....

PLANO DE LEITURA:

2Reis 15–17

ACESSE O QR CODE PARA SABER MAIS:

DIA
114

@michelsimplicio

EM BREVE TUDO FARÁ SENTIDO

Você tem paciência de esperar o tempo de Deus?

PLANO DE LEITURA:

2Reis 18–19

ACESSE O QR CODE PARA SABER MAIS:

Muitas vezes, parece que as coisas saem do lugar em nossa vida. O sentido delas se perde e chegamos a indagar por que tudo aquilo está acontecendo daquela forma.

Os planos frustrados e as ideias que não conseguimos pôr em prática nos fazem indagar por que tudo parece estar deslocado e desconectado e qual a razão de aquela situação estar ocorrendo.

Jesus disse a Simão Pedro: "Você não compreende agora o que estou fazendo; mais tarde, porém, entenderá" (João 13.7). Veja que interessante: os discípulos mais próximos do Mestre não entendiam a obra que ele estava fazendo. Eles não compreendiam aquilo tudo que Cristo estava atravessando – um momento de perseguição que o levaria à crucificação. Mas hoje sabemos que tudo fazia sentido.

Não se desespere. Deus está sentado no alto e sublime trono. Ele tem o controle da sua vida na palma das mãos dele e sabe exatamente tudo o que está acontecendo.

Por isso, não se preocupe; não se precipite nem se desespere, porque, hoje, você não entende, mas, em breve, tudo fará sentido.

"Confie no tempo de Deus: o que hoje parece confuso, amanhã fará todo sentido."

EXISTEM PLANOS QUE NÃO PODEM SER FRUSTRADOS

DIA
115

@michelsimplicio

Muitos planos podem ser frustrados, pois, frequentemente, planejamos aquilo que difere da vontade de Deus. Mas se o que queremos fazer está em sintonia com o querer divino, com certeza teremos sucesso.

Jó atravessava grande provação e não entendia o que estava acontecendo. Após viver um ciclo de diferentes perdas, o patriarca disse ao Senhor: "Sei que podes fazer todas as coisas; nenhum dos teus planos pode ser frustrado" (Jó 42.2).

Pode ser que algumas coisas tenham saído do seu controle, mas não do controle do Onipotente. Então, se ele permitiu que os seus planos fossem frustrados, é porque estava preparando algo muitíssimo melhor. Creia!

Jó precisou passar por toda aquela provação para que se tornasse um grande exemplo em sua geração. E se muitas vezes passamos por momentos ruins, é por propósitos mais elevados e para que Deus seja glorificado.

Ele fala ao seu coração, hoje: os projetos dele são melhores que os seus. Então, descanse, pois o Todo-Poderoso está agindo a seu favor, e os planos dele para a sua vida não podem ser frustrados.

"Quando nossos planos desmoronam, os de Deus se revelam."

Você confia nos planos de Deus para a sua vida?

PLANO DE LEITURA:

2Reis 20–23

ACESSE O QR CODE PARA SABER MAIS:

DIA
116

@michelsimplicio

ESTÁ NA HORA DE COMEÇAR ALGO NOVO

O que você faz quando é tomado por indignação?

PLANO DE LEITURA:

2Reis 24–25

ACESSE O QR CODE PARA SABER MAIS:

Precisamos entender que a indignação, às vezes, pode apontar para um novo tempo. O inconformismo faz muitas pessoas se levantarem para uma mudança. Isso aconteceu na vida de Neemias, que vivia como copeiro do rei e tinha um cargo de extrema confiança, mas Deus começou a fazê-lo se incomodar com o fato de que Jerusalém estava em ruínas.

Era tempo de começar algo novo.

Então, quando Deus semear indignação no seu coração, é porque alguma transformação é necessária.

O Eterno tem posto em seu coração o desejo de fazer algumas coisas que muitos não entendem? Quem sabe esse desejo de fazer algo – que pode parecer até mesmo estranho para algumas pessoas – na verdade mostre que o Senhor quer fazer algo novo?

Após ver as muralhas da cidade caídas, Neemias se levantou, orou ao Senhor, pediu orientação e escreveu uma nova história. Do mesmo modo, esteja sensível à voz do Espírito Santo, e o Todo-Poderoso há de capacitá-lo para fazer o que ele tem posto em seu coração, pois é tempo de viver algo novo.

"Indignação é o despertar para um novo tempo de transformação."

ESTAMOS EM CONSTRUÇÃO

DIA **117**

@michelsimplicio

Certamente você já viu uma placa onde se lê: "Estamos em obras". Isso significa que aquele lugar ainda não está pronto e precisa de sinalização, para que as pessoas que caminham ao redor tomem os devidos cuidados.

Acredito que todo cristão deveria andar com uma placa no peito dizendo: "Estou em obras". Afinal, estamos em processo de construção, como escreveu Paulo: "Estou convencido de que aquele que começou boa obra em vocês, vai completá-la até o dia de Cristo Jesus" (Filipenses 1.6). Sim, estamos em obras, e, dia após dia, Deus constrói em nós o caráter do Salvador.

Nesse processo de construção, é necessário ter paciência e saber que nem sempre tudo fica pronto do dia para a noite. Existem áreas da vida já resolvidas, mas há outras em que Deus continua agindo em você.

Por isso, não se apresse.

Há um grande problema quando não entendemos que os processos fazem parte da formação do nosso caráter. Existem áreas da vida que ainda estão em construção, mas a boa notícia é que Deus está nos aperfeiçoando, dia após dia.

"Quem se apressa uma hora tropeça."

Que áreas da sua vida ainda precisam passar por obras? Por quê?

PLANO DE LEITURA:

1Crônicas 1–2

ACESSE O QR CODE PARA SABER MAIS:

DIA
118

@michelsimplicio

CUIDADO COM A PRESSA

Você tem sido exageradamente apressado ou consegue ter um bom ritmo?

Muitas vezes, a pressa faz coisas importantes acabarem ficando para trás. Certa vez, em uma viagem, estávamos com tanta pressa de chegar ao destino que passamos por lugares maravilhosos, mas não tivemos tempo para apreciar a paisagem.

A pressa faz você não desfrutar de tudo o que Deus tem lhe proporcionado. Algumas vezes, até perde coisas importantíssimas.

A Bíblia conta a história do filho de Jônatas, que seria preparado para ser rei. Todavia, a "sua ama o apanhou e fugiu, mas, na pressa, ela o deixou cair, e ele ficou manco".

Essa narrativa mostra que, mesmo diante das urgências do dia a dia, é essencial reservarmos tempo para avaliar as ações com cuidado. Afinal, a pressa não só pode nos fazer perder oportunidades valiosas, mas também nos expor a consequências que podem afetar muito nossa vida. Portanto, é fundamental encontrar um equilíbrio entre a determinação em alcançar os objetivos e a prudência nas decisões.

Cuidado! A Bíblia diz: "Agir sem pensar não é bom; quem se apressa erra o caminho" (Provérbios 19.2). Portanto, cuidado com a pressa.

"Desacelere: na pressa, perdemos mais do que ganhamos."

PLANO DE LEITURA:

1Crônicas 3–5

ACESSE O QR CODE PARA SABER MAIS:

VENCENDO AS BATALHAS MENTAIS

DIA
119

@michelsimplicio

A mente é um campo de batalhas, onde o Inimigo tenta investir pesado para nos derrotar. A Bíblia diz: "Porque, como imagina em sua alma, assim ele é [...]" (Provérbios 23.7, ARA).

É por isso que precisamos tomar muito cuidado com nossa mente. São os pensamentos que nos norteiam e nos levam a lugares abençoados ou limitados. Sabendo disso, examine-se: como está a sua mente?

Muitos deixam que Satanás ponha em sua mente pensamentos negativos, de rejeição, abandono e frustração, por isso acabam se sentindo cada vez pior.

O maior campo de batalha é a mente. Por esse motivo, tome muito cuidado, porque o Inimigo tenta de todas as formas fazer você ser afetado na mente.

Paulo escreveu: "Destruímos argumentos e toda pretensão que se levanta contra o conhecimento de Deus, e levamos cativo todo pensamento, para torná-lo obediente a Cristo" (2Coríntios 10.5). Portanto, cuide daquilo que você está pensando; cuide da sua mente; e use o capacete da salvação – que há de protegê-lo contra as ciladas do Maligno.

"Mente protegida, vitória garantida."

O que você tem feito para proteger sua mente das investidas do Maligno?

PLANO DE LEITURA:

1Crônicas 6

ACESSE O QR CODE PARA SABER MAIS:

DIA
120

@michelsimplicio

DEUS PREPAROU O MELHOR PARA VOCÊ

Você quer obedecer ou isso é algo penoso? O que isso fala sobre a sua fé?

PLANO DE LEITURA:

1Crônicas 7–9

ACESSE O QR CODE PARA SABER MAIS:

Todos desejamos ter coisas boas e desfrutar de tudo o que Deus preparou para nossa vida. Sim, o Todo-Poderoso preparou o melhor desta Terra para todos os seus eleitos, mas é necessário obedecer.

Se você ainda não sabe, existe uma condição para comer o suprassumo desta Terra. Muitas vezes, deixamos de comer os banquetes que o Senhor nos proporciona simplesmente porque não estamos dispostos a obedecer ao que ele nos tem falado por meio da sua Palavra.

É na Bíblia Sagrada que encontramos as instruções necessárias para podermos ter uma vida abundante e uma família abençoada e próspera.

Deus preparou um futuro brilhante para cada um de seus filhos; porém, para que suas promessas para eles se cumpram, é necessário viver em fiel e amorosa obediência.

Se você quer viver tudo aquilo que Deus tem preparado para a sua vida desde antes da fundação do mundo, siga cegamente as instruções do Senhor, pois ele tem usado pessoas escolhidas a dedo para conduzi-lo até o seu propósito – basta você querer e obedecer.

“Confie na história que Deus escreveu para você.”

ESCOLHA BEM AS SUAS GUERRAS

DIA **121**

@michelsimplicio

Estamos em constante combate contra Satanás, que faz de tudo para retrocedermos, utilizando sua melhor arma: a intimidação. Ela ocorre quando o Diabo tenta nos dizer que nossos planos não darão certo, que não conseguiremos alcançar os objetivos e que não somos capazes de fazer o que devemos. Mas antes de entrar em uma guerra, precisamos escolher bem as nossas batalhas.

Paulo escreveu: "Combati o bom combate, terminei a corrida, guardei a fé" (2Timóteo 4.7). Observe que ele diz "bom combate", o que mostra que existem alguns que não são bons, isto é, que não valem a pena lutarmos. A verdade é que há guerras nas quais é inútil entrar.

Portanto, analise bem antes de entrar em uma batalha e verifique se vale a pena lutar por essa causa. Às vezes, algumas pessoas podem estar passando por um tratamento de Deus e precisam passar por um processo. Quando nos deparamos com tal situação, compadecemo-nos e queremos ajudar. Com isso, frequentemente entramos em conflitos e guerras que Deus não preparou para nós.

Portanto, antes de entrar em qualquer guerra, escolha bem.

"Não é qualquer luta que vale a pena lutar."

Você pensa bem antes de entrar em uma guerra?

PLANO DE LEITURA:

1Crônicas 10–11

ACESSE O QR CODE PARA SABER MAIS:

DIA
122

@michelsimplicio

UMA ORAÇÃO PODE MUDAR TUDO

Como anda sua vida de oração? Quantas vezes por semana tem orado?

PLANO DE LEITURA:

1Crônicas 12–15

ACESSE O QR CODE PARA SABER MAIS:

Frequentemente, deixamos de usar uma das armas mais poderosas que Deus nos legou: a oração. Esse é um recurso que tem o poder de mudar totalmente as circunstâncias.

Podemos orar verbalmente ou por pensamento. Não importa a maneira, o importante é estabelecer a conexão com Deus, pois ele usa nossas orações para transformar qualquer situação.

Jabez foi o mais ilustre de seus irmãos. Sobre ele, diz a Bíblia: "Porque Jabez invocou o Deus de Israel, dizendo: Se me abençoares muitíssimo, e meus termos ampliares, e a tua mão for comigo, e fizeres que do mal não seja afligido! E Deus lhe concedeu o que lhe tinha pedido" (1Crônicas 4.10, ACF).

Aquele homem tinha muitos irmãos, que moravam no mesmo lugar, pois eram filhos do mesmo pai. Mas a Bíblia não dá destaque a nenhum deles, somente a Jabez, porque ele orou ao Senhor pela sua vitória.

Assim como Jabez, a Bíblia mostra muitos exemplos de pessoas que venceram por meio da oração. Portanto, ponha em prática esse ensinamento, porque uma oração pode mudar completamente a sua história.

"Uma oração pode alterar toda e qualquer situação."

VOLTE A ENXERGAR

DIA
123

@michelsimplicio

Com o tempo, muitas pessoas deixaram de enxergar o futuro brilhante que Deus tem preparado para elas. A Bíblia relata a história de um homem que durante muito tempo viveu dessa forma: Bartimeu.

Aquele cego estava havia muito tempo sentado à beira do caminho, pedindo esmolas. Até que ouviu dizer que Jesus estaria por ali. Marcos 10 descreve que, quando o Mestre passou, Bartimeu começou a gritar. Então, Jesus parou e lhe perguntou: "Que queres que eu te faça?". Ele respondeu: "Mestre, que eu torne a ver" (v. 51, ARA).

Se aquele homem pediu para tornar a enxergar, significa que, um dia, já havia visto. A pior coisa é quando alguém enxergava e hoje não enxerga mais. É difícil quando já fomos felizes um dia e, hoje, não somos mais, quando já sonhamos e, hoje, não sonhamos mais. Mas Cristo indaga: que queres que eu te faça?

É tempo de voltar a enxergar, de tornar a sonhar. E assim como aquele homem estava à beira do caminho, encontrou-se com Jesus e teve a sua vida transformada, isso também pode acontecer com você!

"Visão é a arte de ver o invisível."

De que sonhos você já desistiu? Que tal retomá-los?

PLANO DE LEITURA:

1Crônicas 16–18

ACESSE O QR CODE PARA SABER MAIS:

DIA
124

@michelsimplicio

SEJA UM ENCORAJADOR

Você costuma abrir a boca para motivar ou desencorajar o próximo?

Muitas pessoas costumam nos desanimar. É gente que duvida dos projetos que Deus pôs em nosso coração e sempre tem uma opinião contrária e pessimista a respeito do futuro. Mas nós nascemos para ser encorajadores.

Barnabé fez a diferença por encorajar pessoas. A Bíblia diz: "Este, ali chegando e vendo a graça de Deus, ficou alegre e os animou a permanecerem fiéis ao Senhor, de todo o coração" (Atos 11.23). Barnabé exortava todos para que permanecessem firmes em Deus. Sim, ele impulsionava e encorajava seus irmãos.

Há gente demais que nos desanima. Por isso, precisamos de indivíduos como Barnabé, que encorajou a fidelidade dos outros. Quando você ouvir um amigo lhe falar sobre um projeto, encoraje-o. Motive-o a lutar pela família, a não desistir dos filhos, a estar cada vez mais próximo de Cristo.

Creio que Deus está levantando você como um encorajador nesta geração, porque muitas pessoas precisam de motivação. Deus tem um propósito para todos os que ele põe ao seu lado, portanto, a partir de hoje, dedique-se a encorajar outras pessoas a seguir com destemor e cumprir os planos do Senhor.

"Encoraje, inspire e faça a diferença na vida das pessoas ao seu redor."

PLANO DE LEITURA:

1Crônicas 19–21

ACESSE O QR CODE PARA SABER MAIS:

DEUS QUER SEU CORAÇÃO DE VOLTA

DIA
125

@michelsimplicio

A maior luta que existe é para ganhar seu coração. Por isso, o Inimigo tenta de todas as formas distanciá-lo de Deus, lançando tristezas e criando propostas para atingir esse objetivo.

Salomão lançou o alerta: "Sobre tudo o que se deve guardar, guarda o teu coração, porque dele procedem as fontes da vida" (Provérbios 4.23, ACF). Prova disso é que a Bíblia fala de um jovem chamado Demas, que acompanhou Paulo em muitas de suas viagens, mas, depois de um tempo, foi se afastando do Senhor porque amou mais as coisas deste mundo.

Você precisa fazer uma autoanálise e refletir se o seu coração não tem se distanciado de Deus. Jamais permita que isso aconteça. O Todo-Poderoso quer sempre o seu coração. Portanto, busque a presença do Senhor e vigie para que não ocorra de, lentamente, você se afastar da fonte do verdadeiro amor.

Você sente prazer em estar na presença de Deus ou tem se distanciado? Caso perceba que está longe dele, saiba que o Amado sempre deseja de volta o coração daqueles que partiram.

Não dê ouvidos ao que o Inimigo tem dito e viva a cada dia aos pés de Jesus.

"Se você entregar seu coração a Deus, ele lhe mostrará a melhor direção."

Seu coração anda mais inclinado para o Senhor ou para as coisas deste mundo?

PLANO DE LEITURA:

1Crônicas 22–25

ACESSE O QR CODE PARA SABER MAIS:

DIA
126

VOCÊ NÃO É TODO MUNDO

@michelsimplicio

Quando você era criança, com certeza ouviu aquela famosa frase: "Você não é todo mundo". Às vezes, ao chegar a casa dizendo que todo mundo estava fazendo algo e você não, um de seus pais dizia: "Você não é todo mundo". Essa frase parece um jargão, mas é a realidade.

As nações ao redor de Israel eram governadas por reis, mas o povo de Deus era diferenciado: o Senhor o governava, mediante uma teocracia. Porém, em dado momento, os israelitas começaram a pedir um rei, porque queriam ser iguais a todo mundo. Todavia, Deus respondeu que Israel não era como as demais nações e ele queria cuidar dele, mas o povo não quis ouvi-lo.

Hoje, Deus continua dizendo: "Você não é todo mundo", pois tem um plano específico para sua vida. Talvez você não esteja entendendo os caminhos pelos quais o Senhor o está conduzindo, mas confie e descanse o seu coração. Ele sabe o que é melhor.

Alegre-se, porque Deus escolheu você, e por seu intermédio o nome dele será glorificado. Você não é todo mundo! Sua vida é diferenciada, e seu testemunho é único.

"Você não é todo mundo, é a manifestação do Céu para o mundo."

O que você tem feito de errado porque todo mundo faz?

....

....

....

....

....

....

....

PLANO DE LEITURA:

1Crônicas 26–29

ACESSE O QR CODE PARA SABER MAIS:

CUIDADO COM QUEM VOCÊ ANDA

DIA
127

@michelsimplicio

A qualidade das suas companhias fará toda diferença na sua vida. A Bíblia relata a história de Judas, conhecido por trair Jesus. Diz a Bíblia: "Tendo, pois, Judas recebido a coorte e oficiais dos principais sacerdotes e fariseus, veio para ali com lanternas, e archotes e armas" (João 18.3, ACF). Em outras palavras, ele envolveu diferentes pessoas em seu plano de traição.

Todos têm o poder de influenciar tanto para o mal quanto para o bem. Nesse contexto, vemos o exemplo do apóstolo Pedro, que conduziu os discípulos para o bem, para um grande mover sobrenatural do Espírito Santo, enquanto, em contrapartida, Judas conduziu para o mal, para a traição: aqueles homens foram influenciados, acreditaram no plano maligno e foram guiados pelo traidor.

Ainda hoje, muitos Judas têm se levantado, simplesmente para manipular as pessoas e fazê-las acreditar em planos sombrios. É preciso tomar muito cuidado com quem você anda e caminhar apenas com quem o leva mais para perto da presença de Deus e a um nível mais elevado de fé.

"Cuidado, tem gente que convive com você, mas não torce por você."

Qual é a qualidade espiritual das pessoas com quem você anda?

....

....

....

....

....

....

....

PLANO DE LEITURA:

2Crônicas 1–4

ACESSE O QR CODE PARA SABER MAIS:

DIA **128**

@michelsimplicio

É DEUS QUEM SUSTENTA VOCÊ

Nós precisamos de pessoas, mas dependemos de Deus. O nosso sustento vem do Senhor. Ele é o provedor. É ele quem o protege e lhe dá fôlego de vida.

Elias obedeceu à palavra do Senhor e ficou morando perto do ribeiro de Querite. Ali, ele bebia água do riacho e os corvos vinham lhe trazer pão e carne todas as manhãs. Veja que interessante: o profeta obedeceu, e corvos passaram a alimentá-lo. Corvos são aves que comem qualquer tipo de coisa, então é bem estranho imaginá-los pegando pão e carne e levando para o profeta Elias sem devorá-los.

Sem dúvida, isso era uma demonstração do cuidado de Deus com a vida de seu servo. Era o Provedor celestial lhe dizendo: "Quando você ouve e obedece à minha palavra, eu o sustento".

Observe que o sustento vem de cima para baixo, ou seja, do Todo-Poderoso para a nossa vida. É isso que o Eterno faz quando você é obediente: ele sustenta e envia a provisão do alto.

Creia que, se Deus usou os corvos para suprir o profeta, ele também vai usar pessoas e circunstâncias que você nem imagina para prover em sua vida, porque é ele quem sustenta você.

"A provisão de Deus se manifesta das maneiras mais inusitadas."

Você tem fé de que o seu sustento vem do Senhor?

PLANO DE LEITURA:

2Crônicas 5–7

ACESSE O QR CODE PARA SABER MAIS:

TUDO VAI TERMINAR BEM

DIA **129**

@michelsimplicio

Todos passamos por momentos de incertezas e inseguranças e, muitas vezes, parece que as coisas não vão terminar bem. O cenário é adverso e nos faz ficarmos preocupados em relação ao futuro. Mas lembre-se: existe um Deus que tem cuidado de você. Ele não o abandonou.

Eclesiastes 7.8 diz: "O fim das coisas é melhor do que o seu início". Creia nisso! Vemos na Bíblia vários exemplos de pessoas que passaram por situações difíceis, mas, no fim do processo, tudo fez sentido e terminou bem, como José, Moisés e o próprio Jesus.

Cristo estava em um casamento em Caná da Galileia (cf. João 2), e havia acabado o vinho, mas ele fez algo sobrenatural acontecer: transformou água em vinho – e tudo deu certo. Quando Jesus está presente, não há motivos para se preocupar, porque tudo termina bem. Confie que assim será na sua vida, se tão somente você permanecer firme e obediente.

Em uma maratona, o começo é sempre empolgante e o meio é desgastante, mas o fim é sempre recompensador. Levante a cabeça e continue a jornada, crendo que tudo terminará bem.

"Não desanime quando a jornada estiver penosa, pois Deus estará com você até o fim."

Já pensou que sua vitória pode estar logo depois da curva?

PLANO DE LEITURA:

2Crônicas 8–11

ACESSE O QR CODE PARA SABER MAIS:

DIA
130

@michelsimplicio

SUAS CICATRIZES NÃO FORAM EM VÃO

Quais aprendizados cada uma de suas cicatrizes lhe traz à lembrança?

PLANO DE LEITURA:

2Crônicas 12–14

ACESSE O QR CODE PARA SABER MAIS:

É possível que, na sua infância, você tenha se machucado em alguma brincadeira e, talvez, carregue cicatrizes adquiridas durante essas atividades. Quando nos machucamos, a ferida dói bastante. Choramos, ficamos tristes e até preocupados, mas, com o passar do tempo, ela cicatriza. Depois, ela serve para nos lembrar em que erramos para nos ferir.

O apóstolo Paulo escreveu: "Desde agora ninguém me inquiete, porque trago no meu corpo as marcas do Senhor Jesus" (Gálatas 6.17, ACF). Ele levou muitos açoites e sofreu muito pelo evangelho, mas as cicatrizes lhe proporcionaram mais autoridade. E é assim na sua vida também: as cicatrizes emocionais parecem ruins, mas trazem autoridade para falar daquilo que você já enfrentou.

Se você chegou até aqui com muitas cicatrizes, não se entristeça. Você tem um grande testemunho para contar. Ao olhar para suas marcas, perceba quanto Deus cuidou de você e quanto ele o guardou e protegeu.

E se ainda está doendo, calma. Deus sarará cada uma das feridas! Suas cicatrizes não foram em vão: elas são o seu testemunho.

"Os diplomas revelam onde você estudou, e as cicatrizes, aquilo que você superou."

DIGA NÃO AO CONFORMISMO

DIA
131

@michelsimplicio

O inconformismo é muito importante para nos tirar do imobilismo. Pessoas inconformadas em geral têm potencial para experimentar transformações em sua vida. O apóstolo Paulo nos exortou: "Não se amoldem ao padrão deste mundo, mas transformem-se pela renovação da sua mente [...]" (Romanos 12.2). Esse é o tipo essencial de inconformismo.

Quem não se conforma se põe em ação. Em Juízes 6, a Bíblia conta a história de Gideão. O povo de Deus estava sofrendo nas mãos do inimigo. Foi quando um anjo apareceu para o humilde Gideão e disse: "O Senhor está com você, poderosos guerreiro", e ele respondeu: "Se o Senhor está comigo, por que eu estou vivendo isso?", ou seja, ele estava inconformado com a situação. Acredito que, por causa do seu posicionamento, Deus o escolheu como um grande libertador de Israel.

Muitas vezes, é necessário tomarmos uma atitude em relação às áreas da nossa vida nas quais ainda não estamos vivendo a boa, perfeita e agradável vontade de Deus. Se o Senhor já falou ao seu coração sobre o que precisa ser mudado, saia desse conformismo, levante-se e viva uma nova história!

> **"O conformismo é inimigo do crescimento."**

Com que área de sua vida você está inconformado?

....

....

....

....

....

....

....

PLANO DE LEITURA:

2Crônicas 15–19

ACESSE O QR CODE PARA SABER MAIS:

DIA 132

@michelsimplicio

TODA ESCOLHA TEM UMA CONSEQUÊNCIA

As nossas escolhas podem gerar consequências boas ou más. A Bíblia nos orienta a fazermos boas escolhas, como quando o Senhor disse ao povo de Israel na terra de Moabe: "Os céus e a terra tomo hoje por testemunhas contra vós, de que te tenho proposto a vida e a morte, a bênção e a maldição; escolhe pois a vida, para que vivas, tu e a tua descendência [...]" (Deuteronômio 30.19, ACF).

Sim, muitas vezes, Deus nos dá opções. Cabe a nós escolhermos.

A escolha de Adão no Éden o fez sofrer morte espiritual e a expulsão do jardim. Assim é na nossa vida também: todos os dias temos a chance de fazer escolhas – por exemplo, se vamos acordar mais cedo e nos dedicar aos estudos ou se vamos dormir até mais tarde e esperar pela sorte; se vamos cuidar do nosso corpo e nos exercitar ou viver tomando remédios. São decisões simples do dia a dia que trazem consequências para a vida, sejam elas boas ou ruins.

Mas, entre todas essas escolhas que precisamos fazer diariamente, a principal e melhor escolha é passarmos tempo na presença de Deus. Se você não tem feito isso, o que está esperando?

"Você faz suas escolhas, e suas escolhas fazem você."

Será que você tem feito escolhas de acordo com a Palavra?

PLANO DE LEITURA:

2Crônicas 20–23

ACESSE O QR CODE PARA SABER MAIS:

VENCENDO O MAL COM O BEM

DIA
133

@michelsimplicio

Muitas pessoas têm a tendência forte de pagar o mal com o mal. Mas não é isso que o Senhor espera de nós. Romanos 12.21 diz: "Não se deixem vencer pelo mal, mas vençam o mal com o bem". Essa atitude causa grande impacto no mundo espiritual, afinal, a sua essência não pode ser afetada pela essência alheia: você precisa vencer o mal com o bem.

Quando alguém lhe faz mal e você retribui da mesma forma, revela que seu caráter é mau. Às vezes, somos testados. Por exemplo, quando alguém fala grosseiramente conosco. A vontade é responder da mesma maneira, não é? Ou quando alguém grita conosco, queremos retrucar na mesma altura. Mas não é assim que devemos agir.

Na cruz, Jesus orou a respeito de seus executores: "Pai, perdoa-lhes, porque não sabem o que fazem". Os soldados romanos e os mestres da lei exalavam ódio e raiva de Cristo, mas ele exalou amor e perdão pela vida deles.

Faça o bem para as pessoas que estão ao redor e não pague na mesma moeda. Antes, retribua com a moeda do amor. Ao fazer isso, você vai agradar ao Senhor e será um exemplo para a sua geração.

"Vencer o mal com o bem nos aproxima da essência de Deus."

Qual é sua reação imediata diante de uma ofensa: vingança ou perdão?

PLANO DE LEITURA:

2Crônicas 24–26

ACESSE O QR CODE PARA SABER MAIS:

DIA
134

@michelsimplicio

NÃO GASTE TEMPO COM QUEM DESPREZA VOCÊ

Você tem perdido tempo com quem não valoriza você?

PLANO DE LEITURA:

2Crônicas 27–29

ACESSE O QR CODE PARA SABER MAIS:

Todos queremos ter uma boa convivência com as pessoas, porém gastar tempo com quem nos despreza não é uma atitude sábia, e Jesus nos ensina isso.

Marcos 5 conta que Jesus, ao chegar à cidade de Gadara, libertou um homem que estava endemoniado, e a notícia desse acontecimento espalhou-se rapidamente naquela província. Porém, por alguma razão, os que haviam presenciado os fatos e aqueles que ouviram o relato deles começaram a pedir com insistência que o Mestre se retirasse da região (cf. Marcos 5.16–17).

Com isso, Jesus entrou no barco e foi embora, atravessou para o outro lado do mar e encontrou uma grande multidão à sua espera. Podemos perceber que o Mestre não investia tempo em quem o desprezava, antes, valorizava a companhia de quem desejava a sua presença.

Não gaste tempo com quem despreza você. Jesus, naquela situação, poderia ter insistido em ficar, mas simplesmente partiu. E, na outra margem do mar, curou a filha de um homem chamado Jairo e foi recebido por uma multidão que estava à sua espera.

Aprenda com Jesus: não insista com quem despreza você.

“Vá aonde é celebrado, e não aonde é tolerado.”

COM DEUS TUDO É POSSÍVEL

DIA
135

@michelsimplicio

Muitas vezes, enfrentamos batalhas muito difíceis, maiores do que parece que conseguimos suportar. Não sabemos como podemos vencer e dar a volta por cima. A boa notícia: com Deus tudo é possível!

A Bíblia narra a história de Josafá, rei de Judá. Um grande exército veio contra a nação, com mais de cem mil soldados. A olhos humanos era impossível vencer aquela batalha. E o que Josafá decidiu fazer? Orar.

Aquele homem foi buscar Deus e pedir orientação do alto. Em decorrência dessa atitude, o Todo-Poderoso deu um grande livramento ao monarca e a toda a nação de Judá. Fica claro que não há impossíveis para o Criador de todas as coisas.

Talvez você esteja fazendo contas, preocupado com tantas demandas e não saiba mais o que fazer. Se é o caso, lembre-se de que Deus está ao seu lado e que com ele tudo é possível.

Humanamente era impossível vencer, mas o Eterno age no âmbito sobrenatural das coisas. Assim como ele interferiu de forma grandiosa em favor de Josafá e do povo de Judá, se você crer, também verá o sobrenatural do Senhor sobre a sua vida porque com Deus tudo é possível.

"Com Deus, o impossível se torna possível."

Você já duvidou alguma vez do que Deus é capaz de fazer?

PLANO DE LEITURA:

2Crônicas 30–33

ACESSE O QR CODE PARA SABER MAIS:

DIA
136

@michelsimplicio

NÃO VIVA ESTRESSADO

Que atitudes você toma naqueles dias de maior estresse?

....

....

....

....

....

....

....

PLANO DE LEITURA:

2Crônicas 34–36

ACESSE O QR CODE PARA SABER MAIS:

No mundo moderno, muitas pessoas desenvolvem um estilo de vida estressante. Diante de tantas demandas e com a pressão cotidiana, geralmente o ritmo é acelerado e cansativo.

A palavra "estresse" vem do inglês e significa "estar sob pressão". Eu tenho certeza de que você já passou por momentos de muita pressão, seja na família, seja no trabalho, com as finanças, enfim, para algumas pessoas isso é tão frequente que praticamente se torna rotina.

A Bíblia nos mostra que é possível vencer o estresse. Jesus nos faz um convite e diz: "Venham a mim, todos os que estão cansados e sobrecarregados, e eu lhes darei descanso" (Mateus 11.28). Sim! Ele quer aliviar o seu coração e tirar todo o estresse.

Pode ser que sua irritabilidade seja seu corpo dando sinais de que você está vivendo de forma estressada. Então, é hora de ir até Cristo, para que ele cuide de você e transforme toda essa pressão em paz.

O nosso Salvador quer aliviar seu coração. Ele está com você, logo, creia que tudo vai terminar bem. Pare de se preocupar demasiadamente, pois Deus está cuidando de você. Descanse nele e não viva estressado.

"Todos os dias você tem uma escolha: viver estressado ou em paz."

DECIDA O QUE VOCÊ QUER DA SUA VIDA

DIA **137**

@michelsimplicio

Saber exatamente o que quer fará você tomar boas decisões em relação ao futuro. Salmos 109.17 diz: "Visto que amou a maldição, ela lhe sobrevenha, e assim como não desejou a bênção, ela se afaste dele" (ACF). Isso significa que existem pessoas que amam a maldição e decidem andar no caminho mau.

Certa vez, Josué disse assim para Israel: "Se, porém, não lhes agrada servir ao Senhor, escolham hoje a quem irão servir, se aos deuses que os seus antepassados serviram além do Eufrates, ou aos deuses dos amorreus, em cuja terra vocês estão vivendo. Mas, eu e a minha família serviremos ao Senhor" (Josué 24.15).

A decisão fará você viver o futuro que Deus preparou. Portanto, decida o que você quer da vida. Quando a Bíblia diz que ele não quis a bênção, está se referindo às pessoas que estão amando a maldição, frequentando lugares que desagradam ao Senhor, dizendo aquilo que incomoda o Eterno, ou seja, simplesmente amam a maldição e não querem a bênção divina. O Senhor almeja grandes coisas, mas, antes, você precisa decidir o que quer da vida.

"Gaste o tempo necessário para decidir, mas, depois, não retroceda."

Você está confuso sobre o que quer? O que fará a respeito?

PLANO DE LEITURA:

Esdras 1–2

ACESSE O QR CODE PARA SABER MAIS:

DIA
138

@michelsimplicio

FALE SOBRE A SUA FÉ

Deus conta com você para que outras pessoas sejam alcançadas. Proclamar sua fé e não se envergonhar do Evangelho é anunciar as notícias da salvação por Cristo e, adicionalmente, tornar conhecido o que seu Salvador tem feito na sua vida. As pessoas ao redor estão sedentas, precisando ouvir as palavras de salvação que Deus já colocou nas Escrituras.

Paulo escreve aos romanos e diz: "Como, pois, invocarão aquele em quem não creram? E como crerão naquele de quem não ouviram falar? E como ouvirão, se não houver quem pregue?" (Romanos 10.14). Com isso, o Espírito Santo está deixando claro que precisamos falar da nossa fé para que outras pessoas sejam alcançadas. Abra a sua boca e comece a anunciar as boas-novas, pois você é um instrumento de Deus para abençoar vidas.

E se isso lhe parece difícil, lembre-se das palavras do nosso Senhor: "Quem, pois, me confessar diante dos homens, eu também o confessarei diante do meu Pai que está nos céus. Mas aquele que me negar diante dos homens, eu também o negarei diante do meu Pai que está nos céus" (Mateus 10.32–33).

"Que por meio de você muitos possam a Jesus conhecer!"

Você tem evangelizado?

PLANO DE LEITURA:

Esdras 3–6

ACESSE O QR CODE PARA SABER MAIS:

O AMANHÃ PERTENCE A DEUS

DIA 139

@michelsimplicio

Muitas pessoas gostam de fazer planos pessoais e dizem: “Vai acontecer da forma que eu planejei”. Podemos dizer que essa é uma teologia humanista, pois pensamos que tudo depende de nós, mas a Bíblia é clara: “Ouçam agora, vocês que dizem: ‘Hoje ou amanhã iremos para esta ou aquela cidade, passaremos um ano ali, faremos negócios e ganharemos dinheiro’. Vocês nem sabem o que lhes acontecerá amanhã! Que é a sua vida? Vocês são como a neblina que aparece por um pouco de tempo e depois se dissipa. Ao invés disso, deveriam dizer: ‘Se o Senhor quiser, viveremos e faremos isto ou aquilo’” (Tiago 4.13–15).

Seu futuro não está em suas mãos, antes, pertence ao Senhor. Logo, é essencial que sempre diga: “Se Deus quiser, farei isso ou aquilo”. Em outras palavras: “Se ele quiser, o projeto dará certo”. Ao falar assim, você torna claro que depende do Onipotente e que o seu amanhã pertence a ele.

Não diga que você vai realizar projetos pela própria força. Lembre-se de que as coisas acontecem de acordo com a permissão do alto. Então, faça planos, mas entregue-os nas mãos do Altíssimo – e que seja, sempre, “se o Senhor quiser”.

“Cumprir a vontade de Deus é fazer o que ele quer e querer o que ele faz.”

Em tudo o que tem planejado você se põe nas mãos de Deus?

PLANO DE LEITURA:

Esdras 7–10

ACESSE O QR CODE PARA SABER MAIS:

DIA
140

@michelsimplicio

ORE PELO SEU MILAGRE

Você tem persistido na oração pelo milagre que deseja?

....

....

....

....

....

....

....

PLANO DE LEITURA:

Neemias 1–3

ACESSE O QR CODE PARA SABER MAIS:

Muitas pessoas desistiram de orar simplesmente porque o milagre não aconteceu no tempo previsto. Nós costumamos idealizar um tempo exato para as coisas ocorrerem, porém é Deus quem determina a hora certa de tudo.

Durante muito tempo, o desejo de Ana era ser mãe, até que, enfim, seu sonho se realiza, e ela diz: "Por este menino orava eu; e o Senhor me concedeu a minha petição que eu lhe tinha pedido" (1Samuel 1.27, ARC). Ana orava pelo milagre mesmo quando tudo parecia impossível. Ela enfrentava grande adversidade em sua vida, mas acreditava que Deus estava ouvindo a sua oração.

Outro exemplo é o de Zacarias e Isabel. Após muitos anos esperando em Deus, o anjo apareceu e disse: "A tua oração foi ouvida". Fica claro que devemos orar pelo milagre que almejamos. E quando acontecer, diga como Ana: "Por este milagre eu orava".

Creia que no tempo certo vai acontecer, pois o Todo-Poderoso pode já estar preparando todas as coisas para que o seu milagre aconteça. Portanto, ore com fé todos os dias. E mesmo que pareça impossível, creia, pois Deus é poderoso para realizar milagres.

"Milagre não se explica, milagre se vive!"

SUPERE SEUS LIMITES

DIA
141

@michelsimplicio

Seus limites não limitam o agir de Deus. O Senhor é capaz de transformar grandes limitações em histórias de superação, como aconteceu na vida de um jovem chamado Davi.

Em obediência ao seu pai, aquele rapaz foi entregar alimento para os irmãos, mas quando chegou ao campo de batalha onde eles estavam, deparou-se com um gigante. Em analogia, um gigante, muitas vezes, é tudo aquilo que parece maior do que você.

Diante daquele limite, Davi procurou auxílio no Senhor, decidiu enfrentar o gigante e disse: "Você vem contra mim com espada, com lança e com dardo, mas eu vou contra você em nome do Senhor dos Exércitos [...]" (1Samuel 17.45).

Assim, aquele jovem, outrora limitado, recebeu autoridade e poder do Altíssimo, e sua história foi transformada – porque, com o Senhor, ele superou os seus limites.

Está na hora de você parar de olhar para os seus limites e pôr a confiança no Deus a quem serve. Confie no Senhor e faça como Davi fez, porque, assim, o seu limite será transformado em uma história de superação.

"Limite é o lugar onde o medo termina e a coragem começa."

Quais são os gigantes que você precisa enfrentar? Seriam eles maiores que Deus?

PLANO DE LEITURA:

Neemias 4–7

ACESSE O QR CODE PARA SABER MAIS:

DIA 142

@michelsimplicio

NÃO RECLAME DO DESERTO; APRENDA COM ELE

Como você se comporta enquanto atravessa os desertos da vida?

Deus tirou o povo do Egito e das mãos do faraó, mas quando os hebreus saíram daquela terra, passaram um período no deserto. Ali, muitos ficaram murmurando, por isso não chegaram à terra prometida (cf. Êxodo 16).

No deserto, Deus ensinou várias coisas ao povo, porque era preciso que mudasse algumas atitudes para que pudesse herdar as promessas. Primeiro, era necessário arrancar a mentalidade de escravo, que sempre os fazia se vitimizarem. Segundo, era imperativo aprender a depender de Deus, pois no deserto havia muita escassez.

Talvez você esteja numa fase árida, enfrentando circunstâncias muito difíceis. Saiba que o Onisciente permite que dificuldades ocorram para que você aprenda a depender apenas dele. Há momentos em que o Senhor nos tira totalmente do controle da situação para mostrar que ele é quem controla tudo.

Então, se algo saiu do seu controle ou se está passando pelo deserto, não reclame. Antes, aprenda com o processo, mude sua mentalidade e descanse no Senhor. Deus não levou você ao deserto para matá-lo, e sim para ensiná-lo.

PLANO DE LEITURA:

Neemias 8–10

ACESSE O QR CODE PARA SABER MAIS:

"Deserto é uma escola onde Deus nos ensina como passar em cada prova."

FAÇA DOS PROBLEMAS OPORTUNIDADES

DIA
143

@michelsimplicio

Grandes oportunidades frequentemente vêm disfarçadas de problemas. A princípio, quando você se depara com o problema, parece que ele vai acabar com você, mas, na verdade, se você olhar por outra perspectiva, poderá encontrar uma grande oportunidade.

Isso aconteceu na vida de quatro leprosos (cf. 2Reis 7). A nação de Israel enfrentava um período severo de fome, mas havia a promessa de que Deus daria comida em abundância. Certo dia, os leprosos, que viviam isolados, tiveram a ideia de entrar no arraial do exército inimigo. Ao chegar lá, não havia ninguém, porque o Senhor tinha feito o exército fugir. Com isso, eles puderam entrar numa tenda, comer e beber. O ataque inimigo, que outrora era um problema, se transformou em uma oportunidade de alimentação proveniente de um milagre.

Talvez você esteja passando por uma dificuldade muito grande. Então, pare de focar no problema e passe a enxergar uma oportunidade. Entenda que Deus está no controle de todas as coisas. Por isso, não reclame das adversidades, mas saiba que por trás de cada problema pode haver um grande milagre.

"As oportunidades com que você pouco se importa podem bater em outra porta."

Você enxerga os problemas somente pelo lado ruim ou consegue enxergar oportunidades?

PLANO DE LEITURA:

Neemias 11–13

ACESSE O QR CODE PARA SABER MAIS:

DIA

144

@michelsimplicio

O FIM É MELHOR

Será que você não está impaciente demais? Espere e veja o que Deus fará.

PLANO DE LEITURA:

Ester 1–3

ACESSE O QR CODE PARA SABER MAIS:

Muitas vezes, preocupamo-nos tanto com o nosso momento atual que pensamos que as dificuldades vão nos destruir, mas Salomão nos lembra: "O fim das coisas é melhor do que o seu início" (Eclesiastes 7.8).

Foi no último dia da festa que Jesus transformou a água em vinho, ou seja, o fim foi melhor. Em uma maratona, não se recebe a medalha no início, tampouco no meio: o vencedor só recebe a medalha no fim – então tenha paciência e espere, acreditando que Deus tem coisas grandes preparadas para você.

Portanto, espere Deus concluir o que ele está fazendo em sua vida, porque o fim das coisas é muito melhor do que o começo delas. A nossa caminhada é longa e não é fácil, mas é no fim que receberemos do Senhor o nosso galardão, a nossa recompensa.

Então aguarde e não se precipite. Espere com paciência o tempo do Todo-Poderoso, porque ele está agindo e vai surpreendê-lo. Deus está concluindo uma grande obra em sua vida, portanto você precisa acreditar, com fé, que o fim será muito melhor que o começo.

"Creia que no fim tudo vai dar certo. Se não deu, pode ser porque ainda não acabou."

O QUE FAZER EM DIAS DIFÍCEIS?

DIA
145

@michelsimplicio

Você certamente já enfrentou momentos de angústia e aflição. A pergunta que sempre vem à nossa mente nessas horas é: "O que fazer diante dessa situação?".

O salmista escreveu: "Busquei ao Senhor, e ele me respondeu; livrou-me de todos os meus temores" (Salmos 34.4, ACF). Veja que interessante: em dias difíceis, o salmista foi buscar a Deus. E você, quem tem procurado nos momentos mais complicados da sua vida?

Talvez você tenha esperado a ajuda ou a indicação de um amigo, mas o auxílio nunca vem, por isso você precisa correr para Deus e buscar refúgio nele. Buscar significa "ir ao encontro de algo". Logo, somos nós que precisamos ir ao encontro do Todo-Poderoso, aquele para quem não há impossíveis.

O fim desse texto bíblico diz que ele "livrou-me de todos os meus temores", ou seja, é comum termos medos em meio às provações. Todavia, quando buscamos a Deus de todo o coração, ele nos livra desses receios, renova as nossas forças e traz a confiança de que tudo vai acabar bem.

Em dias difíceis, busque ao Senhor. Ele é fiel e cuida de você.

"Em Deus, os medos se desfazem e a esperança se renova."

Como você lida com os dias difíceis?

....

....

....

....

....

....

....

PLANO DE LEITURA:

Ester 4–10

ACESSE O QR CODE PARA SABER MAIS:

DIA
146

@michelsimplicio

NÃO SEJA DOMINADO PELA CULPA

Se você se arrependeu, confessou e deixou seu erro, por que ainda sente culpa?

Uma das grandes estratégias do Inimigo é fazer você se sentir sempre culpado por coisas que aconteceram no passado. Ele faz você carregar esse fardo o tempo inteiro, trazendo-lhe sentimento de condenação, para que se distancie cada vez mais de Deus.

No entanto, a Bíblia diz que o Senhor não leva em conta os tempos da ignorância (cf. Atos 17), ou seja, você não precisa se preocupar com essas acusações, porque Cristo já o absolveu. Ele pagou o preço na cruz do Calvário pelos seus pecados.

Então está na hora de você se livrar desse peso de culpa. Não dê ouvidos ao Diabo, que fica lhe dizendo que o que você está vivendo é culpa sua porque no passado você fez algo.

Paulo esclareceu: "Assim que, se alguém está em Cristo, nova criatura é; as coisas velhas já passaram; eis que tudo se fez novo" (2Coríntios 5.17, ACF). A Bíblia também nos assegura de que nenhuma condenação há para aqueles que estão em Cristo Jesus. Portanto, se o Inimigo vier acusá-lo, cite a Palavra de Deus, mostre que seu Salvador já o perdoou, pois você foi aceito pelo Senhor e não é mais culpado.

PLANO DE LEITURA:

Jó 1–2

ACESSE O QR CODE PARA SABER MAIS:

"A culpa é inimiga do arrependimento; quem tem uma não tem a outra!"

DEUS LHE DARÁ NOVAS ESTRATÉGIAS

DIA **147**

@michelsimplicio

Para obter resultados diferentes é necessário usar novas estratégias. A Bíblia relata a história de um paralítico que soube que Jesus estava pregando em uma casa e queria chegar até ele em busca da cura.

Uma grande multidão apertava o Senhor, afinal todos queriam vê-lo e ouvi-lo. O paralítico foi carregado pelos amigos até a casa, mas, ao chegar lá, ele não conseguiu entrar pela porta nem pela janela, pois havia muita gente. Em vez de desistirem, eles elaboraram uma estratégia diferente: abriram um buraco no teto e desceram o paralítico por ali, colocando-o bem perto de Jesus. O resultado é que aquele paralítico foi curado e teve a sua vida transformada.

Talvez você esteja pensando em desistir ou retroceder, mas creia que, a partir de hoje, o Eterno lhe dará novas estratégias para que você vença essa batalha e obtenha a sua vitória.

Deus é conhecido como o Senhor dos exércitos. Isso mostra que ele é poderoso e estratégico. Logo, ele pode ajudá-lo e orientá-lo no que for preciso. Não desista! O Senhor mostrará o caminho e lhe dará novas estratégias para vencer.

"Mais vale um passo com estratégias do que dez passos sem direção."

Será que as coisas têm dado errado porque você sempre usa as mesmas estratégias?

PLANO DE LEITURA:

Jó 3–5

ACESSE O QR CODE PARA SABER MAIS:

DIA
148

@michelsimplicio

AFASTE-SE DO QUE AFASTA VOCÊ DE DEUS

Quais são as distrações que têm tirado você da presença de Deus?

....

....

....

....

....

....

....

PLANO DE LEITURA:

Jó 6–8

ACESSE O QR CODE PARA SABER MAIS:

Deus deseja que você esteja cada vez mais próximo dele. Porém, o Inimigo fará de tudo para que você se distancie da presença do Senhor. Salmos 1.1 diz: "Como é feliz aquele que não segue o conselho dos ímpios, não imita a conduta dos pecadores, nem se assenta na roda dos zombadores!". Nós precisamos estar atentos e observar aquilo que tem nos afastado do Eterno. Talvez sejam as rodas de amigos, algumas conversas ou até certos lugares e as práticas que ocorrem ali.

Lembro-me de quando percebi que as redes sociais estavam tomando muito do meu tempo e que isso estava me afastando de Deus. Assim, decidi ficar um tempo fora delas.

Talvez haja algo em sua vida que precise ser eliminado, nem que seja por um tempo, para que você possa se aproximar do Senhor. Faça uma reflexão e procure responder com sinceridade: Deus tem sido de fato a sua prioridade ou algo o está distanciando dele?

Tome uma atitude hoje. Aproxime-se do Todo-Poderoso e afaste-se de tudo aquilo que o separa dele. Creia que é possível, no poder do Espírito Santo.

"Perto de Deus não há espaço para distrações."

COLOQUE A SUA VIDA EM ORDEM

DIA **149**

@michelsimplicio

Deus é ordeiro. Gênesis 1 mostra que a criação do mundo foi feita de forma muito organizada, com a criação dos céus, da Terra, das plantas e, só depois, do homem.

O rei Ezequias foi advertido a pôr sua casa em ordem antes de morrer: "Naquele tempo Ezequias ficou doente, e quase morreu. O profeta Isaías, filho de Amoz, foi visitá-lo e lhe disse: 'Assim diz o Senhor: Ponha em ordem a sua casa, pois você vai morrer; não se recuperará'" (2Reis 20.1). Se Deus estava dizendo para Ezequias pôr a casa em ordem, é porque certamente a vida dele estava uma bagunça e o lar estava desorganizado – e Deus não age em meio à desorganização.

Ponha a sua vida em ordem, reveja as prioridades e arrume aquilo que está fora do lugar. Quando Deus age, ele traz organização e multiplicação. Foi isso o que Jesus fez no dia em que multiplicou os pães e peixes: primeiro, pediu para que todos se sentassem e só depois fez o milagre da multiplicação dos pães. Ordem!

Sim, a ordem precede uma grande manifestação de Deus. Por isso, organize a sua vida e você poderá desfrutar do milagre.

"A organização pavimenta a estrada do sucesso."

O que precisa ser posto em ordem na sua vida?

PLANO DE LEITURA:

Jó 9–11

ACESSE O QR CODE PARA SABER MAIS:

DIA
150

@michelsimplicio

DESCANSE SEU CORAÇÃO NO SENHOR

Em que você tem depositado a sua confiança nos momentos que roubam a paz?

PLANO DE LEITURA:

Jó 12–14

ACESSE O QR CODE PARA SABER MAIS:

Muitas situações roubam nossa paz. Ficamos inquietos e terrivelmente sobrecarregados. Nesses momentos, tudo o que precisamos fazer é descansar o coração em Deus.

O salmista escreveu: "Descansa no Senhor, e espera nele; não te indignes por causa daquele que prospera em seu caminho, por causa do homem que executa astutos intentos" (Salmos 37.7, ACF). O convite feito a você neste dia é para descansar o coração em Deus.

Saiba que o Amado de nossa alma não abandona você. Então, faça como o salmista orientou e descanse seu coração nele. Não é em qualquer lugar nem em qualquer pessoa: é no Senhor! Descanse, não fique preocupado, confie em Deus, busque refúgio nele. Aquele que ama você vai cuidar de cada detalhe em sua vida.

Talvez você não esteja entendendo o motivo de o seu Criador permitir algumas situações, mas entenda que, sim, foi ele quem permitiu. Portanto, proteja seu coração, assim como o sábio Salomão disse: "Sobre tudo o que se deve guardar, guarda o teu coração [...]" (Provérbios 4.23, ACF). Repito, descanse seu coração em Deus!

"O relógio de Deus nunca atrasa; no seu tempo tudo se cumprirá."

O QUE DEU ERRADO FOI PARA LHE MOSTRAR O CERTO

DIA **151**

@michelsimplicio

Entramos em alguns projetos com grande expectativa, pensando que tudo terminará bem. São portas que abrimos acreditando ser a melhor oportunidade. Mas, de repente, algo acontece, as coisas não saem como prevíamos e parece que tudo começa a dar errado.

Essa história sucedeu também na vida de Jonas. Deus ordenou que aquele profeta fosse pregar na cidade de Nínive, mas ele fugiu para Társis, desobedecendo ao chamado de Deus. Foi então que as coisas começaram a dar errado, a ponto de ele ir parar na barriga de um grande peixe.

Muitas pessoas estão vivendo dessa mesma forma. Mas, às vezes, as coisas que dão errado são um sinal para mostrar que aquele não é o melhor caminho. Tudo o que é de Deus acontece naturalmente. A porta do Senhor simplesmente se abre, não precisamos forçá-la.

O que é do nosso Salvador flui. Por isso, se algo não está dando certo, repense, pois pode ser que ele esteja falando com você por meio dessas circunstâncias. Javé se comunica de diversas formas e pode estar permitindo que certas situações deem errado para lhe mostrar o certo.

"Pequenas portas fechadas podem significar grandes livramentos."

Qual é sua reação quando tudo aparentemente dá errado?

PLANO DE LEITURA:

Jó 15–19

ACESSE O QR CODE PARA SABER MAIS:

DIA
152

@michelsimplicio

TER PAZ OU TER RAZÃO?

Você prefere ter razão ou paz?

PLANO DE LEITURA:

Jó 20–25

ACESSE O QR CODE PARA SABER MAIS:

O desejo de ter razão é muito forte no coração humano. Muitas pessoas chegam ao ponto de terminar relacionamentos ou amizades duradouras por insistir que têm razão em determinada questão. Mas será que é isso o que a Palavra de Deus nos ensina a fazer?

Não é raro termos de abdicar da razão para viver em paz com todos. Paulo escreveu: "Que a paz de Cristo seja o juiz em seus corações, visto que vocês foram chamados a viver em paz, como membros de um só corpo" (Colossenses 3.15). Perceba que a exortação é que a paz reine, e não que a razão prevaleça.

Muita gente gosta sempre de ter a razão, todavia perde a paz e se torna estressada e pessimista. A internet tem dado voz para muitas pessoas que sequer dominam determinado assunto, mas se dizem especialistas em áreas que nunca estudaram.

Pare de querer sempre ter razão e busque a paz. Nesse sentido, para finalmente ter paz, muitas vezes vamos precisar abrir mão de ter razão. Então, se for preciso, ceda, mas persista e insista em manter sempre a paz.

"Escolha a paz; o tempo se encarrega de pôr tudo no devido lugar."

APRENDA A SUPORTAR O PROCESSO

DIA
153

@michelsimplicio

O que muitas vezes chamamos de provação, Deus chama de processo. Em linguagem celestial, processo é tudo aquilo que prepara você para viver os planos divinos para a sua vida.

O povo de Israel estava havia muito tempo – na realidade, longos séculos! – escravizado no Egito. Por meio de Moisés, o Senhor resolveu libertar seu povo, mas antes de chegar à terra prometida os hebreus tiveram de passar pelo deserto. Foram longos 40 anos caminhando em círculos por aquele ambiente árido e estéril. Mas o período no deserto fazia parte do processo pelo qual Deus estava preparando o povo para desfrutar da promessa.

Talvez você esteja passando por provações. É hora de compreender que aquilo que você chama de provação o Altíssimo chama de processo.

Ninguém chegará ao cumprimento das promessas sem antes passar pela dor do processo. O Eterno está trabalhando em você naquilo que é necessário, seja no caráter, seja na espiritualidade, para que você possa receber o que ele prometeu. Por isso, seja forte e aprenda a suportar os processos da vida.

"Ame o processo, pois é ele que prepara você para viver as promessas."

Você compreende que provações são para seu bem?

....

....

....

....

....

....

....

PLANO DE LEITURA:

Jó 26–28

ACESSE O QR CODE PARA SABER MAIS:

DIA
154

@michelsimplicio

NÃO DÊ ACESSO A QUALQUER UM

A quem você dá acesso à intimidade do seu coração?

....

....

....

....

....

....

....

PLANO DE LEITURA:

Jó 29–31

ACESSE O QR CODE PARA SABER MAIS:

Temos de tomar muito cuidado com as pessoas a quem damos acesso à nossa vida, pois, muitas vezes, por abrir o coração para qualquer um, no futuro colhemos duras consequências.

Isso aconteceu na vida do rei Ezequias. A Bíblia diz: "Ezequias recebeu com alegria os enviados e mostrou-lhes o que havia em seus depósitos: a prata, o ouro, as especiarias, o óleo fino, todo o seu arsenal e tudo o que se encontrava em seus tesouros. Não houve nada em seu palácio ou em todo o seu reino que Ezequias não lhes mostrasse" (Isaías 39.2).

Ezequias mostrou a estrangeiros tudo o que havia em seu palácio. O que ele não sabia é que eles eram inimigos. E, porque o rei deu acesso a quem não deveria, o reino viria a perder o que possuía.

Muitas vezes, é assim também em nossa vida. Damos acesso às pessoas e, no futuro, acabamos nos arrependendo. Portanto, tome muito cuidado com quem você leva para dentro de sua casa, com as rodas nas quais se assenta e com pessoas com quem compartilha os seus segredos.

A partir de hoje, peça discernimento ao Senhor e não dê acesso a qualquer um.

"Seu coração é um tesouro. Escolha com cuidado quem tem acesso a ele."

VOCÊ PRECISA ESCOLHER!

DIA
155

@michelsimplicio

Muitas pessoas têm dificuldade de tomar decisões. Certamente, você já acompanhou uma mulher tentando escolher roupas para sair no fim de semana. Após vestir várias peças, ela ainda pergunta para alguém se ficou bom.

A questão é que pessoas com dificuldade de escolher perdem muito tempo na vida. Deus deixou claro para o povo de Israel que precisava escolher qual caminho seguiria. Ele disse à nação por meio de Moisés: "Hoje invoco os céus e a terra como testemunhas contra vocês, de que coloquei diante de vocês a vida e a morte, a bênção e a maldição. Agora escolham a vida, para que vocês e os seus filhos vivam" (Deuteronômio 30.19).

Você precisa escolher! Está na hora de decidir servir ao Senhor ou se entregar aos prazeres da carne; esperar nele ou fazer com suas próprias mãos; tudo é uma questão de opção.

Muitas pessoas não decidem e ficam para trás. Elas só ficam vendo o tempo passar. Se você precisa escolher, hoje é um ótimo dia para fazer a melhor escolha: servir ao Senhor, confiar mais nele e seguir os princípios da Palavra.

Escolha o Senhor! Com certeza, é a melhor opção que você pode fazer.

> **"Decisões têm consequências, indecisões mais ainda."**

Qual é o seu maior critério na tomada de decisões?

....

....

....

....

....

....

....

PLANO DE LEITURA:

Jó 32–34

ACESSE O QR CODE PARA SABER MAIS:

DIA
156

@michelsimplicio

A QUEM VOCÊ TEM DADO OUVIDOS?

A quem você tem dado ouvidos?

PLANO DE LEITURA:

Jó 35–37

ACESSE O QR CODE PARA SABER MAIS:

As vozes a que você dá ouvidos podem ditar seu futuro, seu destino e a intensidade da sua fé ou do seu medo.

A Bíblia relata: "Ao ouvirem as palavras do filisteu, Saul e todos os israelitas ficaram atônitos e apavorados" (1Samuel 17.11). Assim como aqueles homens, muitas pessoas dão ouvidos à voz errada, por isso vivem apavoradas. Elas ouvem os noticiários acerca de tragédias ou notícias a respeito do amanhã e ficam extremamente preocupadas – até mesmo paralisadas.

Todavia, a Bíblia diz: "Consequentemente, a fé vem por ouvir a mensagem, e a mensagem é ouvida mediante a palavra de Cristo" (Romanos 10.17). A quem você tem dado ouvidos? Como você está hoje revela, em grande parte, quem você ouviu anteriormente.

Se você estiver sempre atento àquilo que Deus está falando, não terá medo, como os soldados de Saul tiveram. Ponha a fé em ação. Tire momentos a sós com o Pai. Ore. Leia e estude as Escrituras. Relacione-se com o Altíssimo em intimidade. E assim o medo será superado pela fé.

"Você pode determinar quem se tornará."

HÁBITOS DE UM VENCEDOR

DIA
157

@michelsimplicio

A história de todo vencedor é composta por hábitos que definem a sua vitória ou o seu fracasso. Aquilo que você costuma fazer pode cooperar para que tenha uma vida espiritual fortalecida ou derrotada. É por isso que precisamos desenvolver os hábitos de um verdadeiro vencedor.

Salomão escreveu: "Tudo quanto te vier à mão para fazer, faze-o conforme as tuas forças, porque no além, para onde tu vais, não há obra, nem projetos, nem conhecimento, nem sabedoria alguma" (Eclesiastes 9.10, ARA). Isso mostra que para vencer é preciso ter o hábito de realizar tudo com excelência. Portanto, não importa o que você vier a fazer, faça bem feito.

Vencedores não cuidam somente dos outros, mas também de si. Eles não se preocupam apenas com a estética, mas, principalmente, com a essência. Procure saber se os hábitos que está desenvolvendo hoje farão de você um vencedor amanhã. Analise a sua vida: se mantiver os hábitos que tem atualmente, como estará daqui a cinco anos?

Acredito que esteja na hora de repensar sua rotina e desenvolver os hábitos de um verdadeiro vencedor.

"A persistência é um hábito dos vencedores."

Você tem feito tudo com excelência?

PLANO DE LEITURA:

Jó 38–40

ACESSE O QR CODE PARA SABER MAIS:

DIA
158

@michelsimplicio

SEJA ACIMA DA MÉDIA

Você tem se conformado em viver na mediocridade? Por quê?

PLANO DE LEITURA:

Jó 41–42

ACESSE O QR CODE PARA SABER MAIS:

Recordo que, nos tempos de escola, quando recebia o boletim e olhava as notas, chegava a casa satisfeito quando não conseguia alcançar a melhor nota e ainda dizia para meus pais: "Bem, pelo menos não tirei zero!". Por quê? Porque estar na média não é ter uma nota dez, mas também não é ter uma nota zero!

O problema é que essa mentalidade nos faz andar sempre na média. Sei que a palavra parece ser um pouco forte, mas aquele que anda na média é literalmente um medíocre. Acredite: você não nasceu para estar na média, mas para estar acima dela.

Pessoas acima da média fazem a diferença por onde passam, pois fazem mais do que lhe pedem e nunca se conformam em fazer apenas por fazer. A Bíblia diz que sobre Daniel havia um espírito excelente (cf. Daniel 6.3), por isso ele se destacava dos demais. Reflita sobre casos como o do profeta e veja que apenas indivíduos que saíram da mesmice alcançaram lugares a que outros jamais conseguiram chegar.

Se você crê que também não foi chamado para estar na média, faça algo a respeito e busque voos mais altos.

"Para viver o que a maioria não vive, faça o que a maioria não faz."

VOCÊ NÃO É DESCARTÁVEL

DIA 159

@michelsimplicio

Os produtos descartáveis estão em alta. São bens que usamos uma vez e jogamos fora. Antigamente não era assim: procurávamos consertar aquilo que quebrava. No seu caso, saiba que Deus ama tanto você que de forma alguma o considera descartável.

João 3.16 é uma prova do amor divino por nós: "Porque Deus tanto amou o mundo que deu o seu Filho Unigênito, para que todo o que nele crer não pereça, mas tenha a vida eterna". Mesmo diante de todos os pecados cometidos, com todas as falhas e faltas, mesmo nos rebelando contra Deus, ainda assim ele nos ama tanto que deu Jesus por nossa vida.

Paulo reforça essa verdade em Efésios 2.4–5: "Todavia, Deus, que é rico em misericórdia, pelo grande amor com que nos amou, deu-nos vida juntamente com Cristo, quando ainda estávamos mortos em transgressões – pela graça vocês são salvos".

Não, você não é descartável! Por mais que alguém o tenha tratado com desprezo, não se preocupe, pois Deus o ama, cuida de você e o protege. Portanto, ele nunca o descartará.

"Seu valor é definido por Deus, e não pelas pessoas."

Algo aconteceu em sua vida para fazê-lo se considerar sem valor para Deus?

PLANO DE LEITURA:

Salmos 1–7

ACESSE O QR CODE PARA SABER MAIS:

DIA
160

@michelsimplicio

DEIXE DEUS CURAR VOCÊ

Você tem dificuldade de abrir-se para a cura de Deus?

....

....

....

....

....

....

....

PLANO DE LEITURA:

Salmos 8–13

ACESSE O QR CODE PARA SABER MAIS:

Ao longo da vida, muitas coisas podem ter ferido seu coração. Talvez decepções ou frustrações que machucaram você profundamente. Todavia, lembre-se de que existe um Deus que o ama muito e deseja curar seu coração. Salmos 107.20 diz: "Ele enviou a sua palavra e os curou, e os livrou da morte". Vemos com isso que o Senhor é o maior interessado em ver você bem. Por isso, ele quer curá-lo e precisa que você faça a sua parte.

Um exemplo dessa sinergia é um paciente que está internado em um hospital e o médico não pode operá-lo enquanto ele estiver se movimentando. Portanto, cabe ao paciente ficar imóvel e deixar o médico fazer o trabalho dele. Com Deus funciona da mesma forma.

É tempo de desacelerar um pouco e mergulhar na Palavra, para que ela penetre no seu coração e, com isso, o Todo-Poderoso traga um novo tempo, de restauração e cura. Abra-se para que Deus sare plenamente seu coração.

Tenho certeza de que, depois que o Senhor promover a sua cura, muitas pessoas também serão curadas por meio do seu testemunho. Acredite: seu Pai celestial ama você e quer vê-lo curado.

"Deus cura aquilo que a medicina não consegue."

DESENVOLVA UMA AUTOESTIMA FORTE

DIA **161**

@michelsimplicio

A nossa autoestima é influenciada por aquilo que ouvimos. Muitas vezes, quando escutamos palavras que nos diminuem, temos a tendência de desenvolver uma autoestima baixa. Mas quando lemos e ouvimos a Palavra do Senhor, percebemos que Deus já fez boas declarações a nosso respeito.

O Senhor escolheu você. E o que ele diz aos seus eleitos é o que ele afirmou quando chamou Jeremias: "Antes de formá-lo no ventre, eu o escolhi; antes de você nascer, eu o separei e o designei profeta às nações" (Jeremias 1.4–5).

O Todo-Poderoso o escolheu e o aceita da forma que você é, para iniciar uma grande transformação. O Senhor tem um propósito para sua vida, por isso não desenvolva sentimentos de incapacidade, afinal o Criador dos céus e da Terra elegeu você por sua soberania. Assim, ao se olhar no espelho, saiba que, em Cristo Jesus, você é mais do que vencedor.

Então, chega de acreditar em bobagens que outros dizem a seu respeito. Passe a crer no que o Altíssimo diz e, a partir de hoje, confie que ele vai capacitá-lo a fazer a obra dele. Então, eleve a sua autoestima, pois Deus é com você.

"Escolhido por Deus, és vencedor! Ergue-te, pois ele te acompanha!"

Será que o que disseram a seu respeito e diminuiu sua autoestima é verdade mesmo?

PLANO DE LEITURA:

Salmos 14–17

ACESSE O QR CODE PARA SABER MAIS:

DIA
162

DÊ AS COSTAS PARA O PROBLEMA

@michelsimplicio

Será que você tem focado no problema ou naquele que o soluciona?

PLANO DE LEITURA:

Salmos 18–23

ACESSE O QR CODE PARA SABER MAIS:

Precisamos aprender a dar as costas para os problemas. Constantemente, deparamo-nos com situações em que não sabemos o que fazer. Mas a forma certa de agir é dar as costas para a questão e tomar a atitude correta, assim como o rei Ezequias fez: apesar de ter recebido uma sentença de morte, por meio do profeta Isaías, a Bíblia diz que "Ezequias virou o rosto para a parede e orou ao Senhor" (Isaías 38.2).

Fica claro que Ezequias deu as costas para o problema: ele virou o rosto para a parede como se estivesse dizendo: "Eu não vou olhar para o problema, mas vou voltar meus olhos para aquele que pode resolvê-lo". O rei orou com tanta intensidade que Deus ouviu seu clamor e acrescentou 15 anos à sua vida!

Dê as costas para seu problema, volte seus olhos para o Senhor, clame, fale com ele e acredite que o Pai pode reverter qualquer situação. Já pensou se Ezequias ficasse olhando para a enfermidade, definhando lentamente, com autopiedade e autocomiseração? Mas não: ele agiu certo.

Dê hoje mesmo as costas para o problema e volte-se para Deus, porque, para ele, nada é impossível!

"Fé é ver o problema, mas enxergar Deus."

É TEMPO DE EXPANSÃO

DIA
163

@michelsimplicio

Você deve crer que Deus tem coisas maiores para sua vida. Acerca disso, o profeta Isaías profetizou para os israelitas, dizendo: "Amplia o lugar da tua tenda, e estendam-se as cortinas das tuas habitações; não o impeças; alonga as tuas cordas, e fixa bem as tuas estacas. Porque transbordarás para a direita e para a esquerda; e a tua descendência possuirá os gentios e fará que sejam habitadas as cidades assoladas" (Isaías 54.2–3, ACF).

O Eterno põe sonhos e projetos em nosso coração, mas muitas vezes não sabemos como eles acontecerão. Mas se a palavra já foi liberada sobre a sua vida, prepare-se para a expansão, porque é tempo de crescimento! Quando o Senhor libera uma palavra, ficamos preocupados com o recurso, mas, no mundo espiritual, ela já aconteceu, apenas ainda não se manifestou.

É tempo de expansão. Alargue o espaço da sua tenda, crendo que o Senhor há de preparar pessoas para ajudar você no cumprimento desse propósito.

A palavra de Deus vai se cumprir, e quando tudo acontecer, não se esqueça de testemunhar que foi ele quem prometeu e cumpriu – para a glória do Senhor.

"Expanda a fé, alargue os horizontes. Deus já preparou o caminho da bênção."

Você crê que Deus deseja ampliar o lugar de sua tenda?

PLANO DE LEITURA:

Salmos 24–29

ACESSE O QR CODE PARA SABER MAIS:

DIA
164

@michelsimplicio

DEUS USA QUEM ELE QUER

Você tem dúvida de que Deus pode fazer grandes coisas por sua vida?

PLANO DE LEITURA:

Salmos 30–33

ACESSE O QR CODE PARA SABER MAIS:

Não sabemos os requisitos que Deus utiliza para escolher alguém, mas sabemos que o Altíssimo usa quem quer, segundo sua soberana vontade. Marcos 3.13–14 diz: "Jesus subiu a um monte e chamou a si aqueles que ele quis, os quais vieram para junto dele. Escolheu doze, designando-os como apóstolos, para que estivessem com ele, os enviasse a pregar [...]".

Aqueles eram homens simples, e a maioria não tinha grau superior, mas o Senhor os havia escolhido para, pelo poder do nome de Jesus e do Espírito Santo, mudarem o mundo.

Quais requisitos Deus utiliza? Não sabemos. O que temos certeza é que ele usa quem quer. E o Senhor quer usar a sua vida também. Muitas vezes, não entendemos como ele pode usar uma pessoa aparentemente sem capacidade, mas a verdade é que ele capacita aqueles que chama (cf. 1Coríntios 1.27–29).

O Todo-Poderoso escolheu você, e por meio da sua vida muitas pessoas também serão alcançadas. Creia que o Senhor usará você de forma extraordinária, e quando isso acontecer, apenas diga: louvado seja Deus, que usa quem ele quer!

"Deus usa quem ele quer, com os recursos que ele dá e da forma que ele planejou."

É NAS ORAÇÕES QUE DEUS REVELA AS DIREÇÕES

DIA
165

@michelsimplicio

Você provavelmente tem o desejo de ser direcionado por Deus em todas as áreas da vida. Porém, é possível que não saiba como receber as direções do Senhor.

Certa vez, o rei Davi saiu para a batalha. Ao retornarem a Ziclague, ele e seus soldados encontraram a cidade destruída e perceberam que suas famílias haviam sido levadas pelos inimigos. Todavia, Davi pediu um direcionamento ao Senhor e disse: "'Devo perseguir este bando de invasores? Irei alcançá-los?' E o Senhor respondeu: 'Persiga-os; é certo que você os alcançará e conseguirá libertar os prisioneiros'" (1Samuel 30.8). Veja que Deus não se furtou a dar a direção a Davi naquele momento.

Talvez você também esteja passando por grandes adversidades. Se assim é, tudo o que precisa fazer é orar e pedir um direcionamento para o Senhor. Afinal, é por meio das orações que o Todo-Poderoso dá os direcionamentos de que você precisa.

Portanto, clame a Deus, e ele lhe revelará as direções acerca do seu futuro. Pare para ouvir a voz do alto e obedeça. Faça como fez Davi depois daquela oração e creia que o Onisciente também lhe direcionará.

"Basta você clamar, e Deus vai direcioná-lo."

Como anda a sua vida de oração?

PLANO DE LEITURA:

Salmos 34–37

ACESSE O QR CODE PARA SABER MAIS:

DIA
166

@michelsimplicio

VOCÊ VAI MAIS LONGE

O que do seu passado tem atrapalhado seu futuro?

....

....

....

....

....

....

....

PLANO DE LEITURA:

Salmos 38–43

ACESSE O QR CODE PARA SABER MAIS:

Não importa a forma como você começou, a família em que você nasceu, tampouco o lugar onde foi concebido. A verdade é que, se Deus desejar, você vai longe.

A Bíblia fala de Jefté, homem que nasceu com o estigma de alguém que não conseguiria avançar na vida. O texto diz: "Era, então, Jefté, o gileadita, homem valente, porém filho de uma prostituta; Gileade gerara a Jefté. Também a mulher de Gileade lhe deu filhos, os quais, quando já grandes, expulsaram Jefté e lhe disseram: Não herdarás em casa de nosso pai, porque és filho doutra mulher" (Juízes 11.1, ARA).

Imagino que as pessoas não acreditavam que aquele poderia ser um homem relevante. Todavia, quando Deus escolhe alguém para vencer, ninguém pode impedir! Jefté foi mais longe e se tornou um grande juiz de Israel. E, por seis anos, liderou sua nação (cf. Juízes 12.7).

Veja que interessante: mesmo sendo filho de uma prostituta, o passado de Jefté não interferiu no seu presente nem definiu seu futuro. Do mesmo modo, lembre-se de que não importa de onde você veio, o importante é aonde o Onipotente deseja levá-lo.

"Todo esforço tem sua recompensa; continue e você vai chegar lá."

NÃO FUJA DA LUTA

DIA
167

@michelsimplicio

Existem batalhas que Deus preparou para você. Logo, não há como fugir. Tem problema? Não, porque é depois dessas batalhas que o seu testemunho será gerado.

A Bíblia conta a história de um homem chamado Samá, que tomou posição e permaneceu para defender um campo de lentilhas quando todos fugiram (cf. 2Samuel 23.11). Samá entendeu que aquela luta era para ele; logo, permaneceu e enfrentou – por isso Deus lhe deu a vitória.

O segredo é permanecer e lutar. Portanto, não fuja da briga. Lembre-se de que o Senhor não permite dificuldades que você não possa vencer. Ele sabe exatamente o que está fazendo e, se permitiu essa situação, é porque um grande testemunho está por vir.

Todos enfrentamos momentos difíceis e, muitas vezes, procuramos por ajuda em amigos, parentes ou religião; todavia, parece que quanto mais buscamos, menos ajuda vem. Isso significa que a sua luta não é para os outros lutarem, e sim para você.

Assim como Deus abençoou aquele homem que permaneceu, ele também lhe dará a vitória. O que você precisa fazer? Permanecer lutando.

"Quem foge da luta jamais conseguirá desfrutar da vitória."

Quando a luta vem, você enfrenta ou desanima?

PLANO DE LEITURA:

Salmos 44–48

ACESSE O QR CODE PARA SABER MAIS:

DIA
168

@michelsimplicio

COMO DEUS O VÊ

É comum não termos a imagem correta de como Deus nos vê.

A Bíblia narra a história inspiradora de Paulo, que, antes de conhecer Jesus, fez mal para muita gente. Ele perseguiu tanto os cristãos que, mesmo depois ter tido um encontro com o Senhor, muitos ainda o viam como uma ameaça.

A Escritura mostra que Deus chamou um discípulo chamado Ananias e mandou que fosse procurar por Paulo, mas aquele homem respondeu: "Senhor, tenho ouvido muita coisa a respeito desse homem e de todo o mal que ele tem feito aos teus santos em Jerusalém" (Atos 9.13). Todavia, disse-lhe o Senhor: "Vá! Este homem é meu instrumento escolhido para levar o meu nome perante os gentios e seus reis, e perante o povo de Israel" (Atos 9.15).

Para muitas pessoas, você ainda pode ser considerado má influência, uma ameaça ou até mesmo alguém sem importância. Mas para Deus é um escolhido! Assim como Paulo, você também é vaso eleito para anunciar as boas-novas para muitas pessoas.

Por isso, levante-se! Não importa o que os outros pensam, mas sim como Deus o vê.

"Nas lentes divinas, você é luz, não sombra."

A forma como os outros o veem muda a forma como Deus o vê?

PLANO DE LEITURA:

Salmos 49–51

ACESSE O QR CODE PARA SABER MAIS:

CORAGEM PARA FAZER HISTÓRIA

DIA
169

@michelsimplicio

Pessoas corajosas fazem história; pessoas que não têm coragem apenas contam as histórias dos outros. Por isso, se você quiser escrever a sua, precisa ser corajoso.

Coragem não é ausência do medo, mas vitória sobre ele. O apóstolo Paulo estava testemunhando a respeito da Palavra de Deus por toda a Terra, porém, após passar por muitos conflitos, também precisou ser encorajado pelo próprio Altíssimo: "Na noite seguinte o Senhor, pondo-se ao lado dele, disse: Coragem! Assim como você testemunhou a meu respeito em Jerusalém, deverá testemunhar também em Roma" (Atos 23.11). Era como se Deus estivesse lhe dizendo: "Paulo, você escreverá uma linda história, e assim como venceu no passado, também vencerá no futuro".

O Eterno estava falando com um homem que estava marcando uma geração. Você deve crer que também foi escolhido para marcar a sua! E se Paulo, que caminhava com Deus, ficou desanimado e precisou ouvir essa palavra de coragem, creio que você também precisa.

Sentindo-se incapaz e sem forças? Então anime-se e tenha coragem para fazer história!

"A coragem é a tinta para escrever sua história com Deus."

Do que você tem medo?

....

....

....

....

....

....

....

PLANO DE LEITURA:

Salmos 52–58

ACESSE O QR CODE PARA SABER MAIS:

DIA
170

@michelsimplicio

ESCOLHA A BOA PARTE

Você tem vivido uma espiritualidade profunda ou só religiosidade?

....

....

....

....

....

....

....

PLANO DE LEITURA:

Salmos 59–65

ACESSE O QR CODE PARA SABER MAIS:

Fazer boas escolhas impacta nossa vida, principalmente no tocante à espiritualidade. Além disso, as escolhas influenciam e determinam o nosso estado de espírito. Você é fruto do que escolhe, por isso está na hora de optar pela boa parte.

Lucas conta a história das irmãs Marta e Maria. A Bíblia diz que Marta estava ocupada trabalhando em seus afazeres. Enquanto isso, Maria se prostrou aos pés de Jesus para ouvir suas palavras. "Então Jesus disse a Marta: 'Marta! Marta! Você está preocupada e inquieta com muitas coisas; todavia, apenas uma é necessária. Maria escolheu a boa parte, e esta não lhe será tirada'" (Lucas 10.41–42).

Você também tem a opção de escolher a agitação do dia a dia ou a boa parte, que é reservar um momento para estar com o seu Mestre. Maria não desperdiçou a oportunidade de estar na presença de Jesus, enquanto Marta escolheu se ocupar com as coisas deste mundo. Maria fez a melhor escolha!

Você também pode tomar essa decisão e separar um tempo para estar na presença de Deus. Portanto, escolha a boa parte.

"Estar aos pés do Mestre é sempre a melhor escolha."

PARA ONDE DEUS APONTA, ELE MESMO PAGA A CONTA

DIA
171

@michelsimplicio

Andar fora da vontade de Deus pode trazer prejuízos desnecessários, mas quando o Senhor nos dá uma direção, ele mesmo prepara a provisão de que precisamos.

Um exemplo disso é a ordem que o Eterno deu para Jonas: "Vá depressa à grande cidade de Nínive e pregue contra ela, porque a sua maldade subiu até a minha presença" (Jonas 1.2). O texto diz que o profeta se levantou e foi para Társis, numa direção contrária a que o Senhor havia ordenado, por isso sofreu grandes prejuízos. Até as pessoas que estavam no barco com ele sofreram as consequências da sua decisão errada.

Entretanto, muitos personagens da Bíblia obedeceram à Palavra do Senhor e foram bem-sucedidos, como Isaque. Ele seguiu a direção do Altíssimo e teve uma excelente colheita, foi próspero, feliz e viveu as promessas do Senhor. Afinal, para onde Deus aponta, ele mesmo paga a conta!

O melhor lugar para estar é no centro da vontade divina. Portanto, procure entender o que o Senhor quer e caminhe em obediência, porque ele mesmo garante os recursos necessários para você cumprir seu propósito.

"A provisão sempre virá para aquele que obedece à direção."

Você tem seguido sempre a direção de Deus?

....

....

....

....

....

....

....

PLANO DE LEITURA:

Salmos 66–69

ACESSE O QR CODE PARA SABER MAIS:

DIA
172

@michelsimplicio

DECISÕES DIFÍCEIS DE TOMAR

Você busca o caminho na Palavra antes de tomar decisões difíceis?

....

....

....

....

....

....

....

PLANO DE LEITURA:

Salmos 70–73

ACESSE O QR CODE PARA SABER MAIS:

É muito difícil tomar algumas decisões, porque sabemos que elas podem alterar o curso da nossa existência. Escolhas alteram destinos; por isso, fazer opções com extrema sabedoria é imprescindível para vivermos um futuro abençoado.

A Bíblia dá uma instrução importante para tomarmos boas decisões, quando diz: "É muito melhor possuir poucos bens com honestidade do que riquezas com injustiça" (Provérbios 16.8, KJA). Muitas vezes, seremos tentados a fazer o que Deus não aprova. Por esse motivo, a Palavra ensina que é melhor possuir pouco com honestidade do que agir desonestamente para se beneficiar. Sim, para tomar decisões que agradem ao Altíssimo, você precisa agir conforme as Escrituras.

Então, por mais difícil que seja decidir, procure discernir se sua escolha vai agradar ao Senhor ou não e, após ter a convicção do que está fazendo, não hesite! É melhor agradar a Deus do que aos homens!

Faça escolhas sábias e decida agradar ao Todo-Poderoso. Porque, se a sua decisão apetece a ele, não importa quem você tenha de desagradar.

"Decida tomar decisões balizadas pela Palavra."

SEJA UM INSTRUMENTO DE DEUS HOJE

DIA
173

@michelsimplicio

Muitas pessoas ao seu redor estão enfrentando momentos difíceis. Vivem em um tempo de angústia, aflição e dor. Então surge a pergunta: e o que você tem a ver com isso? Saiba que você pode ser o instrumento que Deus quer usar para abençoar a vida delas.

Até mesmo Paulo enfrentou períodos em que precisou ser consolado por alguém, como mostra a Bíblia: "Deus, porém, que consola os abatidos, consolou-nos com a chegada de Tito [...]" (2Coríntios 7.6). O discípulo alegrou a vida de seu amigo nos momentos de perseguições e aflições. A chegada de Tito trouxe consolo e alegria.

Que você também possa levar alegria e consolo para alguém hoje. Lembre-se de que muitas pessoas estão precisando de uma palavra, ou até mesmo de um abraço, ou um colo. E Deus requer isso de nós.

Portanto, seja um instrumento nas mãos do Senhor para dizer a essas pessoas o quanto elas são importantes. Assim como Tito fez muito bem a Paulo, eu creio que você também fará o bem, consolará e alegrará o coração de muitas pessoas.

Seja um instrumento de Deus – e não espere mais, faça isso hoje!

"Seja um instrumento de Deus para servir ao próximo e ao Reino."

Quantas vezes na última semana você encorajou, abraçou ou consolou alguém?

....

....

....

....

....

....

....

PLANO DE LEITURA:

Salmos 74–78

ACESSE O QR CODE PARA SABER MAIS:

DIA
174

NÃO SEJA INCRÉDULO

@michelsimplicio

Você é uma pessoa de fé?

PLANO DE LEITURA:

Salmos 79–82

ACESSE O QR CODE PARA SABER MAIS:

A incredulidade é inimiga de grandes milagres. Muitas pessoas deixam de receber bênçãos por não acreditar na Palavra do Senhor.

Tomé caminhou com Jesus e viu os cegos enxergarem, os paralíticos andarem, os surdos ouvirem e, até mesmo, testemunhou mortos ressuscitarem. Mas quando chegou a hora de acreditar, ele não conseguiu.

A Bíblia relata: "Os outros discípulos, no entanto, anunciaram-lhe: 'Nós vimos o Senhor!' Mas ele respondeu-lhes: 'Se eu não vir as marcas dos pregos nas suas mãos, não colocar o meu dedo onde estavam os pregos e não puser a minha mão no seu lado, não acreditarei'" (João 20.25, KJA).

Tomé foi incrédulo, mas quando Jesus apareceu, disse: "Coloque o seu dedo aqui; veja as minhas mãos. Estenda a mão e coloque-a no meu lado. Pare de duvidar e creia" (João 20.27). O Mestre estava ensinando a Tomé que ele precisaria sempre crer, mesmo sem ver.

Muitas pessoas vivem como Tomé e estão constantemente dizendo que só acreditam vendo. Mesmo sem ver, comece a crer, pois a fé vai além do visível.

"O ponto de partida para qualquer realização é a fé."

O POUCO COM DEUS É MUITO

DIA
175

@michelsimplicio

Podemos pensar que Deus precisa de muito para fazer coisas grandes, mas para ele o impossível é fácil. O Senhor chamou Gideão para libertar Israel da opressão dos midianitas, e ele reuniu milhares de soldados (cf. Juízes 7.3; 8.10).

Entretanto, o Eterno disse a Gideão que havia gente demais para que ele entregasse Midiã nas suas mãos. A fim de que Israel não se orgulhasse contra o Todo-Poderoso, dizendo que a sua própria força o libertou, Deus instruiu Gideão a ficar com apenas 300 soldados. Humanamente, era impossível Israel vencer a batalha, mas o pouco com o Onipotente é muito! Com pouco, Deus deu grande vitória a Gideão.

Eu não sei o tamanho do seu sonho, mas se você estiver na presença do Senhor, isso será o suficiente. Saiba que a sua vitória não está na quantidade de pessoas que estão no seu exército, mas na força e no favor do Todo-Poderoso.

Portanto, procure estar na presença de seu Pai e ninguém poderá derrotar você. E, assim como Gideão foi vencedor diante de uma grande improbabilidade, creia que você também será, porque o pouco com Deus é muito!

"Deus não precisa de muito para fazer muito."

Você costuma duvidar do impossível de Deus?

PLANO DE LEITURA:

Salmos 83–89

ACESSE O QR CODE PARA SABER MAIS:

DIA
176

@michelsimplicio

NINGUÉM PODE ESCONDER O QUE DEUS QUER MOSTRAR

Você busca conquistas para seu engrandecimento pessoal ou para a glória de Deus?

....

....

....

....

....

....

....

PLANO DE LEITURA:

Salmos 90–94

ACESSE O QR CODE PARA SABER MAIS:

Na jornada da vida, o Senhor gentilmente revela sua luz em nós, não para nossa glória, mas para que seu amor e verdade brilhem sobre todos ao nosso redor. Como ensina Lucas 11.33: "Ninguém acende uma candeia e a coloca em lugar onde fique escondida ou debaixo de uma vasilha. Pelo contrário, coloca-a no lugar apropriado, para que os que entram possam ver a luz".

Assim como aconteceu com Davi, um simples pastor de ovelhas, Deus não o deixou escondido para sempre. Ele o conduziu de lugares humildes até a realeza, para cumprir seu desígnio. Esteja preparado, pois Deus também pode nos chamar do anonimato para manifestar sua luz em nossa vida e nos propósitos que ele estabeleceu.

Não é sobre nós, mas sobre a grandeza de Deus em nós.

Que possamos nos humilhar diante dele e refletir sua luz para que muitos vejam sua glória por nosso intermédio. Que cada passo dado seja em reverência e adoração ao Deus que nos guia e nos capacita para seu serviço. Que a nossa vida reflita a luz de Cristo de tal forma que outros sejam atraídos para ele e glorifiquem o nome do Senhor.

"Quando Deus mostra você, ninguém consegue escondê-lo."

DEUS PLANEJOU VOCÊ PARA DAR CERTO

DIA
177

@michelsimplicio

Pode ser que, neste exato momento, algumas coisas não façam sentido para você, mas Deus sabe exatamente o que está fazendo. Isso aconteceu na vida de Pedro: "Andando à beira do mar da Galileia, Jesus viu dois irmãos: Simão, chamado Pedro, e seu irmão André. Eles estavam lançando redes ao mar, pois eram pescadores. E disse Jesus: 'Sigam-me, e eu os farei pescadores de homens'" (Mateus 4.18–19).

Jesus estava preparando os discípulos para uma grande obra, mas, durante o preparo, Pedro negou Cristo e fracassou algumas vezes. Ele até pode ter pensado que Deus não tinha mais nada com ele e que sua vida não havia sido planejada para dar certo, mas por meio de um sermão dele cerca de três mil almas foram alcançadas para Jesus (cf. Atos 2.41).

Pedro havia sido planejado para dar certo. Ele apenas estava passando por um tempo de preparo e, nesse processo, muitas vezes o Eterno permite circunstâncias, situações e pessoas que se levantam contra nós apenas para nos provar e preparar para aquilo que ele planejou.

Deus não erra quando escolhe alguém. E, assim como Pedro, você foi escolhido para dar certo.

"Você foi planejado por Deus para dar muitos frutos."

Você enxerga as dificuldades como impossibilidades ou como preparo?

PLANO DE LEITURA:

Salmos 95–102

ACESSE O QR CODE PARA SABER MAIS:

DIA
178

@michelsimplicio

TODO EXTREMO É PERIGOSO

Certa vez, ouvi um sábio dizer algo muito importante: por trás de todo extremo está escondido um abismo. Provérbios 3.21 confirma, quando diz: "Meu filho, guarde consigo a sensatez e o equilíbrio, nunca os perca de vista [...]". A verdade é que todo extremo traz consigo um grande abismo, pois esconde sempre uma falta.

Não é bom viver em desequilíbrio. Por exemplo: uma pessoa que cuida apenas do corpo e esquece de cuidar da sua espiritualidade terá muitos problemas, assim como quem cuida apenas do seu espírito e esquece de cuidar do seu corpo também sofrerá prejuízos. É importante encontrarmos o equilíbrio em todas as coisas.

Encontrar esse balanço perfeito é a chave para podermos viver plenamente no centro da vontade de Deus.

Quando observamos a vida de Jesus, vemos que ele curava e passava tempo com as pessoas. O Mestre não ficava isolado da sociedade, mas também não ficava o tempo inteiro com todas as pessoas, ele se retirava para orar, porque era muito equilibrado.

Por isso, hoje, procure encontrar o equilíbrio em todas as áreas da sua vida, pois todo extremo é perigoso.

"Em todo extremo existe um abismo; seja equilibrado."

O que impede você de viver de modo equilibrado?

PLANO DE LEITURA:

Salmos 103–105

ACESSE O QR CODE PARA SABER MAIS:

O CARÁTER É MELHOR DO QUE O CARISMA

DIA
179

@michelsimplicio

Pessoas que possuem grande carisma podem até chegar mais rápido, mas dificilmente se manterão no topo se não tiverem caráter. Afinal, é o caráter que o faz permanecer nos lugares que Deus preparou para você.

A Bíblia diz: "Quem anda com integridade anda com segurança, mas quem segue veredas tortuosas será descoberto" (Provérbios 10.9). Sim, é necessário deixar que Deus trabalhe em seu caráter, mesmo quando não houver ninguém olhando, porque é ele que inclina o coração do Senhor a você.

José fugiu quando a esposa de Potifar tentou seduzi-lo. E foi por ter um caráter aprovado diante de Deus que ele foi nomeado governador de todo o Egito. Outro exemplo de caráter é Noé: em uma época em que até os pensamentos do povo eram maus, aquele homem encontrou graça aos olhos do Senhor, e seu caráter o fez ser protegido e promovido em uma geração.

Carisma é uma coisa boa, mas caráter é mais importante. Porque é o seu caráter que fará você viver no centro da vontade do Senhor e agradar o coração dele.

"Cuidado com seu caráter, pois ele pode se tornar seu destino."

Você vive em retidão ou tem se desviado para o pecado?

....

....

....

....

....

....

....

PLANO DE LEITURA:

Salmos 106–107

ACESSE O QR CODE PARA SABER MAIS:

DIA
180

@michelsimplicio

NÃO SEJA PESSIMISTA

Você tem tendência ao pessimismo? O que pode fazer a respeito?

O pessimista é aquela pessoa que tem uma forte tendência a olhar para as situações e esperar sempre o pior. Ele costuma focar o lado negativo das coisas e, geralmente, encontra dificuldades.

Não seja pessimista! A Bíblia mostra o exemplo de toda uma geração de israelitas que não entrou na terra prometida simplesmente por serem homens e mulheres pessimistas (cf. Números 14). Os pessimistas, assim como aqueles espiões (cf. Números 13.25–33), sempre se desesperam, pois deixam de confiar em Deus e olham apenas para as dificuldades e os problemas.

O pessimismo traz duras consequências, pois seus adeptos não recebem o que o Eterno deseja lhes dar. Eles olham para o tamanho dos gigantes, e não para a palavra do Senhor. Por isso, até desenvolvem complexo de inferioridade, dizendo se sentir como gafanhotos, tendo uma visão completamente distorcida da realidade.

Deus age em favor de seus filhos, portanto não seja pessimista. Passe a acreditar nele e seja mais otimista. Afinal, otimismo é olhar com fé e crer que o Senhor está acima do natural e pode fazer o sobrenatural por você.

PLANO DE LEITURA:

Salmos 108–112

ACESSE O QR CODE PARA SABER MAIS:

“Supere o pessimismo com fé e confiança!”

O QUE SINTO NÃO DETERMINA QUEM EU SOU

DIA
181

@michelsimplicio

Você não pode permitir que aquilo que está sentindo agora determine quem de fato você é, pois a realidade é que o que sentimos não determina quem somos.

Juízes 6 relata a história de Gideão, israelita que estava malhando o trigo no lagar. Aquele homem sentia medo e preocupação, mas, de repente, um anjo do Senhor chegou e disse: "O Senhor está com você, poderosos guerreiro" (Juízes 6.12). Gideão estava amedrontado, mas para Deus ele era um homem valente.

Isso aconteceu também na vida de Mefibosete. O filho de Jônatas estava se sentindo como um cão morto, menosprezado e entristecido, mas para o Altíssimo ele era um príncipe. Por isso, o Onipotente o levou novamente ao palácio.

Você é escolhido pelo Eterno. O Senhor chamou você para uma grande obra nesta Terra, mas muitas vezes os seus sentimentos fazem você se sentir inferior e muito aquém do que ele o escolheu para ser.

Está na hora de se posicionar. Você não é o que sente, mas o que o Criador de todas as coisas diz a seu respeito. Você é filho de Deus e coerdeiro com Cristo!

"Minha situação não define quem eu sou; Deus é quem define."

O que dita seus passos é o que você sente ou o que sabe sobre você?

PLANO DE LEITURA:

Salmos 113–118

ACESSE O QR CODE PARA SABER MAIS:

DIA
182

@michelsimplicio

DEUS ESTÁ CHAMANDO VOCÊ!

Se você já tentou fugir de Deus, quais foram as consequências?

PLANO DE LEITURA:

Salmos 119

ACESSE O QR CODE PARA SABER MAIS:

Quando Deus tem um propósito na vida de alguém, ele vai atrás dessa pessoa. Nenhum homem em estado natural tem o desejo de seguir o Senhor, por isso toda salvação é um ato da graça soberana do Todo-Poderoso.

Sabendo disso, creia que se ele chamou você, é porque tem uma obra específica a realizar em sua vida e por meio dela. Quando alguém tenta fugir do Onisciente, é importante que saiba que ele não desiste de seus eleitos.

Podemos ver nas Escrituras vários exemplos de homens e mulheres que tinham um chamado e até mesmo tentaram fugir da presença de Deus, mas não conseguiram. O mesmo ocorre hoje: se o Senhor tem algo preparado para a sua vida, ele usará a Palavra para falar com você.

Salmos 139.7 nos revela esta verdade: "Para onde poderia eu escapar do teu Espírito? Para onde poderia fugir da tua presença? Se eu subir aos céus, lá estás; se eu fizer a minha cama na sepultura, também lá estás. Se eu subir com as asas da alvorada e morar na extremidade do mar, mesmo ali a tua mão direita me guiará e me susterá".

Deus está chamando você. Logo, está na hora de atender o chamado do Senhor.

"Deus está chamando você para algo muito maior."

PESSOAS MADURAS NÃO SE OFENDEM FACILMENTE

DIA **183**

@michelsimplicio

Vivemos em uma época em que facilmente as pessoas ficam ofendidas: ora se magoam porque alguém esqueceu de cumprimentar, ora porque alguém não deu as felicitações em uma data comemorativa. Enfim, seja qual for o motivo, as pessoas estão sempre ofendidas e chateadas por alguma coisa.

Todavia, quanto mais maduros nos tornamos, menos ofendidos ficamos, porque isso é uma questão de maturidade: apenas as crianças se ofendem facilmente, porque não entendem os processos da vida. A palavra do Senhor diz: “Um irmão ofendido é mais inacessível do que uma cidade fortificada, e as discussões são como as portas trancadas de uma cidadela” (Provérbios 18.19).

Portanto, tenha muito cuidado para que você também não se torne esse tipo de pessoa que se ofende facilmente e se fecha por qualquer motivo. Cresça e lembre-se de que quanto mais maturidade você tiver, menos ofendido você será!

Jesus nos dá um exemplo de maturidade, pois muitos tentaram ofendê-lo, mas nada o desestruturava. Sigamos seu exemplo e busquemos agir cada vez mais como o Mestre.

“Superar ofensas é sintoma de maturidade na fé.”

Em que nível as ofensas que você sofre desestabilizam suas emoções?

....

....

....

....

....

....

....

PLANO DE LEITURA:

Salmos 120–128

ACESSE O QR CODE PARA SABER MAIS:

DIA
184

@michelsimplicio

SERÁ QUE DINHEIRO TRAZ FELICIDADE?

Onde está seu foco, no dinheiro ou em Deus?

PLANO DE LEITURA:

Salmos 129–135

ACESSE O QR CODE PARA SABER MAIS:

Muitas pessoas condicionam ganhar bastante dinheiro a se tornarem felizes. Se é o seu caso, devemos indagar: será que dinheiro traz a verdadeira felicidade? Obviamente – e biblicamente – não!

Finanças podem até promover momentos felizes, mas não geram felicidade. Se gerassem, não haveria ricos que pensam em desistir de viver e o índice de depressão entre as pessoas abastadas seria baixíssimo.

A verdade é que o dinheiro não traz felicidade, porque ela não está em coisas, objetos ou bens materiais, e sim em Deus. Paulo escreveu: "Ordene aos que são ricos no presente mundo que não sejam arrogantes, nem ponham sua esperança na incerteza da riqueza, mas em Deus, que de tudo nos provê ricamente, para a nossa satisfação" (1Timóteo 6.17).

A verdadeira felicidade, portanto, não está em coisas, mas em uma pessoa: Jesus! Ele pode fazer você, mesmo sem ter condições financeiras, ser uma pessoa feliz. Se a felicidade do cristão está em Cristo, é importante que ele esteja sempre presente em sua vida, e com certeza você será uma pessoa que desfruta do real contentamento.

"A verdadeira felicidade custou um alto preço na cruz."

CREIA NO DEUS DA RESTITUIÇÃO

DIA
185

@michelsimplicio

Deus tem o poder para restituir tudo aquilo que você perdeu. Muitas pessoas mencionadas na Bíblia perderam algo, mas depois Deus lhes restituiu.

Podemos citar a história de José, que perdeu sua liberdade e sua família, e a de Jó, que perdeu tudo quanto possuía – pessoas cujas histórias aparentemente terminariam de um jeito negativo, mas foram alvo do favor divino.

O Senhor é um Deus de justiça. Embora muitas coisas tivessem saído fora do lugar, o Todo-Poderoso restituiu tudo o que havia se perdido. Por isso, lembre-se de que a sua vida não depende da decisão de um juiz nem dos argumentos de um advogado. A sua vida depende do Deus da restituição!

Basta uma palavra do Criador dos céus e da Terra e tudo será restituído.

Creia que, assim como ele restituiu tudo na vida de Jó, dando-lhe o dobro de tudo aquilo que possuía, assim o Senhor tem poder de fazer na sua vida também. Então, clame aos Céus para que você receba a restituição de todos os anos que foram perdidos e para que seu fim seja muito melhor do que seu começo.

"Acalme seu coração, pois Deus restituirá tudo o que o Inimigo tomou."

Você crê que Deus pode restituir tudo o que você perdeu?

PLANO DE LEITURA:

Salmos 136–143

ACESSE O QR CODE PARA SABER MAIS:

DIA
186

@michelsimplicio

QUANDO DEUS FICA EM SILÊNCIO

Se Deus não está falando como você quer, que tal ir à Palavra?

Você já deve ter enfrentado ou está enfrentando o silêncio de Deus. Quando isso ocorre, esse aparente desamparo gera em nós grande angústia. Você já se perguntou por que o nosso Pai amado silencia?

Quando Davi enfrentou Golias, perceba que o Todo-Poderoso não lhe disse nada. O gigante falou, Saul falou, os irmãos de Davi falaram, mas Deus ficou quieto. Por quê? Simplesmente porque ele já havia dito aquilo que seu servo precisava saber.

Portanto, vemos que Deus fica em silêncio quando ele já nos ensinou o que é para fazermos. O problema é que, muitas vezes, não prestamos atenção à sua instrução ou não a entendemos.

Quando o Criador fala, ele está trabalhando em você e lhe ensinando lições, mas quando silencia, é simplesmente para que você compreenda que ele já disse o que você precisava ouvir, e agora é hora de pôr em prática.

Se você está vivendo o silêncio divino, não se preocupe: tudo coopera para o seu bem; se você está enfrentando a quietude de Deus, é porque, de fato, não há nada para ele lhe revelar agora. Mas lembre-se: esse silêncio não vai durar para sempre.

"O silêncio de Deus não significa ausência."

PLANO DE LEITURA:

Salmos 144–147

ACESSE O QR CODE PARA SABER MAIS:

NÃO SEJA VÍTIMA

DIA
187

@michelsimplicio

Acabe de uma vez por todas com o vitimismo, antes que ele acabe com você. Muitas pessoas se veem como vítimas, mas a verdade é que se tornar vítima pode ser uma decisão, e não uma condição.

Muitos decidiram entrar pelo caminho da vitimização. Eles contam a mesma história para várias pessoas sentirem dó e se compadecerem deles. Mas o vitimismo já fez pessoas não entrarem em lugares que Deus lhes havia preparado. Quando o Senhor enviou os espiões até a terra prometida, muitos deles se fizeram de vítimas ao se compararem com gafanhotos. Com isso, infelizmente, não alcançaram a promessa (cf. Números 13).

Essa condição faz muitas pessoas sentirem dó de si mesmas e se depreciarem, além de estarem sempre culpando os outros por viverem dessa maneira. Porém, a verdade é que você não é uma vítima, mas um filho de Deus! Você não nasceu para ser vítima de nada!

Deus escolheu você para que, por meio da sua vida, muitas pessoas sejam alcançadas. Momentos difíceis acontecem para todos, portanto não se faça de vítima. Levante a cabeça e siga em frente!

"Você não é vítima, é filho de Deus! Levante-se e avance!"

O que tem levado você a se vitimizar? Como resolver isso?

PLANO DE LEITURA:

Salmos 148–150

ACESSE O QR CODE PARA SABER MAIS:

DIA
188

@michelsimplicio

CONFIE NO QUE DEUS ESTÁ FAZENDO

O que impede que você deposite toda confiança em Deus?

....

....

....

....

....

....

....

PLANO DE LEITURA:

Provérbios 1–3

ACESSE O QR CODE PARA SABER MAIS:

Frequentemente Deus nos leva por caminhos desconhecidos. Isso assusta, mas você precisa confiar naquele a quem entregou seu coração. A Palavra diz: "Confie no Senhor de todo o seu coração e não se apoie em seu próprio entendimento [...]" (Provérbios 3.5).

Você deve confiar no Eterno, pois ele pode alterar toda e qualquer circunstância. A Bíblia é clara: "Confiem para sempre no Senhor, pois o Senhor, somente o Senhor, é a Rocha eterna" (Isaías 26.4).

Ponha a sua confiança naquele que tudo pode. Confie no que o Todo-Poderoso está fazendo e entenda que se algumas portas se fecharam, foi porque ele queria protegê-lo.

Você pode não compreender tudo, mas quando chegar o fim desta fase difícil, descobrirá por que precisou passar por tudo isso que chama de provação, que, para Deus, é apenas uma preparação.

O Senhor cuida de você desde o seu nascimento. É ele quem lhe dá o fôlego de vida diariamente. Além disso, foi ele quem o trouxe até aqui e, daqui para frente, também é ele que o conduzirá. Por isso, apenas confie no que seu amado está fazendo.

"Confie em Deus em todos os momentos para que ele se manifeste quando você mais precisar."

NÃO PERCA A SUA OPORTUNIDADE

DIA
189

@michelsimplicio

Algumas oportunidades acontecem apenas uma vez na vida, por isso não podemos desperdiçá-las. Foi o aconteceu com um leproso, a quem Jesus perguntou se ele queria ser curado, e o homem respondeu que sim. "Seja curado e fique limpo!" (Mateus 8.3), disse o Senhor, e no mesmo instante ele foi sarado.

Certamente, aquele leproso vivia à margem da sociedade, mas ao ouvir dizer que Jesus passaria por ali, não desperdiçou aquela chance, dirigiu-se ao seu encontro e foi curado.

O Eterno tem muitos projetos para você, por isso não perca a sua oportunidade. Talvez você não tenha outra para fazer a sua parte na escrita da sua história. Então, aja hoje e não deixe nada para amanhã.

A Palavra do Senhor orienta: "O que as suas mãos tiverem que fazer, que o façam com toda a sua força [...]" (Eclesiastes 9.10). Se Deus já lhe mostrou, está na hora de seguir em frente! Não procrastine, porque algumas chances são raras.

Deus é com você. Creia que ele quer abençoá-lo. Por isso, não perca a sua oportunidade.

"Toda oportunidade perdida é um passo atrás no seu objetivo."

Você já se arrependeu por ter desperdiçado chances? O que aprendeu?

PLANO DE LEITURA:

Provérbios 4–6

ACESSE O QR CODE PARA SABER MAIS:

DIA
190

@michelsimplicio

A PROVISÃO VIRÁ DE ONDE VOCÊ MENOS ESPERA

Você põe sua dependência em Deus ou nos homens?

Deus tem caminhos diferentes dos nossos. Por isso, muitas vezes, ele age por meios que não imaginamos. Mateus 14 narra que os discípulos estavam com medo da tempestade no mar da Galileia. De repente, o Mestre apareceu andando sobre as águas. A provisão veio de um modo que eles não esperavam.

A Bíblia também relata, em 1Reis 17, que o Todo-Poderoso enviou corvos ao profeta Elias, que levavam pão e carne para que ele se alimentasse. Essas são aves que comem todo tipo de alimento, mas quando o Senhor ordena, até os corvos fecham o bico e obedecem!

Muitas vezes, esperamos de seres humanos aquilo que só Deus pode realizar. Não faça isso! Creia que o Senhor usará modos improváveis, que virão por um caminho pelo qual você não espera, justamente para que a glória seja do Altíssimo, e não de homens.

O Senhor usará quem você não imagina para mudar a sua história. Então, prepare-se, pois ele vai providenciar do Céu o seu sustento, como fez na vida de Elias. A provisão virá de onde você menos espera, e quando tudo isso acontecer, saiba que foi o seu Pai quem agiu – a ele toda a glória!

PLANO DE LEITURA:

Provérbios 7–8

ACESSE O QR CODE PARA SABER MAIS:

"Nada é coincidência; tudo é providência."

DEUS TEM UM LUGAR ESPECÍFICO PARA VOCÊ

DIA
191

@michelsimplicio

O Eterno preparou um lugar especial onde deseja usar você como instrumento nas mãos dele. É interessante ver como o Senhor destina pessoas para lugares específicos. Como aconteceu na vida de grandes homens de Deus, creia que também acontecerá na sua!

Jeová disse a Jonas que fosse até a cidade de Nínive, mas ele foi para Társis. O Todo-Poderoso não queria que seu profeta fosse para outra localidade, porque tinha um chamado específico para ele. Existe um local preparado pelo Senhor para a sua vida, um lugar específico onde ele quer usá-lo, por isso procure entender espiritualmente onde Deus quer que você esteja! Não é simplesmente onde você almeja, e sim aonde Deus quer enviá-lo.

Lembre-se de que a pessoa certa no lugar errado é a mesma coisa de ser uma pessoa errada, isto é, uma peça de um quebra-cabeça que não se encaixa.

Deus tem um lugar específico para você, como tinha para Jonas, que se arrependeu e obedeceu ao chamado de Deus, gerando a preservação de muitas vidas. O Altíssimo quer você alinhado ao seu chamado, para ser um instrumento de bênção na vida de muitas pessoas.

"Aquilo que Deus preparou para você é bem maior do que você imagina."

Você já perguntou a Deus onde ele quer usá-lo?

....

....

....

....

....

....

....

PLANO DE LEITURA:

Provérbios 9–11

ACESSE O QR CODE PARA SABER MAIS:

DIA

192

@michelsimplicio

QUEM SE ANTECIPA GOVERNA

Deus eleva pessoas a posições de governo para exaltar o ego delas ou para que abençoem vidas?

....

....

....

....

....

....

....

PLANO DE LEITURA:

Provérbios 12–15

ACESSE O QR CODE PARA SABER MAIS:

Quem consegue se antecipar tem mais chance de ocupar posições de governo. A Bíblia relata o exemplo de José enquanto ele estava no Egito. Deus lhe mostrou que haveria grande fome na região, por isso, durante sete anos de fartura, ele se antecipou e, direcionado pelo Senhor, estocou alimentos. O resultado? José foi estabelecido como governador de toda aquela região. Ou seja, como se antecipou, governou!

Deus mostra o que precisamos fazer e aponta os caminhos que devemos seguir. Se é da vontade dele que você assuma posição de governo, essa postura abrirá as portas certas.

O Altíssimo é o maior interessado em abençoar você. Assim como ele mostrou a José, por meio de sonhos, também lhe mostrará do jeito dele as estratégias para você governar – caso esse seja o plano divino para a sua vida. Portanto, esteja atento!

Entre na presença de Deus e clame a ele, para que você se antecipe aos problemas. Lembre-se de que se o Senhor desejar, ele o elevará a um posto de liderança, para que seja bênção a outras pessoas. Se for o caso, prepare-se para estar um passo à frente.

"Quem tem a capacidade de se antecipar estará um passo à frente para governar."

A PRESENÇA DE JESUS FAZ A DIFERENÇA

DIA **193**

@michelsimplicio

Algumas pessoas têm o poder de mudar todo um ambiente. São aquelas que, se pudéssemos, passaríamos horas e horas na sua companhia, porque é gente agradável, que faz a diferença.

O indivíduo que mais carrega essas características e pode transformar tudo e qualquer ambiente é Jesus. Onde Cristo está, ele faz a diferença!

Não importa o lugar: uma casa onde o ambiente está hostil, uma empresa em que há problemas interpessoais ou qualquer outro lugar. A presença de Jesus faz a diferença!

A Bíblia relata que no tanque de Betesda costumava ficar grande número de pessoas doentes e inválidas, como cegos, mancos e paralíticos. Certamente, não era um lugar agradável ou o melhor ambiente, mas isso até Jesus se fazer presente. Porque, quando ele ali chegou, a doença foi transformada em cura (cf. João 5).

O Mestre quer fazer a diferença em sua vida! Abra a porta para que ele entre e mude o ambiente da sua casa e do seu coração. Como ele mesmo disse: “Eis que estou à porta e bato. Se alguém ouvir a minha voz e abrir a porta, entrarei e cearei com ele, e ele comigo” (Apocalipse 3.20). Aproveite!

“O tudo sem a presença de Jesus se transforma em nada!”

Você tem aberto a porta do seu coração para Jesus mudar o que é necessário?

PLANO DE LEITURA:

Provérbios 16–18

ACESSE O QR CODE PARA SABER MAIS:

DIA
194

@michelsimplicio

NÃO TROQUE O ETERNO PELO MOMENTÂNEO

Em que aspectos de sua vida você tem negociado o que é eterno?

....

....

....

....

....

....

....

PLANO DE LEITURA:

Provérbios 19–21

ACESSE O QR CODE PARA SABER MAIS:

Um dos grandes desafios desta geração imediatista é fazer com que entendam que o processo é mais importante do que o momento. Porque, infelizmente, muitas pessoas estão trocando o que é durável pelo que é passageiro.

Gênesis conta a história dos irmãos Jacó e Esaú, que nos mostra, desde os primórdios da humanidade, que o eterno é mais importante que o momentâneo. Esaú tinha a bênção da primogenitura, mas estava com tanta fome que, quando seu irmão lhe fez uma proposta, trocou aquilo que era eterno pelo trivial: um mero prato de comida.

Na tentação de Jesus, em Lucas 4, a Bíblia diz que o Inimigo lhe fez a mesma proposta: transformar pedras em pães. Isso, porque Satanás sempre vai, de algum modo, nos tentar a trocar o que é eterno pelo que é perecível. Por isso, fique atento e não aceite as propostas malignas. Viva sempre pelo propósito eterno, isto é, por algo que é maior do que você.

Não abra mão daquilo que Deus o criou para ser e fazer. Não negocie. E jamais troque o que é eterno pelo que é momentâneo!

> **“Não troque o que você mais quer na vida pelo que você mais deseja no momento.”**

SUPERANDO AS DORES DA VIDA

DIA
195

@michelsimplicio

A vida é um grande desafio, e muitas vezes nos machucamos com palavras, atitudes e circunstâncias. Com isso, infelizmente, muitas dores acabam nos paralisando.

O sofrimento existe para ser superado, e pode ser que você precise vencer algo que o esteja incomodando. Nesse sentido, devemos olhar para 1Crônicas 4.9, onde a Bíblia conta a história de um homem que superou grande dor: Jabez.

Quando ele nasceu, sua mãe lhe pôs esse nome, dizendo: "Com muitas dores o dei à luz". Jabez carregava o significado de ser um "gerador de dor". Imagino que, aonde ele chegava, as pessoas o menosprezavam por causa do seu nome. Todavia, a Palavra diz que ele foi mais nobre que seus irmãos. Sim, Jabez superou a dificuldade!

As dores existem para você superá-las e, depois, contar o seu testemunho, para a glória de Deus! Afinal, vencedores vencem – sofrimento ou o que for. Ainda que pareça que a dor o esteja derrotando, você deve superá-la, no poder do Espírito Santo. Chegou a hora de se levantar e esperar de Deus a bênção!

"O verdadeiro crescimento passa por superar as dores da vida."

Como você tem lidado com os sofrimentos?

PLANO DE LEITURA:

Provérbios 22–24

ACESSE O QR CODE PARA SABER MAIS:

DIA
196

@michelsimplicio

PARE DE PROCRASTINAR!

Que projetos Deus pôs em seu coração e você vem procrastinando?

....

....

....

....

....

....

....

PLANO DE LEITURA:

Provérbios 25–27

ACESSE O QR CODE PARA SABER MAIS:

A procrastinação é a ação de adiar a conclusão de algo que deve ser feito. Por isso, pare de procrastinar! Existem projetos em sua vida que já deveriam ter sido postos em prática.

Em sua Palavra, Deus mostra que muitas pessoas, devido à preguiça, deixaram de agir e procrastinaram. Como atesta Provérbios 24.30–31: "Passei pelo campo do preguiçoso, pela vinha do homem sem juízo. Havia espinheiros por toda parte, o chão estava coberto de ervas daninhas e o muro de pedra estava em ruínas". Já Provérbios 6 diz que o preguiçoso cruza os braços e não faz nada. Assim, muitas pessoas estão procrastinando por preguiça ou mesmo por falta de coragem, por ficarem esperando o momento certo – que nunca chega.

Portanto, livre-se da preguiça e seja corajoso!

Ponha em prática o que o Senhor lhe confiou. O tempo está passando, e devemos aproveitar ao máximo cada oportunidade, porque os dias são maus.

Precisamos entender que o Todo-Poderoso não deseja que adiemos o que ele deseja que realizemos! Está na hora de fazer o que deve ser feito. Então, pare de procrastinar, pois é tempo de agir!

"Procrastinar é permitir que outros conquistem sonhos que são seus."

DEUS QUER MOLDAR VOCÊ

DIA
197

@michelsimplicio

Deus o está moldando para, depois, fazer coisas grandes por meio de você. É como o oleiro que pega o barro e faz daquele simples material um vaso de honra. O Senhor usou essa analogia quando disse: "'Ó comunidade de Israel, será que não posso eu agir com vocês como fez o oleiro?' Pergunta o Senhor. 'Como barro nas mãos do oleiro, assim são vocês nas minhas mãos, ó comunidade de Israel'" (Jeremias 18.6).

A vontade do Todo-Poderoso é nos moldar para aquilo que ele tem prometido. O oleiro é quem busca o barro, logo, o Eterno vai atrás de você e acredita quando ninguém mais o faz. O oleiro amassa o barro até que saiam as pequenas impurezas, aquelas que poderiam influenciar a qualidade do vaso no futuro. Então, às vezes, Deus permite situações em que achamos que estamos sendo amassados.

Quando o oleiro começa a agir, muitas vezes não entendemos o porquê, mas se o Senhor está pondo a mão em uma área específica, é porque ele sabe o que faz. Não resista! Seu Pai tem uma obra grandiosa e fará de você um vaso de honra, então deixe-o moldá-lo, pois ele sabe muito bem o que é melhor para você.

> **"Antes de Deus levantar alguém, muitas vezes ele o quebra em pedaços."**

Qual é sua reação quando Deus amassa você para moldá-lo?

PLANO DE LEITURA:

Provérbios 28–31

ACESSE O QR CODE PARA SABER MAIS:

DIA
198

@michelsimplicio

INFLUENCIADORES OU INFLUENCIÁVEIS?

Você tem sido influência positiva por onde passa?

PLANO DE LEITURA:

Eclesiastes 1–4

ACESSE O QR CODE PARA SABER MAIS:

Quem você tem sido: aquele que influencia ou o que é influenciado? Será que você tem levado pessoas a terem a mesma ideia que você ou tem se deixado levar pelas ideias dos outros?

A Bíblia diz que Barnabé vendeu a sua casa e ofertou a Deus, entregando o valor que recebeu aos apóstolos (cf. Atos 4.36–37). Por essa atitude, creio que, sem que ninguém pedisse, muitas pessoas foram influenciadas a serem generosas.

Vivemos em um mundo em que todos querem influenciar. Se não vigiarmos, acabaremos sendo influenciados por alguém. Que você influencie outras pessoas a amar a Deus ao adotar um estilo de vida que agrade a ele!

O mundo precisa de influenciadores do bem, gente que trilhe o caminho correto e aponte o destino certo. Desse modo, devemos influenciar positivamente esta geração, inspirando as pessoas a buscarem mais ao Senhor e a se aproximarem dele. Que, a partir de hoje, você seja luz em meio à escuridão, um farol para quem está perdido, e que o seu estilo de vida seja tão impactante que influencie outras pessoas a amar Jesus.

"Influencie pessoas a serem melhores do que elas pensam que podem ser."

NÃO EXISTE VITÓRIA SEM ESFORÇO

DIA **199**

@michelsimplicio

Alcançar grandes bênçãos não acontece automaticamente: é necessário se esforçar! Deus falou com Josué e disse: "Tão somente esforça-te e tem mui bom ânimo, para teres o cuidado de fazer conforme a toda a lei que meu servo Moisés te ordenou; dela não te desvies, nem para a direita, nem para a esquerda, para que prudentemente te conduzas por onde quer que andares" (Josué 1.7, ACF). O Senhor disse que aquele homem entraria na terra prometida, mas deixou claro que seria necessário esforçar-se para chegar lá.

O Onisciente está vendo seu esforço e sabe muito bem quem você é e o que tem feito. Dedique-se e saiba que o que você tem plantado são apenas sementes de algo grandioso que colherá mais tarde!

Antes de alcançarmos o que buscamos, é necessário nos esforçarmos bastante. Portanto, se você já faz a sua parte, descanse seu coração, pois Deus sabe a hora certa de entrar com providência.

Às vezes, plantamos e já queremos colher. Todavia, existe um tempo necessário. Enquanto a colheita não vem, continue se esforçando, pois tudo o que você semear também colherá.

"Esforço é fazer o que deve ser feito dia sim e outro também."

Você tem esperado a bênção cair do céu ou tem feito sua parte?

PLANO DE LEITURA:

Eclesiastes 5–8

ACESSE O QR CODE PARA SABER MAIS:

DIA 200

@michelsimplicio

ACABE COM O SENTIMENTO DE CONCORRÊNCIA

Que alimento você tem dado ao seu espírito?

PLANO DE LEITURA:

Eclesiastes 9–12

ACESSE O QR CODE PARA SABER MAIS:

Dentro de cada um de nós existe uma concorrência entre a carne e o espírito. Qual sairá vencedor? Com certeza, aquele que você alimentar!

A carne deseja os prazeres desta vida, suas paixões. Já o espírito deseja buscar a Deus e se aproximar cada vez mais do Criador. Paulo deixa isso claro: "Pois a carne deseja o que é contrário ao Espírito; e o Espírito, o que é contrário à carne. Eles estão em conflito um com o outro, de modo que vocês não fazem o que desejam" (Gálatas 5.17).

Tome cuidado com o sentimento de concorrência, porque ele está ligado à carne, e isso afasta você da presença do Senhor, visto que ela se deleita com os prazeres desta Terra. Por isso, acabe com essa briga entre carne e espírito.

Está na hora de alimentar seu espírito com mais nutrientes. Isso significa estar mais perto de Cristo e alimentar-se da Palavra, em oração.

A concorrência é uma luta interna em que vence o mais forte. Quem você tem alimentado? A carne ou o espírito? Fica a sugestão: alimente mais seu espírito, busque a presença de Deus e esteja cada vez mais perto dele.

"Alimente o espírito, e a sua carne morrerá de fome!"

ENCERRE O ASSUNTO E SIGA EM FRENTE

DIA **201**

@michelsimplicio

Uma das grandes estratégias do Inimigo é fazer você gastar tempo discutindo e, assim, perder tempo e propósito tentando ter razão! Existem assuntos que devem ser encerrados, e você precisa seguir em frente!

Neemias sabia fazer isso. "Sambalate e Gesém mandaram-me a seguinte mensagem: 'Venha, vamos nos encontrar em um dos povoados da planície de Ono'. Eles, contudo, estavam tramando fazer-me mal; por isso, enviei-lhes mensageiros com esta resposta: 'Estou executando uma grande obra e não posso descer. Por que parar a obra para ir encontrar-me com vocês?'" (Neemias 6.2–4). Ele soube encerrar o assunto e seguir em frente! Faça o mesmo, pois há determinadas questões que vêm para nos fazer parar e atrasar nossa vida!

Algumas pessoas gostam de ficar sempre pensando e falando sobre o mesmo tema. Elas apreciam ficar discutindo as mesmas coisas do passado… pare com isso! Erga a cabeça, sacuda a poeira e lembre-se: o que passou precisa ficar no seu devido lugar.

Encerre hoje alguns assuntos, porque eles já foram resolvidos! Viva o presente e siga em frente!

"Sabedoria é saber a hora certa de fechar ciclos e seguir em frente!"

O que é mais importante para você: ter paz ou ter razão?

PLANO DE LEITURA:

Cânticos 1–4

ACESSE O QR CODE PARA SABER MAIS:

DIA
202

@michelsimplicio

VOCÊ É MAIS FORTE DO QUE IMAGINA

Quem mentiu dizendo que você não é capaz? Quem tem razão, essa pessoa ou Deus?

Deus conhece muito bem nossa estrutura e sabe qual é nosso limite. Uma das formas de que ele dispõe para mostrar que podemos ir além é estabelecendo em nosso caminho provas difíceis de suportar! Isso aconteceu na vida de Paulo após sua conversão, conforme ele mesmo relata:

"Cinco vezes recebi dos judeus trinta e nove açoites. Três vezes fui golpeado com varas, uma vez apedrejado, três vezes sofri naufrágio, passei uma noite e um dia exposto à fúria do mar. Estive continuamente viajando de uma parte a outra, enfrentei perigos nos rios, perigos de assaltantes, perigos dos meus compatriotas, perigos dos gentios; perigos na cidade, perigos no deserto, perigos no mar e perigos dos falsos irmãos. [...] Além disso, enfrento diariamente uma pressão interior, a saber, a minha preocupação com todas as igrejas" (2Coríntios 11.24–26,28).

Que trajetória! Mesmo parecendo que ele não suportaria, ele afirmou: "Tudo posso naquele que me fortalece" (Filipenses 4.13).

O Senhor é com você. E se ele permitiu dificuldades, é porque você é mais forte do que imagina!

PLANO DE LEITURA:

Cânticos 5–8

ACESSE O QR CODE PARA SABER MAIS:

"Você é mais forte do que pensa e pode ser mais feliz do que imagina."

DEUS VAI FAZER!

DIA
203

@michelsimplicio

Deus sempre cuidou do seu povo em momentos de aflição. A Bíblia diz, em 2Reis 6, que havia grande fome na terra de Samaria e o povo estava padecendo. Até que Deus levantou o profeta Eliseu para dizer que haveria alimento para todos.

Todavia, um oficial duvidou e disse: "Ainda que o Senhor abrisse as comportas do céu, será que isso poderia acontecer?". Eliseu retrucou, dizendo: "Você o verá com os próprios olhos, mas não comerá coisa alguma!" (2Reis 7.1–2). A história prosseguiu, e o Todo-Poderoso providenciou conforme a palavra do profeta. Todo o povo se fartou da comida, mas o oficial morreu (v. 17–20).

O Eterno fala e cumpre! Então, não se preocupe com os meios que ele utilizará. Afinal, muitas vezes, o resultado vem por caminhos que você não espera. O que não podemos fazer é duvidar! Aquele homem duvidou, morreu e simplesmente não pôde desfrutar do grande milagre que Deus havia prometido!

Portanto, não duvide! Como o milagre acontecerá nós não sabemos, mas uma coisa é certa: Deus fará! Se ele prometeu, é fiel para cumprir!

"Deus pode fazer muito mais do que você imagina."

Como você acha que Deus se sente quando duvidamos dele?

PLANO DE LEITURA:

Isaías 1–3

ACESSE O QR CODE PARA SABER MAIS:

DIA
204

@michelsimplicio

VOCÊ É UMA INSPIRAÇÃO PARA ALGUÉM!

Quem você tem inspirado com sua forma de ser e agir?

....

....

....

....

....

....

....

PLANO DE LEITURA:

Isaías 4–7

ACESSE O QR CODE PARA SABER MAIS:

Quando passamos por momentos difíceis, Deus permite que pessoas nos observem, para que vejam nossa reação em meio às dificuldades.

Isso aconteceu com Noemi. Ela havia perdido seu marido e os dois filhos e só quem ficou com ela foi Rute, uma de suas noras. O texto bíblico relata as palavras de Rute à sogra: "Não insistas comigo que te deixe e que não mais te acompanhe. Aonde fores irei, onde ficares ficarei! O teu povo será o meu povo e o teu Deus será o meu Deus" (Rute 1.16).

Mesmo diante de tantas provas, lutas e perdas, aquela mulher era uma inspiração para alguém. Rute se tornou uma pessoa formidável, simplesmente porque observava o estilo de vida de Noemi e aprendia com ela.

A forma com que você reage às dificuldades da vida faz muitas pessoas se aproximarem de Deus. Noemi mostrou que era possível confiar no Senhor mesmo com problemas, e Rute se inspirou nela.

Muitas pessoas observam a sua conduta. Que isso sirva para impulsionar mais pessoas a servirem a Cristo!

"Você pode inspirar alguém hoje."

DEUS COLOCOU VOCÊ EM UM LUGAR ESTRATÉGICO!

DIA
205

@michelsimplicio

Muitas vezes, não entendemos por que Deus nos tira de lugares de que gostamos e nos coloca em lugares até indesejados. No entanto, saiba que Deus colocou você em um lugar estratégico, para que faça parte de um plano maior!

Certa menina israelita foi escravizada pela Síria e levada a trabalhar na casa de Naamã, o comandante do exército daquela nação. Essa garota certamente sofreu com o cativeiro, mas isso a fez acompanhar de perto a triste história daquele homem, pois ele havia ficado leproso. Foi quando ela disse à sua senhora: "Se o meu senhor procurasse o profeta que está em Samaria, ele o curaria da lepra" (2Reis 5.3). A Bíblia diz que Naamã viajou até Israel e foi curado!

Deus levou aquela menina a um lugar estratégico, pois, em razão da escravidão, ela ganhou acesso a quem poucas pessoas tinham.

Assim como ela, você também pode ser levado a lugares estratégicos. Creio que, ali, Deus usará a sua vida para cumprir seus propósitos! Afinal, existem muitos "Naamãs" à espera de uma mensagem de esperança e fé! Portanto, seja grato, pois Deus não o põe em um lugar estratégico à toa!

"Quando estamos nos lugares certos, as coisas certas começam a acontecer."

Você enxerga os locais aonde Deus o leva com olhos carnais ou espirituais?

....

....

....

....

....

....

....

PLANO DE LEITURA:

Isaías 8–10

ACESSE O QR CODE PARA SABER MAIS:

DIA
206

@michelsimplicio

NÃO DEIXE O INIMIGO DISTRAÍ-LO

A distração tem sido uma das maiores estratégias do Inimigo. Muitas pessoas andam tão distraídas que sequer aproveitam aquilo que Deus lhes preparou. Lucas 10.40 diz que Marta estava tão ocupada com o serviço doméstico que sequer valorizou a presença de Jesus naquele ambiente. A distração de Marta a fez perder uma oportunidade única de estar com o Mestre.

Muitas pessoas vivem tão distraídas que deixam de ver o crescimento dos filhos, de notar como o cônjuge está infeliz e, até mesmo, de aproveitar oportunidades de pregar o Evangelho. Sim, a distração tem roubado o propósito de vida de muita gente.

Muitas vezes, perdemos excelentes chances por pura distração. Não deixe o Inimigo distraí-lo e roubar seu momento com Deus! É importante atentar ao fato de que, muitas vezes, ele não nos afastará da igreja, mas nos distrairá a tal ponto que não vamos reter nada do que foi pregado e ensinado!

A distração rouba o melhor que Deus tem para você! Por isso, esteja atento e não se deixe distrair pelo Inimigo!

"A distração é o grande obstáculo na estrada do sucesso."

O que o tem distraído das prioridades de Deus?

PLANO DE LEITURA:

Isaías 11–13

ACESSE O QR CODE PARA SABER MAIS:

COM DEUS TODAS AS COISAS SÃO POSSÍVEIS!

DIA
207

@michelsimplicio

Frequentemente, somos confrontados com realidades difíceis e, por isso, pensamos que chegamos ao ponto final na nossa história! Porém, lembre-se de que o Senhor pode fazer o sobrenatural acontecer na sua vida – afinal ele pode todas as coisas!

A Bíblia conta que Isabel era estéril. Até que o anjo Gabriel disse à prima dela, Maria, mãe de Jesus: "Também Isabel, sua parenta, terá um filho na velhice; aquela que diziam ser estéril já está em seu sexto mês de gestação. Pois nada é impossível para Deus" (Lucas 1.36–37).

Todos diziam que era impossível, mas o Onipotente tudo pode!

O Eterno fez aquela mulher, que já estava com idade avançada, gerar um filho. Ele tocou em toda a estrutura corporal daquela idosa e a fez se tornar a mãe de João Batista!

A pergunta é: o que é impossível para você, hoje? Será que há algo em que Deus não possa tocar? Não! Não existe enfermidade que ele não possa curar; não existe porta fechada que o Senhor não possa abrir; não existe nada tão difícil que ele não possa fazer.

Ele é Deus, o Todo-Poderoso, que realiza o impossível!

"Tudo é possível para aquele que crê em Deus."

Quais são as impossibilidades da sua vida? Você já as submeteu a Deus?

PLANO DE LEITURA:

Isaías 14–19

ACESSE O QR CODE PARA SABER MAIS:

DIA
208

@michelsimplicio

CUIDADO COM GENTE QUE SÓ FALA DE GENTE

Você tem caminhado com pessoas maledicentes? Está preparado para ser a vítima?

Cuidado! A qualidade das pessoas com quem você caminha pode determinar aonde você vai chegar! Devemos ser cautelosos com gente que só fala de gente!

A Bíblia nos diz: "Há seis coisas que o Senhor odeia, sete coisas que ele detesta: olhos altivos, língua mentirosa, mãos que derramam sangue inocente, coração que traça planos perversos, pés que se apressam para fazer o mal, a testemunha falsa que espalha mentiras e aquele que provoca discórdias entre irmãos" (Provérbios 6.16–19). Indivíduos que sorrateiramente falam dos outros pelos cantos certamente falarão mal de você também!

Pessoas íntegras, maduras e de respeito tratam de projetos e sonhos. Todavia, gente imatura, falsa e sem caráter costuma falar da vida dos outros. Não maldiga ninguém. Guarde a sua boca do mal e, assim, você agradará a Deus! E quando for falar de alguém, que sejam questões positivas, que edifiquem e elevem a moral.

Não dê ouvidos a maledicentes que ficam falando de tudo e todos. Tenha isto como um lema de vida: cuidado com gente que só fala de gente!

PLANO DE LEITURA:

Isaías 20–24

ACESSE O QR CODE PARA SABER MAIS:

"Fale pouco de si, muito de Deus e nada dos outros."

CORAGEM PARA SER DIFERENTE

DIA
209

@michelsimplicio

É preciso ter muita coragem para andar na contramão do mundo. Muitas pessoas não suportam a pressão e, por isso, vão com a maioria. Em 2Timóteo 4.10, Paulo diz que um homem chamado Demas abandonou a fé por amar mais "este mundo", ou seja, ele não teve coragem de ser diferente do mundo.

Essa história nos ensina que, de fato, para fazer a diferença, é preciso ter coragem — coragem para dizer *não* às rodas de amigos que não agradam a Deus, às conversas pecaminosas, a tudo o que fere a santidade do Senhor. É necessário ter coragem para ser diferente! Um exemplo bíblico de um jovem que se distinguiu e fez a diferença na sua geração foi o de Daniel, que não se contaminou com os manjares da Babilônia.

Deus deseja que, assim como aquele profeta extraordinário, você seja diferente! É hora de decidir ter uma nova postura. É hora de dizer *não* àquilo que desagrada ao Senhor, destacar-se, nadar contra a corrente e fazer a diferença nesta geração!

Tenho a convicção de que o Todo-Poderoso honrará sua fé e sua postura. Portanto, tenha coragem, seja diferente e faça a diferença!

"Para fazer a diferença é necessário não querer se parecer com os demais."

Você tem nadado contra a correnteza ou ao sabor da maré?

PLANO DE LEITURA:

Isaías 25–28

ACESSE O QR CODE PARA SABER MAIS:

DIA
210

@michelsimplicio

NÃO INSISTA NO QUE NÃO VALE A PENA

Insistir naquilo que não vale mais a pena não é sabedoria! Afinal, há muitas coisas que precisamos deixar de lado.

O próprio Deus falou com um profeta a esse respeito. Em certa ocasião, Samuel insistiu em manter Saul no trono da nação, mas o Senhor disse: "Até quando você irá se entristecer por causa de Saul? Eu o rejeitei como rei de Israel" (1Samuel 16.1). O monarca havia feito muitas coisas ruins. Em suma, ele rejeitara a instrução do Todo-Poderoso e desobedecera à sua voz. Então, Deus parou de insistir com ele, rejeitou-o e escolheu Davi para ocupar seu lugar!

Faça como o sapientíssimo Deus: não insista! Pare de insistir naquilo que o Senhor não quer mais para a sua vida.

Chega uma hora em que devemos desistir daquilo que não traz paz ao coração. É uma verdade incontestável que o Eterno usa a paz para sinalizar ao nosso coração aquilo que deve ser feito ou não (cf. Colossenses 3.15). Por isso, sempre que ouvimos a voz interior de Deus nos orientando a parar de insistir com coisas que não valem mais a pena, devemos ouvir e obedecer, sem questionar!

"Persistir em coisas erradas é dar murro em ponta de faca."

Você tem insistido em algo de que Deus o manda desistir?

PLANO DE LEITURA:

Isaías 29–33

ACESSE O QR CODE PARA SABER MAIS:

CRESÇA EM SILÊNCIO

DIA
211

@michelsimplicio

Quando Deus lhe der sonhos e projetos, tome muito cuidado para quem você conta. A melhor coisa é crescer em silêncio e fazer tudo com discrição, até que a obra esteja completa.

O Senhor deu a José um sonho profético acerca de seu futuro. Por ser ainda tão jovem, aquele rapaz não teve sabedoria e contou o que sonhou a seus irmãos. Os resultados foram desastrosos, porque, depois disso, eles passaram a persegui-lo e tramaram sua morte, em razão de inveja e raiva.

Cresça, mas fique em silêncio. Não conte os seus sonhos antes de tudo estar certo. Espere até que Deus conclua a obra na sua vida, porque ele age primeiro em você e depois por meio de você!

Pratique o segredo, espere o Todo-Poderoso acabar a obra, e ele o recompensará. Nem todas as pessoas estão preparadas para ouvir sobre o seu crescimento, então a melhor coisa é crescer em segredo. Aprenda a se desenvolver e a trabalhar no secreto, para que, depois, Deus revele publicamente!

Não faça como José. Não conte seus sonhos para quem não vê o futuro como você vê. Fique em silêncio, pois esse é o segredo.

"Em alguns momentos o silêncio é a voz da sabedoria."

Você costuma manter seus sonhos em segredo?

....

....

....

....

....

....

....

PLANO DE LEITURA:

Isaías 34–36

ACESSE O QR CODE PARA SABER MAIS:

DIA 212

VOLTE PARA AGRADECER

@michelsimplicio

Muitas pessoas têm recebido grandes milagres, mas são poucas as que voltam para agradecer! A Bíblia conta que dez leprosos foram curados, mas apenas um voltou para expressar gratidão. E a pergunta de Jesus foi: "Não foram purificados todos os dez? Onde estão os outros nove? Não se achou nenhum que voltasse e desse louvor a Deus, a não ser este estrangeiro?" (Lucas 17.17–18).

Imagino que aqueles homens estavam tão felizes com a cura que sequer lembraram de algo tão importante chamado gratidão! Mas as Escrituras nos ensinam a importância de ter um coração agradecido. Uma das afirmações mais contundentes a esse respeito vem de Paulo: "Deem graças em todas as circunstâncias, pois esta é a vontade de Deus para vocês em Cristo Jesus" (1Tessalonicenses 5.18).

Tenho certeza de que Deus fez coisas grandiosas na sua vida e abriu portas que o conduziram até aqui. A questão é: você já agradeceu? Do dom da vida às pessoas que o ajudaram, tantas são as razões para agradecer ao Senhor! Você tem exercido a gratidão de forma bíblica? Se não, volte para agradecer! Porque, assim, você alegrará o coração do Pai.

"Aquele que volta para agradecer está pronto para avançar e crescer."

Você já agradeceu a Deus por todas as bênçãos que recebeu?

....

....

....

....

....

....

....

PLANO DE LEITURA:

Isaías 37–39

ACESSE O QR CODE PARA SABER MAIS:

DEUS ESTÁ NO CONTROLE!

DIA
213

@michelsimplicio

Se situações de sua vida parecem ter saído do seu controle, saiba que elas nunca saíram do controle de Deus! Como Moisés disse a Josué: "O próprio Senhor irá à sua frente e estará com você; ele nunca o deixará, nunca o abandonará. Não tenha medo! Não desanime!" (Deuteronômio 31.8).

O Onipotente controla tudo, das guerras aos desastres naturais, das galáxias às menores partículas da matéria. Nada o pega de surpresa. Do mesmo modo, nada do que acontece na sua vida ocorre fora do controle divino, porque ele sabe exatamente o que está fazendo.

Está difícil? Saiba que basta uma palavra dele para as coisas voltarem a fazer sentido! Muitas vezes, ficamos apreensivos, mas a sua preocupação não preocupa Deus, nem sua pressa o apressa! Afinal, a pressa é uma característica de quem está atrasado, e o Senhor não chega atrasado – ele faz tudo na hora certa!

No momento determinado nas regiões celestiais, o milagre acontecerá, a porta se abrirá e o sobrenatural vai se manifestar, porque o Deus a quem você serve está no controle de tudo!

"Deus continua no controle, mesmo quando tudo sai do controle humano."

Você está ansioso e preocupado? Que tal confiar no controle divino?

....

....

....

....

....

....

PLANO DE LEITURA:

Isaías 40–43

ACESSE O QR CODE PARA SABER MAIS:

DIA
214

@michelsimplicio

VOCÊ PERTENCE A DEUS

O que tem dominado seu coração: confiança em Deus ou dúvida?

....

....

....

....

....

....

....

PLANO DE LEITURA:

Isaías 44–47

ACESSE O QR CODE PARA SABER MAIS:

Quando o Pai enviou Jesus para morrer na cruz do Calvário, ele estava dizendo a você: "A partir de agora, você pertence a mim!". A graça não foi de graça, custou um alto preço!

Paulo diz em 1Coríntios 6.20: "Vocês foram comprados por alto preço. Portanto, glorifiquem a Deus com o seu próprio corpo". Sim, o Senhor pagou muito caro por sua vida!

Recordo-me de quando comprei um aparelho celular. Fui até uma loja de acessórios e fiz questão de colocar uma película de vidro, uma capinha e tudo mais que podia para protegê-lo, porque havia custado um alto preço. Eu havia feito um sacrifício para comprar aquele aparelho e não poderia deixá-lo desprotegido.

Imagine se Deus não cuidaria de você! Nada disso, o Todo-Poderoso zela por sua vida, protege-a e nunca o abandona. Ele guia os seus passos e sabe exatamente o seu limite. Seu Pai sabe quem de fato você é, porque o conhece por inteiro e pagou um alto preço por sua alma.

O Senhor o ama muito! Portanto, descanse seu coração, porque ele cuida de você, conhece muito bem o seu futuro e tem grande desejo em abençoá-lo.

"Não tema! Deus cuida do seu futuro."

NÃO CONFIE EM TODO MUNDO!

DIA
215

@michelsimplicio

Você certamente já se decepcionou ao confiar em alguém. De repente, contou um segredo para uma pessoa e o que disse acabou vindo à tona, para o conhecimento de muitos. De fato, nós não devemos confiar em qualquer um! A Bíblia nos adverte: "É melhor buscar refúgio no Senhor do que confiar nos homens" (Salmos 118.8).

Muitas pessoas têm a mania de desabafar com todos. Elas saem falando sobre problemas, dificuldades e aflições e, quando menos esperam, acabam se decepcionando!

Não confie em todo mundo, busque o refúgio no Senhor! Não procure por quem não pode resolver seu problema! Está na hora de você ir até a pessoa certa: Cristo!

O mundo está cheio de fofoqueiros! Existem muitas pessoas interferindo, e poucas pessoas intercedendo; por isso, não confie em todo mundo! Conte os seus problemas para Deus, pois ele pode ajudá-lo!

Entre no seu quarto, feche a sua porta e ore. Confie no Senhor, não confie em todo mundo; lembre-se de que vale a pena confiar naquele que pode resolver todos os seus problemas!

"Confiar em Deus é acreditar que tudo terminará bem."

A quem você tem contado os seus segredos?

....

....

....

....

....

....

....

PLANO DE LEITURA:

Isaías 48–51

ACESSE O QR CODE PARA SABER MAIS:

DIA
216

@michelsimplicio

O PRINCÍPIO DA HONRA

Você tem sido honroso em seus relacionamentos?

Princípio é algo que Deus estabelece, uma lei no mundo espiritual. Ele deixou muitos registrados em sua Palavra, como o que encontramos em 1Samuel 2.30: "Honrarei aqueles que me honram, mas aqueles que me desprezam serão tratados com desprezo".

Sempre que você honrar o Eterno, será honrado por ele. Esse princípio também se estende ao seio familiar, como descrito em Efésios 6.2: "Honra teu pai e tua mãe – este é o primeiro mandamento com promessa – para que tudo te corra bem e tenhas longa vida sobre a terra". Vemos que honrar pai e mãe faz você ter êxito!

Eu acredito que o princípio da honra também se estende ao âmbito corporativo. Portanto, honre o lugar onde você trabalha e lembre-se de que o contrário de honra é desonra. Deus não quer que você desonre ambientes, lugares ou pessoas, mas ponha em prática o princípio da honra e veja as promessas se cumprirem.

Comece honrando a Deus em tudo o que fizer. Priorize e busque ao Senhor nas primeiras horas do seu dia. Entregue a ele a primazia de tudo, pois o Altíssimo é digno de toda honra.

"Para ser honrado por Deus é preciso honrá-lo."

PLANO DE LEITURA:

Isaías 52–56

ACESSE O QR CODE PARA SABER MAIS:

A CADA LUTA VOCÊ SE TORNA MAIS FORTE

DIA
217

@michelsimplicio

As lutas, as adversidades e as aflições que você enfrentou não o mataram, simplesmente serviram para fortalecer a sua fé! Os lugares por onde passou e as dificuldades que superou forjaram seu caráter.

A Bíblia conta a história de Jó, que passou por momentos difíceis, enfermidades e perdas. No fim do seu sofrimento, ele afirmou a Deus: "Meus ouvidos já tinham ouvido a teu respeito, mas agora os meus olhos te viram" (Jó 42.5). Era como se o patriarca estivesse dizendo que tudo por que ele passou colaborou para que pudesse conhecer mais o Senhor.

O fato é que, em meio às lutas, o Eterno sustenta você, pois tem um plano grandioso para sua vida! Tudo o que não o destruiu serviu para lhe ensinar o que não fazer, a que lugares não ir e com que pessoas não mais conviver.

Em tudo, Deus está forjando seu caráter e o preparando para grandes desafios! Por isso, cada luta por que você passou até aqui fortaleceu a sua fé. O Todo-Poderoso continuará guiando seus caminhos, escrevendo a sua história e o abençoando, porque, a cada luta, você se torna mais forte.

"Essa luta deixará você ainda mais forte."

Como você tem se comportado diante das lutas da vida?

....

....

....

....

....

....

....

PLANO DE LEITURA:

Isaías 57–61

ACESSE O QR CODE PARA SABER MAIS:

DIA
218

@michelsimplicio

ABATIDOS, MAS NÃO DESTRUÍDOS!

Quando você enfrenta lutas, sente-se abatido ou confia nas promessas?

....

....

....

....

....

....

....

PLANO DE LEITURA:

Isaías 62–66

ACESSE O QR CODE PARA SABER MAIS:

Quando enfrentamos crises, aflições e dificuldades, sentimo-nos abatidos – mas isso não significa que estamos destruídos!

A Bíblia nos apresenta as palavras do apóstolo Paulo em 2Coríntios 4.8–9: "De todos os lados somos pressionados, mas não desanimados; ficamos perplexos, mas não desesperados; somos perseguidos, mas não abandonados; abatidos, mas não destruídos".

Que promessa extraordinária! Quando enfrentamos lutas e momentos adversos que perduram por mais tempo do que o previsto, sentimo-nos abatidos e cansados. A verdade é que todos enfrentamos combates em áreas específicas, seja saúde, seja finanças, seja emoções ou o que for. Fato é que todos estamos travando alguma batalha e, muitas vezes, por ser uma luta tão intensa, nos sentimos abatidos. Todavia, existe um Deus que está no controle de todas as coisas e tem visto a nossa luta diária.

Esta é a razão de não sermos destruídos: é Deus quem está escrevendo mais um capítulo da sua linda história!

Podemos estar abatidos sim, mas não destruídos!

"Quanto mais o Inimigo tenta abatê-lo, mais você crescerá."

NÃO SE CANSE DE FAZER O BEM

DIA 219

@michelsimplicio

Muitas vezes, deixamos de alimentar a pureza e a verdade porque nos decepcionamos e nos cansamos de ajudar o próximo. Em nossos dias, é até comum ouvirmos a seguinte frase: “Eu não ajudo mais ninguém”. A verdade é que você não pode deixar aquilo de bom que há em você perder a força em consequência de uma decepção! O apóstolo Paulo nos ensina: “E não nos cansemos de fazer o bem, pois no tempo próprio colheremos, se não desanimarmos” (Gálatas 6.9).

Muitas pessoas deixam de colher simplesmente porque desistiram de plantar e de ajudar alguém. Pode ser que uma pessoa que você auxiliou o decepcionou ou, até mesmo, não correspondeu às suas expectativas. Lembre-se de que, apesar disso, você fez a sua parte!

Realize o bem e não se canse de auxiliar o próximo e fazer sua parte. A Bíblia mostra que desfrutaremos da colheita, se não houvermos desfalecido. Portanto, siga exercendo bondade, pois Deus está vendo as suas obras e ele o recompensará.

Hoje é dia de fazer o bem e de abençoar alguém. Então mexa-se e mãos à obra!

“Fazer o bem é exalar a essência de Deus.”

Você já fez o bem hoje? Se não, o que o está impedindo?

PLANO DE LEITURA:

Jeremias 1–3

ACESSE O QR CODE PARA SABER MAIS:

DIA
220

@michelsimplicio

VOCÊ NÃO É DESTE MUNDO

Será que você tem se apegado mais a bens materiais do que ao que é eterno?

Vivemos neste mundo, mas ele não é a nossa pátria – nós somos peregrinos. Isso significa que estamos de passagem! Paulo escreveu: "A nossa cidadania, porém, está nos céus, de onde esperamos ansiosamente o Salvador, o Senhor Jesus Cristo" (Filipenses 3.20).

Você não é deste mundo! Por isso, não se apegue às coisas da Terra, visto que, um dia, o Senhor o tirará daqui e o levará para a verdadeira pátria celestial.

Da mesma forma, não se apegue a dinheiro, carro, casa, bens, etc., pois tudo ficará para trás. Constantemente, temos esse sentimento de perda, porque estamos tão presos às coisas materiais que esquecemos do Reino de Deus.

Por isso, o Senhor está dizendo: você está na Terra para cumprir um propósito maior! Somos peregrinos e aqui passaremos por aflições. Por isso, há uma promessa: um dia, iremos para nossa casa definitiva, e Deus enxugará dos nossos olhos toda lágrima (cf. Apocalipse 21.4).

Na nossa verdadeira pátria não haverá choro, não haverá dor nem tristeza, porque estaremos para sempre com o Criador.

Por isso, lembre-se: você não é deste mundo!

PLANO DE LEITURA:

Jeremias 4–6

ACESSE O QR CODE PARA SABER MAIS:

"Você não é deste mundo! Por isso, não se apegue às coisas da Terra."

MILAGRE NÃO SE COMPRA

DIA **221**

@michelsimplicio

É comum vermos pessoas fazendo propagandas sobre milagres. Elas vendem a ideia de que o milagre é comprado com dinheiro, o que é um absurdo. Vemos em 1Reis 5 o relato sobre Naamã, militar estrangeiro que estava com lepra.

Na casa daquele guerreiro havia uma menina israelita que havia sido escravizada. Ela contou que em Israel havia um profeta que poderia orar por ele para que ele fosse curado da doença. Naamã organizou uma caravana e levou consigo muito ouro e prata. Ele pensava que, dessa forma, compraria seu milagre. Porém, quando chegou a Israel, o profeta Eliseu lhe disse que mergulhasse sete vezes no rio Jordão, sem cobrar um centavo sequer.

Saiba que não é com o dinheiro que você vai alcançar seu milagre, mas é mergulhando em Cristo! Entenda que a sua solução está em Jesus, e quanto mais profundo você mergulhar nele, mais poderá viver a intervenção sobrenatural do Senhor em sua vida.

Portanto, lembre-se de que o milagre de que você precisa não está à venda e só pode ser encontrado em Cristo.

"Milagre não se explica, milagre se vive!"

Você tenta barganhar com Deus achando que assim conseguirá um milagre?

PLANO DE LEITURA:

Jeremias 7–9

ACESSE O QR CODE PARA SABER MAIS:

DIA
222

@michelsimplicio

O MEDO MORRE DE MEDO DA AÇÃO

Uma ação pode mudar tudo. Logo, o medo só será vencido quando você agir. Algumas pessoas se acovardam em momentos em que precisam agir, mas é necessário tomarmos uma decisão e lutarmos por aquilo que Deus nos tem confiado.

Tiago 2.26 diz: "Assim como o corpo sem espírito está morto, também a fé sem obras está morta". Muitas vezes, declaramos a nossa fé no Senhor indo à igreja e postando versículos em redes sociais. Mas se a fé sem obras é morta, precisamos demonstrá-la por meio de *todas* as nossas atitudes.

É tempo de alcançar as promessas do alto para a sua vida; então, não deixe que o medo o paralise e o faça retroceder. Ele é vencido por meio de obras, isto é, ações. Portanto, lute por aquilo que Deus tem posto em suas mãos e mostre as suas obras, pois elas revelarão a sua fé.

A fé não está baseada no que você fala, mas naquilo que faz. Muitas pessoas apenas dizem ter fé; outras, em vez de falar, agem, constroem e alcançam milagres. Isso significa que a sua ação, hoje, determinará a sua recompensa amanhã — portanto, se algum tipo de medo o paralisa, tome uma atitude, aja e vença todo medo.

"O medo não vai impedir você de viver o sobrenatural de Deus."

O que as suas ações revelam sobre a sua fé?

PLANO DE LEITURA:

Jeremias 10–13

ACESSE O QR CODE PARA SABER MAIS:

TUDO MUDA QUANDO VOCÊ SE POSICIONA

DIA **223**

Um posicionamento correto trará grande mudança à sua vida. Por isso, tudo o que você precisa fazer é se posicionar. Muitos acabam se acovardando diante das adversidades, não se posicionam corretamente e deixam os problemas dominarem. Isso é um erro.

A Bíblia diz: "Estes são os nomes dos principais guerreiros de Davi: Jabesão, um tacmonita, chefe dos três guerreiros principais; numa ocasião, com uma lança, enfrentou oitocentos homens numa mesma batalha e os matou. Depois dele, Eleazar, filho do aoíta Dodô. Ele era um dos três principais guerreiros e esteve com Davi quando os filisteus se reuniram em Pas-Damim para a batalha" (2Samuel 23.8). Um desses valentes se posicionou contra oitocentos inimigos e os matou!

Exemplos como esse nos mostram a importância de nos posicionarmos para que Deus intervenha. Tudo muda quando você se posiciona! Já pensou se aquele homem não tivesse feito o que o Senhor esperava dele? Mas como Jabesão tomou uma atitude e se posicionou, obteve a vitória, contou o seu testemunho e deixou um legado.

Posicione-se para que você viva a ação do Todo-Poderoso em sua vida!

"Quando tomamos uma posição, Deus pode reverter a situação."

Qual tem sido o seu posicionamento diante das adversidades?

....

....

....

....

....

....

....

PLANO DE LEITURA:

Jeremias 14–17

ACESSE O QR CODE PARA SABER MAIS:

DIA
224

@michelsimplicio

A PAZ É INEGOCIÁVEL

Alguma vez você negociou sua paz? O que o levou a isso? E como evitar?

Temos um inimigo que todos os dias luta para tirar a nossa paz, usando circunstâncias ou até mesmo pessoas. João 14.27 relata as palavras de Jesus: "Deixo a paz a vocês; a minha paz dou a vocês. Não a dou como o mundo a dá. Não se perturbe e o seu coração, nem tenham medo".

Cristo lhe dá a verdadeira paz; portanto, não permita que o Inimigo a roube – lembre-se de que a sua paz é inegociável. Então, mesmo em meio às adversidades, cumpra os princípios do Senhor e permaneça com a consciência tranquila. Afinal, sua paz vale mais do que ouro e prata.

Antes de fazer qualquer aliança com alguém, pergunte ao Eterno se é da vontade dele, porque a falta de paz pode ser sinal de que aquele pacto não provém de Deus.

Por isso, não faça alianças nas quais seu coração não esteja em paz. A paz de Cristo deve ser o árbitro do nosso coração, logo, entendo que aquilo que não lhe traz paz não é da parte do Senhor.

Não negocie a sua paz! Deixe Deus cuidar de você. O Altíssimo está cuidando de cada detalhe do seu futuro; logo, espere nele e jamais negocie a sua paz.

PLANO DE LEITURA:

Jeremias 18–21

ACESSE O QR CODE PARA SABER MAIS:

"Faça da sua paz um valor inegociável."

SEJA UM ESPECIALISTA EM DAR A VOLTA POR CIMA

DIA **225**

@michelsimplicio

Há pessoas que, quando passam por momentos difíceis, não se atemorizam, mas dão a volta por cima. Se você refletir sobre sua vida, talvez perceba que conseguiu vencer grandes obstáculos em muitas situações.

A Bíblia relata que Davi errou em muitas áreas da vida e até mesmo quebrou princípios, pecando contra o Senhor. Todavia, o rei era especialista em superação: ao errar, ele se arrependia rapidamente, voltava atrás e corrigia seu erro.

Podemos verificar como Davi pensava, por exemplo, em Salmos 18.29: "Com o teu auxílio posso atacar uma tropa; com o meu Deus posso transpor muralhas". Aquele homem deixou um legado muito lindo. Mais que isso, ele foi um homem segundo o coração de Deus, e até hoje a nação de Israel carrega uma bandeira com a sua marca – a chamada "estrela de Davi".

O Todo-Poderoso quer fazer de você um especialista em dar a volta por cima. Por isso, para vencer, você precisa se arrepender dos erros e superá-los! Existe, hoje, a oportunidade de gerar grandes testemunhos! Portanto, não desanime, não baixe a sua cabeça diante dos erros e das situações difíceis, ultrapasse os obstáculos, arrependa-se e dê a volta por cima!

"Dar a volta por cima é a especialidade daquele que confia em Deus."

Como você pode dar a volta por cima na situação que está enfrentando?

PLANO DE LEITURA:

Jeremias 22–25

ACESSE O QR CODE PARA SABER MAIS:

DIA
226

@michelsimplicio

MEMÓRIAS QUE TRAZEM ESPERANÇA

Você costuma ser pessimista ou otimista na hora das dificuldades?

PLANO DE LEITURA:

Jeremias 26–28

ACESSE O QR CODE PARA SABER MAIS:

Muitas pessoas costumam ficar pensando naquilo que não deu certo. Elas acabam remoendo situações tristes do passado e trazendo à memória planos não concretizados, fracassos e falhas. Esse comportamento não é sábio.

Agir com sabedoria, de acordo com a Bíblia, é trazer à memória, isto sim, aquilo que dá esperança. Em Hebreus 13.5, vemos a promessa divina: "Nunca o deixarei, nunca o abandonarei". O Senhor está com você todos os dias! Portanto, traga à lembrança os grandes feitos que ele realizou.

Lembre-se de tudo aquilo que o Eterno fez em sua vida, principalmente dos momentos difíceis que foram superados com a ajuda do Senhor quando ninguém estava ao seu lado.

Memórias que trazem esperança podem impulsioná-lo para um amanhã glorioso. Portanto, não deixe que o Inimigo o ancore a um passado ruim. Em vez disso, mostre que você tem um Deus Todo-Poderoso.

Traga à memória o que traz esperança e mostre para Satanás o tamanho do seu Deus. Pois o mesmo Senhor que operou no passado está operando no presente e vai abençoar seu futuro.

"Lembre-se sempre de tudo o que Deus fez em sua vida."

ESTÁ NA HORA DE PLANEJAR O FUTURO

DIA
227

@michelsimplicio

Planejar o futuro é agir com sabedoria. Necessitamos ter planejamento financeiro, profissional e até mesmo espiritual. A Bíblia traz um exemplo sobre a importância de exercer essa disciplina, por meio de Neemias, que planejou bem suas ações.

Deus havia posto no coração daquele homem o desejo de reconstruir os muros de Jerusalém. Diante disso, Neemias não ficou esperando as coisas acontecerem ou fazendo tudo sem se organizar; antes, planejou quanto tempo levaria para realizar aquela missão, quais seriam os materiais necessários, quem trabalharia ali e tudo mais. Por isso, teve sucesso.

Em Neemias 2.18, ele diz: "Também lhes contei como Deus tinha sido bondoso comigo e o que o rei me tinha dito. Eles responderam: 'Sim, vamos começar a reconstrução'. E se encheram de coragem para a realização desse bom projeto". As pessoas que ajudaram Neemias naquela obra permaneceram com ele porque notaram que de fato ele sabia o que estava fazendo.

Está na hora de planejar o futuro. Afinal, se Deus já pôs em seu coração sonhos a serem conquistados, você precisa fazer a sua parte.

"Não se pode planejar o futuro apegado ao passado."

Você planeja bem suas ações ou age por impulso? Quais têm sido os resultados?

....

....

....

....

....

....

....

PLANO DE LEITURA:

Jeremias 29–32

ACESSE O QR CODE PARA SABER MAIS:

DIA
228

O SUCESSO ESTÁ NA PERSISTÊNCIA

@michelsimplicio

Você persiste até o fim ou tende a desistir facilmente? Quais as consequências disso?

PLANO DE LEITURA:

Jeremias 33–36

ACESSE O QR CODE PARA SABER MAIS:

A Bíblia mostra que muitas pessoas alcançaram a vitória por meio da persistência. Jó é um desses exemplos, pois ele não desistiu em meio às adversidades. Ana também: depois de muito perseverar em oração, ela teve um filho. Sabemos ainda do paralítico que todos os dias ia ao tanque de Betesda: ele persistiu em seu propósito, até que um dia foi curado. Porém, o maior exemplo de persistência é o de Jesus.

O Filho veio à Terra, foi ferido, chicoteado, esbofeteado, cuspido e humilhado, mas Filipenses 2 afirma que ele foi obediente até a morte, e morte de cruz. Isso significa que o Messias perseverou até o fim. Cristo não desistiu na primeira vez em que alguém falou mal dele ou o agrediu!

Jesus escreveu a maior história de todas e, com suas ações, mostrou que o segredo está na persistência! Já pensou se o Cordeiro de Deus tivesse desistido de subir à cruz? Já imaginou se ele retrocedesse?

Cristo perseverou, e você também, por meio da persistência, pode ir até o fim. Não desista; antes, creia que o sucesso só depende de você persistir.

"Quando persistência e a mão de Deus se unem, a vitória é garantida!"

DEUS LHE DARÁ MOTIVOS PARA SORRIR

DIA
229

@michelsimplicio

Ao enfrentarmos as lutas da vida, frequentemente pensamos que elas nunca vão acabar. Porém, devemos crer que Deus nos dará motivos para sorrir.

Sara era casada com Abraão, e um dia o Senhor lhe fez a promessa de que ela seria mãe. Todavia, ela já era idosa, então, humanamente, era impossível que gerasse um filho. Mas Deus sempre cumpre o que promete.

No tempo determinado pelo Senhor, aquela anciã teve um filho. “E Sara disse: “Deus me encheu de riso, e todos os que souberem disso rirão comigo” (Gênesis 21.6).

Creia que Deus fará você sorrir novamente! Assim como foi na vida de Sara, que, depois de um longo período de espera, foi contemplada com a promessa do Senhor, acredite que as palavras de Deus vão se cumprir em sua vida também. Tenha calma, crendo que o Altíssimo lhe dará motivos para sorrir!

Sara passou por um longo período esperando no Senhor, e pode ser que você também já esteja esperando há muito tempo. Todavia, lembre-se de que o Todo-Poderoso é fiel e sabe a hora certa de agir. Creia que ele o fará sorrir, e muitas pessoas se alegrarão com a sua vitória.

“Com Deus você pode voltar a sorrir.”

Diante da adversidade, quão grande é sua fé naquilo que Deus quer fazer?

PLANO DE LEITURA:

Jeremias 37–40

ACESSE O QR CODE PARA SABER MAIS:

DIA
230

@michelsimplicio

ACALME SEU CORAÇÃO

Você confia na promessa e na Palavra de Deus?

....

....

....

....

....

....

....

PLANO DE LEITURA:

Jeremias 41–43

ACESSE O QR CODE PARA SABER MAIS:

Provérbios 3.24 diz: "Quando se deitar, não terá medo, e o seu sono será tranquilo". Isso significa que Deus cuida de cada detalhe da sua vida. Portanto, acalme seu coração, pois você não está sozinho.

Muitas vezes, agimos como se Deus não existisse, deixando de orar e buscar a sua presença, o que aumenta nossa ansiedade. Acalme seu coração e confie que ele está cuidando de tudo. Descanse no Senhor e durma tranquilo. Lembre-se das promessas do Altíssimo: ele guarda e protege você.

Tudo o que você precisa fazer é confiar na promessa e na Palavra. Se Deus disse, acontecerá. Por isso, não tema. Descanse e acalme seu coração, porque o Eterno agirá a seu favor.

Entregue suas ansiedades a Deus, porque ele cuida de você (cf. 1Pedro 5.7). Essa verdade acalma o coração. Não permita que os desafios da vida roubem sua paz. Reafirme sua confiança no Senhor diariamente e veja como ele transforma a ansiedade em paz, o medo em coragem e a dúvida em fé.

"Quando dobramos os joelhos em oração, sentimos a verdadeira paz no coração."

O TEMPO DE DEUS NÃO É O SEU TEMPO

DIA
231

@michelsimplicio

Deus tem grandiosas promessas para você, mas é preciso aguardar o tempo dele. A Bíblia mostra que o Senhor fez grandes promessas a Moisés, dizendo que ele seria o libertador de Israel. Porém, aquele homem precisou esperar cerca de 40 anos para viver essas promessas.

Durante esse período, Moisés enfrentou a escassez no deserto e suportou o frio e o calor. Ele entendeu que a vida com Deus é diferente, e as promessas se cumprem no tempo certo. Assim, começou a vivê-las aos 80 anos, e tudo o que Deus havia falado se cumpriu.

O Senhor está lapidando e preparando você para viver as promessas. Não se preocupe, tudo tem a hora certa para acontecer. O controle do tempo está nas mãos divinas. Assim como Moisés, muitas pessoas tiveram de esperar o tempo adequado. Não se desespere se as coisas derem errado. Quando chegar a hora certa, tudo acontecerá naturalmente.

Espere com paciência, pois Deus não falha. Lembre-se de Eclesiastes 3.1: "Tudo tem o seu tempo determinado, e há tempo para todo o propósito debaixo do céu" (ARC). Acredite que o Senhor está trabalhando em seu favor, mesmo quando não vê. Seu tempo perfeito revelará a beleza de seu plano.

"No tempo de Deus tudo acontecerá."

Você é paciente em esperar o tempo do Senhor?

PLANO DE LEITURA:

Jeremias 44–48

ACESSE O QR CODE PARA SABER MAIS:

DIA
232

@michelsimplicio

VIVENDO SEGUNDO A VONTADE DE DEUS!

Você sempre consulta o Senhor sobre o que fazer antes de tomar decisões?

....

....

....

....

....

....

....

PLANO DE LEITURA:

Jeremias 49–50

ACESSE O QR CODE PARA SABER MAIS:

A Palavra de Deus nos diz que a vontade do Senhor é boa, perfeita e agradável. Muitas vezes, tentamos tomar decisões, mas as portas se fecham e nada dá certo. Na maioria das vezes, isso é uma sinalização de Deus dizendo que não é da sua vontade.

Quando é a vontade de Deus, tudo flui naturalmente. Quando não é, haverá inquietação. Nem sempre o que queremos segue o querer divino, mesmo que pareça maravilhoso. Em Atos 16.6, vemos que o Espírito Santo impediu Paulo de pregar na Ásia porque não era a vontade divina naquele momento.

O Todo-Poderoso não quer que você se frustre. Se uma porta não está se abrindo, não force, pois é ele dizendo que ainda não é a sua vontade. Descanse seu coração e viva segundo o que ele quer. Assim, as coisas acontecerão naturalmente.

"Confie no Senhor de todo o seu coração e não se apoie em seu próprio entendimento; reconheça o Senhor em todos os seus caminhos, e ele endireitará as suas veredas" (Provérbios 3.5–6). Viva segundo a vontade de Deus, e ele o conduzirá pelo caminho certo. Suas bênçãos serão abundantes!

"As coisas acontecem naturalmente quando cumprem a vontade de Deus."

CONCENTRE-SE NO SEU PROPÓSITO!

DIA **233**

@michelsimplicio

Deus tem algo específico para você. Pare de olhar para o sucesso alheio e concentre-se no seu propósito. Em Salmos 139.16, lemos: "Os teus olhos viram o meu embrião; todos os dias determinados para mim foram escritos no teu livro antes de qualquer deles existir", o que prova que o Senhor tem algo personalizado e pessoal para você.

Quando olhamos para o propósito alheio, deixamos de viver o que o Senhor preparou para nós. Concentre-se no que ele o chamou para fazer e não se preocupe com os outros. Quanto mais você se concentrar no seu propósito, mais rápido as promessas se cumprirão em sua vida.

Busque ao Senhor e pergunte a ele sobre o seu propósito, pois ele tem bem claro em sua mente que pensamentos tem para a sua jornada, como fica claro em Jeremias 29.11, quando Deus diz: "Porque sou eu que conheço os planos que tenho para vocês, diz o Senhor, planos de fazê-los prosperar e não de causar dano, planos de dar a vocês esperança e um futuro". Confie que o plano divino para você é único e maravilhoso! Concentre-se no seu propósito, cumpra seu chamado com excelência e o sobrenatural há de se manifestar em sua vida.

"Quando olhamos para frente, passamos a abençoar muita gente."

Você tem olhado para o propósito alheio na hora de traçar sua rota?

PLANO DE LEITURA:

Jeremias 51–52

ACESSE O QR CODE PARA SABER MAIS:

DIA
234

@michelsimplicio

MATURIDADE POR MEIO DA PROVAÇÃO!

De que modo você tem reagido às provações? É o modo bíblico?

PLANO DE LEITURA:

Lamentações 1–3

ACESSE O QR CODE PARA SABER MAIS:

Ninguém gosta de ser provado, mas são justamente os momentos de provação que nos moldam e trazem maturidade para o nosso propósito!

Em Romanos 5.3–5, o apóstolo Paulo diz: “Não só isso, mas também nos gloriamos nas tribulações, porque sabemos que a tribulação produz perseverança; a perseverança, um caráter aprovado; e o caráter aprovado, esperança. E a esperança não nos decepciona, porque Deus derramou seu amor em nossos corações, por meio do Espírito Santo que ele nos concedeu”. Ele sabia que a maturidade vinha por meio das provações.

Entenda que quanto mais provações você enfrentar, mais maduro será. Elas o preparam para um momento de exaltação. Deus sabe como preparar uma pessoa para chegar ao seu destino profético.

As provações o fazem mais maduro para o propósito que o Senhor tem para você. Em Tiago 1.2–4, somos lembrados de que a prova da nossa fé produz perseverança. Permaneça firme durante as provações, sabendo que Deus está desenvolvendo em você a maturidade necessária para cumprir seu plano. Suporte com alegria, pois a recompensa será grandiosa!

“A provação prepara você para se tornar cada vez mais maduro na fé.”

SUA HISTÓRIA ESTÁ NAS MÃOS DE DEUS

DIA **235**

@michelsimplicio

Se a sua vida estivesse nas mãos de um chefe, político, médico ou qualquer outra pessoa, você teria motivos para preocupação, pois todos são passíveis de falhas. Entretanto, saiba que sua vida está nas mãos daquele que nunca erra: o Senhor! Ele tem conduzido cada passo da sua existência.

O profeta Ezequiel mencionou várias vezes a mão do Senhor em seus escritos. Em Ezequiel 3.14 (ARA), lemos: "Então, o Espírito me levantou e me levou; eu fui amargurado na excitação do meu espírito; mas a mão do Senhor se fez muito forte sobre mim". Ezequiel enfrentou momentos difíceis, foi provado e rejeitado, mas aprendeu que a mão do Senhor sempre esteve sobre ele.

A mão do Senhor levanta você, protege-o e livra de todo mal; ela está estendida sobre sua vida para abençoá-lo. Creia nisso, pois essa realidade faz toda a diferença!

Sua vida não está nas mãos de um homem, médico ou juiz, mas nas do Altíssimo. Por isso, você pode descansar, confiando que o Senhor fará o melhor por você!

"Nas mãos da pessoa certa as coisas acontecem; confie em Deus."

Você confia que sua vida está nas melhores mãos que há?

PLANO DE LEITURA:

Lamentações 4–5

ACESSE O QR CODE PARA SABER MAIS:

DIA
236

@michelsimplicio

SUAS FERIDAS TÊM UM PROPÓSITO

Você tem o hábito de orar a Deus perguntando a razão de suas feridas?

....

....

....

....

....

....

....

PLANO DE LEITURA:

Ezequiel 1–4

ACESSE O QR CODE PARA SABER MAIS:

Quando nos machucamos, a dor pode ser tão intensa que não percebemos o propósito daquela ferida. Deus pode permitir feridas para nos reconduzir ao real plano que ele tem traçado para nossa jornada.

Em Oseias 6.1, a Palavra diz: "Venham, voltemos para o Senhor. Ele nos despedaçou, mas nos trará cura; ele nos feriu, mas sarará nossas feridas". Deus permitiu que seu povo fosse ferido para que voltassem aos seus caminhos.

Muitas vezes, o Todo-Poderoso permite que soframos uma ferida, hoje, para que não nos percamos amanhã. Essas situações difíceis nos ensinam quem deve ter acesso ao nosso coração e quem não pode saber da nossa intimidade.

Deus permite feridas emocionais para que venhamos a compreender que nem todas as pessoas ao nosso redor estão no mesmo propósito, por isso não devem mais fazer parte da nossa vida.

Então, levante a sua cabeça! Se Deus permitiu uma ferida, é porque ele está ensinando algo novo. Lembre-se: as suas feridas não são em vão, todas elas têm um propósito bem-definido.

"Cada cicatriz é apenas a marca de mais um testemunho."

CORRA NA DIREÇÃO CERTA

DIA
237

@michelsimplicio

Atualmente, está na moda a palavra "correria". De fato, é muito claro para todos nós que vivemos em constante agitação, correndo de um lado para outro. Mas você já parou para pensar no motivo e no propósito dessa correria?

Em 1Coríntios 9.25–26 (ARA), o apóstolo Paulo diz: "Todo atleta em tudo se domina; aqueles, para alcançar uma coroa corruptível; nós, porém, a incorruptível. Assim corro também eu, não sem meta; assim luto, não como desferindo golpes no ar".

Paulo sabia que estava correndo para Jesus Cristo, o alvo da sua fé. Ele queria agradar o coração de Deus! O apóstolo corria contra um adversário que conhecia muito bem, com o objetivo de alcançar uma coroa incorruptível.

Que, a partir de hoje e para sempre, você também corra na direção certa! Antes de começar a corrida, verifique se Deus preparou essa carreira para você. Lembre-se de que ele quer direcionar sua vida para que você não corra atrás do vento, mas rumo ao propósito que ele tem preparado. Portanto, se for correr, certifique-se de estar seguindo na direção certa.

"Não corra atrás dos outros, corra na direção certa."

Você tem corrido na direção certa? Se não, o que o está desviando do rumo?

....

....

....

....

....

....

....

PLANO DE LEITURA:

Ezequiel 5–7

ACESSE O QR CODE PARA SABER MAIS:

DIA
238

@michelsimplicio

ESPERE DEUS FALAR COM VOCÊ

Você aguarda o direcionamento de Deus ou age com impaciência?

....

....

....

....

....

....

....

PLANO DE LEITURA:

Ezequiel 8–12

ACESSE O QR CODE PARA SABER MAIS:

Antes de tomar qualquer decisão, é importante orar e esperar que Deus lhe dê direcionamentos. Infelizmente, nem todos esperam ouvir a voz divina e agem por conta própria, perdendo oportunidades extremamente preciosas que o Senhor havia preparado.

A Bíblia fala a respeito do rei Saul, que não esperou Deus falar e, precipitando-se, consultou uma feiticeira. Em 1Samuel 28.7, lemos: "Então Saul disse aos seus auxiliares: 'Procurem uma mulher que invoca espíritos, para que eu a consulte'".

Saul não esperou Deus falar. O resultado é que esse ato de desobediência fez o Todo-Poderoso o destituir e levantar Davi, homem segundo seu coração, para reinar no lugar do monarca rebelde.

Aguarde Deus falar com você! Se ele ainda não disse nada, não se mova. O nosso Pai tem prazer em conversar com seus filhos e orientá-los. Portanto, se ele não pôs paz no seu coração, aguarde e não se precipite. Lembre-se de que uma única decisão equivocada pode comprometer todo o seu futuro. Espere Deus falar com você.

"Espere Deus falar com você, pois ele pode fazer grandes coisas!"

DEU DIZ: EU CUIDO DE VOCÊ!

DIA **239**

@michelsimplicio

Deus cuida de todos os detalhes da sua vida. Desde o ventre de sua mãe, ele preparou um caminho e um futuro para você!

Em Mateus 10.30, lemos uma verdade impactante e transformadora: "Até os cabelos da cabeça de vocês estão todos contados". O Senhor sabe exatamente do que cada um de nós precisa. Sim, o cuidado de Deus se revela em sua saúde, suas finanças e suas emoções.

Quando olhar para trás, você verá as portas que o Todo-Poderoso abriu e fechou, além de cada um dos livramentos que ele concedeu e, na ocasião, passaram despercebidos.

Deus guardou sua vida e, hoje, diz: eu cuido de você! Ele sabe exatamente do que sua vida necessita.

Em Filipenses 4.6, lemos a preciosa orientação do apóstolo Paulo: "Não andem ansiosos por coisa alguma, mas em tudo, pela oração e súplicas, e com ação de graças, apresentem seus pedidos a Deus". Não precisa se preocupar, porque foi o Senhor quem o conduziu até aqui e continuará guardando a sua vida!

Você tem valor! Jesus Cristo deu a vida pela sua! Não tema, pois hoje Deus diz: eu cuido de você!

"Não se preocupe com o seu futuro, pois Deus já preparou tudo!"

Olhando para trás, você percebe o cuidado de Deus em sua vida?

PLANO DE LEITURA:

Ezequiel 13–15

ACESSE O QR CODE PARA SABER MAIS:

DIA
240

@michelsimplicio

VIRANDO A PÁGINA

Você é do tipo que segue em frente ou entrega os pontos? O que isso tem provocado?

PLANO DE LEITURA:

Ezequiel 16–19

ACESSE O QR CODE PARA SABER MAIS:

Sua história pode ser comparada a um grande livro que Deus está escrevendo. Sabemos que toda história possui momentos difíceis, mas, para viver um novo tempo, é necessário virar a página e deixar o Senhor continuar escrevendo. Muitas pessoas fecham o livro e desistem, mas o Altíssimo deseja continuar redigindo a sua história.

Em Filipenses 3.13–14, o apóstolo Paulo diz: "Esquecendo-me das coisas que ficaram para trás e avançando para as que estão adiante, prossigo para o alvo, a fim de ganhar o prêmio do chamado celestial de Deus em Cristo Jesus". Sim, aquele homem sabia que não podia viver apegado ao passado, àquilo que não havia dado certo.

No entanto, infelizmente, muitos se recusam a virar a página, ficando presos aos fracassos. Se é o seu caso, está na hora de virar a página! Tudo o que Deus permitiu era para lhe ensinar algo.

A história ainda não acabou; ela continuará sendo escrita pelas mãos do Criador. O Senhor tem algo melhor preparado para você! E para viver a promessa, tudo o que você precisa fazer é virar a página.

"Muitas vezes, sabedoria é virar a página e seguir em frente."

VOCÊ NÃO VAI CAIR

DIA **241**

@michelsimplicio

Temos um inimigo que luta constantemente para nos derrubar. Ele não se alegra em nos ver firmes e tenta nos fazer desistir ou cair.

Jesus orou ao Pai: "E não nos deixes cair em tentação, mas livra-nos do mal" (Mateus 6.13). O Mestre pediu forças porque o Maligno o tentava constantemente. Em Lucas 4.13, lemos que Jesus também foi tentado: "Tendo terminado todas essas tentações, o diabo o deixou até ocasião oportuna".

Do mesmo modo, talvez você esteja sendo tentado a desistir de um projeto que o Senhor colocou em seu coração ou enfrentando laços do Inimigo e tentações. Todos nós enfrentamos tentações: seja comer demais, comprar o desnecessário ou falar quando deveríamos calar. No entanto, você não cairá em tentação!

Mesmo que o Inimigo coloque armadilhas no seu caminho, o Altíssimo o guarda e protege!

Ore diariamente, pedindo ao Senhor que lhe dê forças e vitórias sobre a tentação. Lembre-se: mesmo que o Inimigo tente, você não cairá, pois é o Todo-Poderoso quem o sustenta.

"Faça de Deus o seu chão e ninguém poderá derrubar você."

O que você faz para resistir às tentações? Tem sido suficiente?

PLANO DE LEITURA:

Ezequiel 20–23

ACESSE O QR CODE PARA SABER MAIS:

DIA
242

@michelsimplicio

VIVENDO O FAVOR DE DEUS

Você está preparado para quando o milagre acontecer?

PLANO DE LEITURA:

Ezequiel 24–26

ACESSE O QR CODE PARA SABER MAIS:

Talvez você esteja enfrentando um momento difícil, assim como a rainha Ester antes de se tornar rainha. Ela foi provada antes de alcançar um lugar de destaque; o Senhor permitiu dificuldades e aflições em sua vida até que, um dia, ela entrou na presença do rei, e ele estendeu sobre ela o cetro.

Naquela cultura, quem entrava na presença do rei sem ser chamado poderia morrer, mas o monarca estendeu o cetro, e Ester encontrou seu favor. Está escrito: "Quando viu a rainha Ester ali no pátio, teve misericórdia dela e estendeu-lhe o cetro de ouro que tinha na mão. Ester aproximou-se e tocou a ponta do cetro" (Ester 5.2).

O Todo-Poderoso está estendendo as mãos sobre sua vida, guardando, abençoando e protegendo você. O Senhor tem um plano especial para você, mesmo que não entenda agora. Assim como Ester sofreu antes de ver a promessa cumprida, muitos também sofrem, mas Deus está agindo. Ele o colocou nos lugares certos, na hora certa; você também encontrará o favor do Rei!

Tenha paciência, o Eterno está estendendo suas mãos sobre você neste instante. Prepare-se, pois quando o Rei estende o cetro, a bênção é liberada e o milagre acontece!

"O favor de Deus está sobre você! Ele cuidará de tudo."

UM INIMIGO CHAMADO DEPOIS

DIA
243

@michelsimplicio

Quem deixa tudo para depois está adiando a própria felicidade. Está na hora de decidir e pôr em prática tudo o que o Senhor tem colocado em seu coração.

Provérbios 12.24 diz: "As mãos diligentes governarão, mas os preguiçosos acabarão escravos". A procrastinação, esse inimigo chamado "depois", faz com que muitos apenas observem a vida passar.

Quando o Criador fala, é necessário reagir, não apenas ouvir. Muitas pessoas adiam o cuidado com o corpo, a família e algo mais que necessite de atenção e, ao fazer isso, adiam a felicidade do presente.

Há um momento determinado para todas as coisas. O Altíssimo tem colocado sonhos e projetos em seu coração, e o dia de começar é hoje, a hora é agora!

Esse inimigo chamado "depois" faz com que muitos deixem de servir ao Senhor, dando desculpas como: "Depois que eu concluir a faculdade" e "Depois que eu tiver independência financeira".

Esse inimigo adia a felicidade do hoje. Vença-o com atitude; não deixe para depois o que Deus está direcionando para ser feito hoje.

"Deixar para depois é adiar a felicidade."

Você tem o hábito de procrastinar? O que pode fazer para mudar isso?

PLANO DE LEITURA:

Ezequiel 27–30

ACESSE O QR CODE PARA SABER MAIS:

DIA
244

@michelsimplicio

NÃO LUTE SOZINHO!

Você já olhou em volta para verificar quem pode ajudá-lo em suas lutas?

PLANO DE LEITURA:

Ezequiel 31–33

ACESSE O QR CODE PARA SABER MAIS:

Você não precisa enfrentar batalhas sozinho, pois o Criador quer ajudar você!

Muitos entram em lutas e esquecem que Deus prometeu estar conosco. Se é o seu caso, preste muita atenção a esta realidade: você não está sozinho! O Altíssimo está lutando a seu favor, e é necessário acreditar que ele levantará pessoas para ajudá-lo a vencer.

A Bíblia nos conta, em Êxodo 17, que quando Israel enfrentava os amalequitas, Moisés subiu ao cume de um monte, e Arão e Hur sustentaram suas mãos. Isso nos mostra que, mesmo que Deus esteja ao nosso lado, às vezes também precisamos pedir reforços.

Homens e mulheres de Deus serão usados para ajudá-lo nos momentos difíceis. Não lute sozinho! Deus levantará pessoas para auxiliá-lo e, assim como Moisés prevalecia contra o inimigo com as mãos levantadas, acredite que você também prevalecerá.

As batalhas existem para revelar os verdadeiros campeões, e, em Cristo, somos mais que vencedores! Deus está com você e levantará pessoas para ajudar nessa batalha. Peça ajuda e não lute sozinho!

"Deus permite grandes batalhas na vida de grandes guerreiros."

APRENDA COM OS EXEMPLOS

DIA 245

@michelsimplicio

Há um ditado popular que diz: "Os inteligentes aprendem com os erros, mas os sábios aprendem com os exemplos". O Senhor não quer que você se machuque para aprender uma nova lição, por isso deixou em sua Palavra lições de pessoas que erraram para que não cometamos os mesmos erros.

A Palavra de Deus fala sobre uma cidade chamada Laís, onde o povo habitava em segurança e prosperidade, mas, por se isolar, o inimigo a atacou e destruiu (cf. Juízes 18.7). Aprendemos com isso que não é bom ficar isolado. O isolamento é algo extremamente perigoso, e o Inimigo faz de tudo para que uma pessoa faça isso, tornando-se um alvo fácil. O texto bíblico mostra que aquela cidade não estava preparada para a guerra; confiou em suas riquezas e não deu ouvidos ao Senhor, sendo surpreendida e destruída.

Precisamos vigiar constantemente e depositar a nossa confiança no Altíssimo, pois o Inimigo vem para matar, roubar e destruir! Aprenda com os exemplos; você não será destruído, pois nasceu para ser mais que vencedor.

"Inteligência é aprender com os erros; sabedoria é aprender com os exemplos."

Você prefere aprender com as falhas dos outros ou com os próprios erros?

PLANO DE LEITURA:

Ezequiel 34–36

ACESSE O QR CODE PARA SABER MAIS:

DIA
246

REFAÇA SEU DESTINO

@michelsimplicio

O que tem impedido você de agir para mudar seu destino? O que pode fazer a respeito?

....

....

....

....

....

....

....

PLANO DE LEITURA:

Ezequiel 37–39

ACESSE O QR CODE PARA SABER MAIS:

É muito importante olhar para o futuro e saber aonde desejamos chegar para escolher o caminho certo. Provérbios 14.12 diz: "Há caminho que parece certo ao homem, mas no final conduz à morte". Diante dessa grande verdade bíblica, devemos pensar em como será nosso destino se continuarmos com os mesmos comportamentos e hábitos.

Precisamos refazer nosso destino de tempos em tempos para evitar caminhos indesejados.

A Bíblia mostra muitas pessoas que refizeram o próprio destino, debaixo da graça de Deus. Zaqueu, por exemplo, era um cobrador de impostos, mas sua história mudou ao encontrar Jesus. A mulher com fluxo de sangue, após 12 anos de sofrimento, refez seu destino ao tocar em Cristo.

Assim como essas pessoas, refaça seu destino e vá até o Senhor. Precisamos de Jesus e decidir nos envolver cada vez mais com ele para termos um destino abençoado,

Clame ao Criador para refazer seu destino e colocá-lo no centro de vontade divina. Afinal, o Todo-Poderoso pode transformar sua vida e abençoar seu futuro.

"Deus preparou uma linda história para você."

DEUS FAZ FORTE AO CANSADO

DIA
247

@michelsimplicio

Você sabia que existe na Bíblia uma promessa maravilhosa do Senhor segundo a qual ele restaurará e multiplicará nossas forças? Sim, é verdade! Então, não espere mais: tome posse dessa promessa!

Entenda uma verdade fundamental para os filhos de Deus: ele não deixará você sozinho. Se enfrentar momentos difíceis, o Senhor estará ao seu lado!

Isaías 40.29–31 diz que Deus faz forte ao cansado e multiplica as forças ao que não tem vigor. O Onisciente sabe que precisamos de forças em alguns momentos da nossa trajetória, por isso fez essa promessa.

Talvez você esteja cansado da batalha, exausto pelas lutas intensas, pensando que está sozinho. Deus escolheu falar com você! Ele quer fortalecê-lo para que continue a jornada.

Sim! O Altíssimo faz forte ao cansado e multiplica as forças! Ele é especialista em levantar aqueles que pensam em desistir. Portanto, não desista! Não desanime! Acredite que a promessa se cumprirá em sua vida. Deus lhe dará novas forças e capacitará você para vencer este grande desafio.

"Em Deus nossas forças são renovadas."

Está fraco? Então vá a Deus e peça que o fortaleça!

PLANO DE LEITURA:

Ezequiel 40–42

ACESSE O QR CODE PARA SABER MAIS:

DIA
248

@michelsimplicio

AJUSTE SUAS MOTIVAÇÕES

Você já examinou seu coração para saber se suas motivações são corretas?

O Senhor avalia as intenções do coração humano; ele conhece as motivações mais secretas. Por esse motivo, é necessário que você avalie, hoje, a real motivação do seu coração.

O apóstolo Paulo escreveu em 1Coríntios 10.31 (ARC): "Portanto, quer comais, quer bebais ou façais outra qualquer coisa, fazei tudo para glória de Deus". Pergunto: o que está no seu coração e o que o move a executar este grande projeto?

Quando fazemos algo para glorificar ao Senhor, ele se encarrega de cumprir sua Palavra e envia pessoas para nos ajudar.

O que tem influenciado seu coração nos últimos dias? Tome cuidado com um coração enganoso, que faz as coisas e realiza projetos somente para mostrar aos outros ou provar algo a alguém. Essa não é, de forma alguma, a motivação correta.

Deixe o Senhor avaliar seu coração! Saiba que, quando fizer tudo para a glória de Deus, ele preparará todos os recursos necessários. Portanto, ajuste suas motivações, pois o Criador é o maior interessado em fazer seus projetos darem certo.

PLANO DE LEITURA:

Ezequiel 43–44

ACESSE O QR CODE PARA SABER MAIS:

"Quando alinhamos nossa motivação, Deus nos mostra a direção."

INVISTA NO AMANHÃ

DIA
249

@michelsimplicio

Nem todos têm um planejamento para o futuro, mas investir no amanhã é essencial para que os anos que virão pela frente sejam abençoados.

Quem investe pensa em um benefício futuro diante do sacrifício presente. Investir no amanhã é fundamental para viver os propósitos de Deus. Em 2Crônicas 15.7, lemos: "Mas, sejam fortes e não desanimem, pois o trabalho de vocês será recompensado". Isso deixa claro que aquilo que você está fazendo hoje, seja no trabalho, seja em sua vida espiritual, trará recompensas amanhã.

Às vezes, focamos demais nos investimentos materiais e esquecemos do ministério, da espiritualidade e do tempo com Deus. Mas é importante ter em mente que tudo o que fazemos tem uma repercussão no futuro. Um dia, todos estaremos diante do Senhor para prestar contas do que fizemos.

Invista tempo na presença de Deus, pois, com isso, você pavimentará o caminho para o seu sucesso! Quanto mais tempo passamos com o Senhor, mais abençoado será nosso futuro. Invista no amanhã com decisões sábias hoje.

"Pôr Deus em primeiro lugar gera a convicção de um futuro melhor."

Você tem investido no amanhã como deveria?

PLANO DE LEITURA:

Ezequiel 45–48

ACESSE O QR CODE PARA SABER MAIS:

DIA
250

@michelsimplicio

NÃO SEJA FRACO!

Você tem se mostrado fraco no dia da angústia?

PLANO DE LEITURA:

Daniel 1–4

ACESSE O QR CODE PARA SABER MAIS:

Em momentos de dificuldade, precisamos demonstrar a nossa força. Em Provérbios 24.10 (ARA), lemos: “Se te mostras fraco no dia da angústia, a tua força é pequena”. Isso mostra que é na angústia que a fé se manifesta, que é nas adversidades que os grandes guerreiros se levantam.

Deus quer que você seja forte! Pois quando ele permite problemas é para que sua verdadeira força se manifeste.

Muitas pessoas ao seu redor precisam ver que o Senhor o fez para viver uma vida abençoada, por isso não entregue os pontos – se você se mostrar fraco, a sua força será pequena.

É nos momentos difíceis que precisamos nos levantar, tomar uma posição e assumir de fato quem nós somos em Cristo Jesus. Portanto, levante-se e enfrente esse problema.

Saiba que todo mal que você não enfrenta cresce. Por isso, é hora de enfrentar essa situação!

Deus não permite uma luta que você não seja capaz de vencer, portanto, se ele está autorizando essa situação, é porque você tem a capacidade, em Cristo Jesus, de vencer e se recuperar.

Não seja fraco; fortaleça-se no Senhor!

“Na presença de Deus, a fraqueza se torna uma fortaleza.”

O PROPÓSITO DA ESPERA

DIA
251

@michelsimplicio

Esperar é um grande desafio, porque somos imediatistas e não gostamos de aguardar. Todavia, a espera carrega consigo um lindo e grande propósito. É no tempo da espera que Deus nos prepara e fortalece a nossa fé, capacitando-nos a chegar aos lugares que nos preparou.

Salmos 27.13–14 diz: "Apesar disso, esta certeza eu tenho: viverei até ver a bondade do Senhor na terra. Espere no Senhor. Seja forte! Coragem! Espere no Senhor". A Bíblia mostra muitos exemplos de pessoas que tiveram de aguardar em Deus, até que o Senhor formasse o caráter delas. José, por exemplo, é um personagem muito conhecido, porque precisou esperar muitos anos até se tornar o governador do Egito. O patriarca Noé também teve de aguardar um longo tempo entre o início da construção da arca e a efetiva chegada do dilúvio.

Deus está ministrando em seu coração: aguarde o tempo da espera! Há um grande propósito nisso, e enquanto você está esperando, o Todo-Poderoso o está aperfeiçoando para viver as promessas que ele preparou para a sua vida.

"Espere em Deus e não se precipite, pois na hora certa tudo vai acontecer."

Você tem confiança suficiente em Deus para aguardar o tempo dele? Por quê?

PLANO DE LEITURA:

Daniel 5–6

ACESSE O QR CODE PARA SABER MAIS:

DIA
252

@michelsimplicio

NÃO FOI POR ACASO!

Você já descartou a ideia antibíblica de que existe o acaso?

Nada na sua vida acontece por acaso. Se você olhar para trás, verá o cuidado que Deus teve com você, as portas que ele abriu e as que ele não permitiu se abrirem – tudo parte de um grande propósito.

As pessoas que passaram pela sua vida certamente contribuíram para o plano divino. O mesmo vale para os livramentos que recebeu, os lugares de onde saiu e tudo mais. Nada aconteceu por acaso! Deus tem um propósito em sua vida!

Em João 4.4, lemos acerca de Jesus: "Era-lhe necessário passar por Samaria". Uma mulher samaritana estava junto ao poço, vivendo grande dificuldade, tentando encontrar a felicidade nas coisas erradas. Mas Jesus resolveu passar por ali, e a vida dela mudou!

Não foi sem propósito que o Mestre passou naquele lugar. Da mesma forma, não é por acaso que Deus tem usado pessoas para falar com você e recalcular sua rota. Não é obra do destino você estar lendo estas palavras. Afinal, quando Deus tem um propósito na vida de alguém, nada acontece em vão.

Não foi por acaso que este livro chegou até você. Hoje, Deus o chama para estar mais próximo dele.

"O que Deus está fazendo você não entende, mas entenderá depois."

PLANO DE LEITURA:

Daniel 7–9

ACESSE O QR CODE PARA SABER MAIS:

PODE DORMIR TRANQUILO

DIA
253

@michelsimplicio

A vida agitada muitas vezes torna o sono desafiador. Em meio a incertezas e desafios, muitos se perguntam sobre o futuro.

O Senhor, em sua Palavra, prometeu segurança e descanso. Em Salmos 4.8 (ARA), lemos: "Em paz me deito e logo pego no sono, porque, Senhor, só tu me fazes repousar seguro". Nele há segurança, então pode dormir tranquilo! Seu amanhã está nas mãos do Altíssimo.

O Criador guarda sua vida, escreve sua história e protege você. Na Bíblia, você encontrará a instrução necessária para descansar. Sua vida não está nas mãos dos homens, sua causa não depende de um juiz ou advogado, sua saúde não está nas mãos de médicos e sua família não se escora na sociedade. Lembre-se de que você tem um Pai que cuida de tudo e nele você pode confiar!

O Senhor prometeu um sono tranquilo, então tome posse dessa palavra e descanse no Altíssimo. Em Salmos 127.2, lemos: "Será inútil levantar cedo e dormir tarde, trabalhando arduamente por alimento. O Senhor concede o sono àqueles a quem ama".

Descanse no Todo-Poderoso, pois ele tem cuidado de você. Diante dessa promessa, você pode dormir tranquilo.

"A certeza de que Deus está ao seu lado leva a um sono tranquilo."

Você tem descansado no Senhor?

PLANO DE LEITURA:

Daniel 10–12

ACESSE O QR CODE PARA SABER MAIS:

DIA
254

@michelsimplicio

O AMIGO ESPÍRITO SANTO

Você tem desenvolvido um relacionamento pessoal com o Espírito Santo?

PLANO DE LEITURA:

Oseias 1–4

ACESSE O QR CODE PARA SABER MAIS:

É muito difícil encontrar nos dias de hoje verdadeiros amigos, pessoas fiéis e leais, gente que permanece quando todos vão embora. Felizmente, o Espírito Santo de Deus cumpre esse papel.

Em João 14.16–17 (ARA), Jesus diz: "E eu rogarei ao Pai, e ele vos dará outro Consolador, a fim de que esteja para sempre convosco, o Espírito da verdade, que o mundo não pode receber, porque não o vê, nem o conhece; vós o conheceis, porque ele habita convosco e estará em vós". Jesus prometeu que deixaria conosco o Espírito Santo para nos ajudar nos momentos difíceis.

O Espírito é o Consolador e Ajudador que o Pai preparou para andar em sua companhia. Em 2Coríntios 13.14, Paulo escreve: "A graça do Senhor Jesus Cristo, o amor de Deus e a comunhão do Espírito Santo sejam com todos vocês". O Espírito Santo quer estar ao seu lado, direcionando-o. Ele não é uma força ou fogo, mas uma pessoa que deseja falar e agir em sua vida.

Convide hoje mesmo esse grande companheiro a fazer parte das suas decisões e veja que não há amigo melhor do que ele.

"Verdadeiro amigo é aquele que não o abandona em momentos difíceis."

PERDOAR PARA AVANÇAR

DIA **255**

@michelsimplicio

A falta de perdão impede o avanço e promove o retrocesso!

É extremamente fácil falar sobre perdão, mas é muito difícil de praticar de forma efetiva e consequente. Na realidade, sabemos que esse é um dos maiores desafios para seguidores de Cristo: negar o instinto de vingança e abraçar o desejo de perdoar.

Porém, para avançar, é necessário perdoar. Em meio ao seu maior sofrimento, Jesus orou: "Pai, perdoa-lhes, pois não sabem o que estão fazendo" (Lucas 23.34). Sim, mesmo na dor, o Mestre nos deu o exemplo e, contra os instintos humanos, perdoou.

Talvez você também precise perdoar para viver a vontade de Deus e avançar rumo às promessas do Pai. Para isso, precisa livrar-se de todo peso morto: não guarde mágoas ou ressentimentos! Liberar o perdão é essencial para seguir em frente.

No entanto, é importante ter em mente que o verdadeiro perdão envolve liberar a mágoa, a dor e o rancor.

Não permita que essas coisas afetem seu futuro. A boa notícia é que isso está em suas mãos. É necessário perdoar para avançar.

"Perdoar é se livrar daquilo que o impede de avançar."

Você tem guardado ressentimento de alguém? O que o impede de perdoar?

PLANO DE LEITURA:

Oseias 5–9

ACESSE O QR CODE PARA SABER MAIS:

DIA
256

@michelsimplicio

PALAVRAS LIBERAM DESTINOS

O que tem saído de seus lábios, palavras de bênção ou de maldição?

Em cada palavra que você profere, um destino é ativado, seja sobre alguém, seja, até mesmo, sobre sua vida. Por isso, é crucial estar atento ao que você está dizendo. Em Provérbios 18.21, lemos: "A língua tem poder sobre a vida e sobre a morte; os que gostam de usá-la comerão do seu fruto". Isso deixa claro que a nossa fala é um instrumento poderoso para abençoar, mas também pode ser usado para amaldiçoar.

Tiago 3 nos ensina a importância de abençoar as pessoas, e não proferir sobre maldições. Cada vez que você abrir sua boca, a orientação bíblica é que o que saia dela sejam palavras que abençoam e impulsionam vidas, liberando destinos por intermédio de tudo aquilo que você diz.

Provérbios 12.18 nos alerta: "Há palavras que ferem como espada, mas a língua dos sábios traz a cura". Que hoje seus lábios sejam instrumentos de Deus, trazendo cura e vida para aqueles ao seu redor!

E lembre-se: suas palavras têm o poder de liberar destinos. Ore a Deus, pedindo saúde e bênçãos sobre sua família e finanças, e acredite que tudo dará certo porque o Senhor está com você!

PLANO DE LEITURA:

Oseias 10–14

ACESSE O QR CODE PARA SABER MAIS:

"Use suas palavras para pedir a Deus um futuro de bênçãos!"

TEM COISA BOA CHEGANDO À SUA VIDA!

DIA
257

@michelsimplicio

Deus escolhe tempos para mudar vidas, e devemos sempre acreditar, com fé inabalável, que o Soberano escolheu o momento chamado hoje para trazer algo novo para nós.

Em Isaías 43.18–19 (ARA), lemos: "Não vos lembreis das coisas passadas, nem considereis as antigas. Eis que faço coisa nova, que está saindo à luz; porventura, não o percebeis? Eis que porei um caminho no deserto e rios, no ermo". Da mesma forma que a determinação divina veio naquela época com palavras de esperança para o povo de Deus, devemos crer que coisas boas chegarão à nossa vida hoje.

Momentos desafiadores não duram para sempre. Às vezes, a jornada da fé é difícil, mas é importante ter em mente que o Criador está trabalhando a seu favor. A Palavra de Deus diz: "Eis que faço uma coisa nova".

Você deve estar sempre em oração e acreditar que o Altíssimo pode alegrar seu coração e o surpreender com boas notícias. Aumente sua expectativa, pois o Senhor tem visto tudo e está agindo. Receba esta Palavra: tenha fé de que tem coisa boa chegando à sua vida.

"Deus tem muitas coisas boas preparadas para você."

Você é otimista ou pessimista? Algo o impede de crer nas coisas boas de Deus?

PLANO DE LEITURA:

Joel 1–3

ACESSE O QR CODE PARA SABER MAIS:

DIA
258

@michelsimplicio

JESUS ESTÁ NO BARCO DA SUA VIDA

Se Deus está no barco, quem pode lhe fazer mal?

Diante do mar agitado e revolto, às vezes sentimos que nada terminará bem. Ficamos preocupados e aflitos, pois quando enfrentamos tempestades, nosso barco parece prestes a naufragar, e tendemos a ser pessimistas em relação ao futuro, esquecendo quem está conosco no barco.

Jesus instruiu seus discípulos a entrar no barco e atravessar para a outra margem. Eles obedeceram, mas no meio do caminho enfrentaram uma grande tempestade. As ondas já cobriam o barco, mas o Mestre estava lá com eles!

Os discípulos, desesperados, acordaram o Senhor. Ele se levantou, repreendeu o vento e disse ao mar: "'Aquiete-se! Acalme-se!' O vento se aquietou, e fez-se completa bonança" (Marcos 4.39).

Jesus está no barco da sua vida; não se preocupe! Se ele o guiou por este caminho, mesmo que venham tempestades, lembre-se de que ele está em sua companhia no barco.

Muitas vezes, buscamos conselho de especialistas ou de pessoas que já passaram por tempestades semelhantes. Mas qualquer que seja a tempestade que você enfrente, se Jesus está com você, tudo terminará bem!

PLANO DE LEITURA:

Amós 1–4

ACESSE O QR CODE PARA SABER MAIS:

"A tempestade não o impedirá de chegar ao seu destino."

RESTAURAR É NECESSÁRIO!

DIA **259**

@michelsimplicio

Antigamente, era comum restaurar objetos, mas hoje muitos são descartáveis. Da mesma forma, em certos momentos da vida, algumas áreas podem se quebrar. No entanto, Deus nunca descarta nem despreza você. Ele deseja restaurar sua vida!

Salmos 126.1–2 (ARA) nos diz: "Quando o Senhor restaurou a sorte de Sião, ficamos como quem sonha. Então, a nossa boca se encheu de riso, e a nossa língua, de júbilo; então, entre as nações se dizia: Grandes coisas o Senhor tem feito por eles". Assim como Deus restaurou a vida dos israelitas de então, você deve crer que ele vai trazer restauração para sua vida!

Apesar das áreas quebradas, o fato de o Todo-Poderoso ter restaurado a sorte de seu povo mostra que ele é especialista em restaurar o que parece sem solução. 2Coríntios 5.17 afirma: "Portanto, se alguém está em Cristo, é nova criação. As coisas antigas já passaram; eis que surgiram coisas novas!". Essa verdade revela que Deus deseja restaurar sua comunhão com ele, trazendo-o mais perto.

É tempo de restauração de vida, pois restaurar é necessário!

"Deus é poderoso para restaurar aquilo que se quebrou."

Você tem orado pelo que precisa ser restaurado em sua vida?

PLANO DE LEITURA:

Amós 5–9

ACESSE O QR CODE PARA SABER MAIS:

DIA
260

@michelsimplicio

VIVA EM SABEDORIA

Você se considera uma pessoa sábia? Já buscou sabedoria no Senhor?

A palavra da sabedoria se manifesta na tomada de decisão, mas muitos não a têm. A sabedoria verdadeira vem de Deus, não apenas do intelecto humano, até porque ser sábio é viver segundo os princípios da Palavra do Senhor.

Tiago 3.13 diz: "Quem é sábio e tem entendimento entre vocês? Que o demonstre por seu bom procedimento, mediante obras praticadas com a humildade que provém da sabedoria". Isso deixa claro que é o seu comportamento que revela quão sábio você verdadeiramente é.

Sabedoria também envolve calcular o impacto de uma decisão. Quando vivemos conforme a vontade do Altíssimo e seguimos seus ensinamentos, obtemos a verdadeira sabedoria.

Deus deseja guiar sua vida, concedendo-lhe sabedoria em família, entre amigos e em todos os lugares que ele preparou para você. Veja o exemplo de Salomão: ele poderia pedir qualquer coisa, mas porque pediu sabedoria, Deus deu-lhe uma posição de destaque. Do mesmo modo, peça ao Senhor sabedoria em todas as decisões.

Esteja no centro da vontade do Todo-Poderoso e acredito que você será bem-sucedido em tudo aquilo que fizer.

PLANO DE LEITURA:

Obadias 1

ACESSE O QR CODE PARA SABER MAIS:

"Sabedoria é saber viver de acordo com a Palavra de Deus."

HÁ COISAS QUE O DINHEIRO NÃO PODE COMPRAR!

DIA **261**

@michelsimplicio

Certas coisas têm um preço definido; o mercado, por exemplo, determina o valor de roupas, alimentos e itens de higiene pessoal. Bens materiais podem ser adquiridos com dinheiro, mas há aquilo que o dinheiro nunca poderá comprar, como a salvação, saúde, sono, paz e um lar.

Hoje, talvez você precise da intervenção de Deus nas coisas que o dinheiro não é capaz de comprar. Em 2Reis 4.8–17, a Bíblia relata a história da mulher sunamita, que era muito rica. Certa vez, ela construiu um quarto para o profeta Eliseu em sua casa. Apesar de ter muitas posses, ela e seu marido não tinham filhos. Certa vez, hospedado naquele local, ele percebeu o desejo dela de ser mãe, então Deus usou Eliseu para pronunciar uma palavra sobre aquela senhora, que concebeu um filho.

Entenda que há coisas que o dinheiro não pode comprar: mesmo sendo rica, a sunamita não podia comprar o que somente o Todo-Poderoso poderia dar. Descanse seu coração, pois há coisas que o dinheiro não pode comprar, mas para Deus nada é impossível! Ele tem poder para lhe dar o milagre de que você precisa.

"O dinheiro pode estar no seu bolso, jamais no seu coração."

Você crê que Deus tem poder para lhe dar seu milagre?

PLANO DE LEITURA:

Jonas 1–4

ACESSE O QR CODE PARA SABER MAIS:

DIA
262

@michelsimplicio

DEUS ESTÁ DESPERTANDO VOCÊ

De que tipo de sono espiritual você precisa despertar?

....

....

....

....

....

....

....

PLANO DE LEITURA:

Miqueias 1–7

ACESSE O QR CODE PARA SABER MAIS:

Deus sabe como despertar a nossa fé, trazer-nos de volta e nos reconduzir ao propósito. Muitas vezes, ele permite situações que não compreendemos, tirando o controle das nossas mãos para nos fazer despertar e agir conforme necessário.

A Palavra do Senhor, em Efésios 5.14, nos diz: "Por isso é que foi dito: 'Desperta, ó tu que dormes, levanta-te dentre os mortos e Cristo resplandecerá sobre ti'". Nesse versículo, vemos que alguns cristãos estavam adormecidos espiritualmente e precisavam despertar. Quem sabe o que está acontecendo em sua vida é Deus o chamando para um novo nível de fé? Existem áreas em sua vida que precisam ser despertadas!

Lembro-me de uma época em que meu filho tinha dificuldades para dormir, e o Eterno me despertou. Comecei a orar de madrugada como nunca, e aquele momento foi um despertar espiritual em minha vida.

Deus pode estar usando a situação atual para despertar a sua fé também. Ele tem todo o poder e promete que, se crermos, veremos a sua glória (cf. João 11.40). Hoje, o Senhor o está despertando! Se você o buscar como nunca, deve crer que experimentará coisas inéditas.

"Está na hora de despertar para viver o novo de Deus."

SEU ROSTO VAI VOLTAR A BRILHAR!

DIA 263

@michelsimplicio

Muitas pessoas perderam o brilho nos olhos e no rosto. Nesse contexto, o brilho representa a alegria que vem da vida de Deus em nós.

A Bíblia nos mostra o exemplo de Moisés: quando ele entrava na presença de Deus, a glória do Senhor vinha sobre ele. Aquele homem ficava com o rosto resplandecente, a ponto de as pessoas perceberem.

Em 2Coríntios 3.13, Paulo escreve: "Não somos como Moisés, que colocava um véu sobre a face para que os israelitas não contemplassem o resplendor que se desvanecia". Quando o libertador hebreu não estava na presença do Senhor, o brilho desaparecia.

Assim como Moisés, muitos hoje cobrem o rosto com véus. Muitos casamentos são apenas fachadas; por trás de sorrisos, há corações entristecidos. Algumas pessoas escondem suas dores por trás de maquiagens bem-feitas. Mas Deus nos orienta a tirar o véu!

Creia que seu rosto vai voltar a brilhar! É hora de ser feliz novamente! Tudo de que você precisa é estar na presença de Deus, acessível por meio de Jesus. Nele, seu rosto vai voltar a brilhar.

"Deus fará seu rosto brilhar novamente."

O que tem impedido seu rosto de brilhar?

PLANO DE LEITURA:

Naum 1–3

ACESSE O QR CODE PARA SABER MAIS:

DIA
264

LEMBRA-TE DO TEU CRIADOR!

Se algo rouba sua atenção do Criador, o que você pretende fazer a respeito?

....

....

....

....

....

....

....

PLANO DE LEITURA:

Habacuque 1–3

ACESSE O QR CODE PARA SABER MAIS:

Muitas vezes, esquecemo-nos daquele que nos criou e nos gerou para um grande propósito. Porém, a Palavra de Deus nos diz em Eclesiastes 12.1 (ARC): "Lembra-te do teu Criador nos dias da tua mocidade, antes que venham os maus dias, e cheguem os anos dos quais venhas a dizer: Não tenho neles contentamento".

O sábio Salomão nos alerta a lembrar do Senhor. Em determinados momentos, podemos até nos esquecer, por isso ele diz: lembre-se de que você tem um Criador, pois haverá dias em que estará cansado e terá dificuldades de enxergar que o Altíssimo o criou e está com você.

Salomão nos adverte que o tempo de servir a Deus é agora; o tempo de cumprir o propósito é hoje. Lembre-se do seu Criador! É o Todo-Poderoso que o sustenta e o mantém de pé.

Muitas pessoas focam nos próprios planos e se esquecem de que existe o Altíssimo, que nos criou para cumprir um grande propósito. Não seja assim! Lembre-se do seu Criador! Viva no centro do querer de Deus, pois ele o está chamando para uma grande obra.

"Aquele que se lembra do Criador hoje, será honrado por ele amanhã."

NÃO ACREDITE EM MENTIRAS!

DIA **265**

Dizem que uma mentira contada muitas vezes torna-se verdade, porém isso é um engano. A Bíblia diz que, mesmo contada muitas vezes, uma mentira continua sendo uma grande mentira. Portanto, não acredite nessa falácia maligna!

Infelizmente, muitos têm acreditado em mentiras, e, como sabemos, o maior mentiroso da história é o Diabo. Em João 8.44, lemos: "Ele foi homicida desde o princípio e não se apegou à verdade, pois não há verdade nele. Quando mente, fala a sua própria língua, pois é mentiroso e pai da mentira". O Diabo mente e diz que você não consegue, que seu casamento não dará certo, que sua família é um fracasso, que você nunca alcançará seus objetivos. E muitas pessoas acreditam nessas mentiras.

Talvez ele lhe tenha mentido nos últimos dias, dizendo que você não é capaz e que o Criador o abandonou. Não acredite nas mentiras do Maligno; creia na verdade!

Em João 14.6, Jesus diz: "Eu sou o caminho, a verdade e a vida. Ninguém vem ao Pai, a não ser por mim". Ele veio para lhe dar vida em abundância, então não acredite em mentiras. Viva pela verdade, pois Cristo é a verdade!

"Não acredite nas mentiras do Inimigo."

Em que mentiras de Satanás você tem acreditado?

....

....

....

....

....

....

....

PLANO DE LEITURA:

Sofonias 1–3

ACESSE O QR CODE PARA SABER MAIS:

DIA
266

@michelsimplicio

O SILÊNCIO DE DEUS

Deus está falando; e você, está ouvindo?

PLANO DE LEITURA:

Ageu 1–2

ACESSE O QR CODE PARA SABER MAIS:

O silêncio de Deus não deve nos levar ao desespero, mas sim a buscar uma comunhão mais profunda com ele. Em Salmos 22.1 (ACF), o salmista diz: "Deus meu, Deus meu, por que me desamparaste? Por que te alongas do meu auxílio e das palavras do meu bramido?". Essa passagem mostra o desespero pelo fato de o Pai estar em silêncio. Todavia, precisamos entender que o silêncio do Senhor é importante. Se ele, muitas vezes, se cala, é porque já deu uma instrução e está trabalhando!

O silêncio do Eterno não significa que ele não nos ama ou não quer falar, mas que ele já falou e agora precisamos pôr em prática suas instruções e seus ensinamentos.

E mais: o silêncio do Criador prova nossa fé. Muitas pessoas se desesperam, mas não devemos agir assim, pois talvez o silêncio de Deus esteja denunciando que estamos distantes e precisamos nos aproximar mais dele.

O Altíssimo não grita; ele fala. Se não estamos ouvindo, é porque estamos distantes. Aproxime-se mais do Senhor e descanse o coração, porque o silêncio de Deus significa que ele está trabalhando a seu favor.

"O silêncio de Deus nos leva à mais profunda reflexão."

FAÇA A SUA VIDA VALER A PENA

DIA **267**

@michelsimplicio

Você certamente tem se esforçado bastante, pois vivemos em uma sociedade pós-moderna, em que as pessoas trabalham demais e muitas vezes levantam-se cedo e dormem tarde para cumprir um roteiro cotidiano – que demanda muito esforço. Mas a pergunta é: será que tudo isso vale a pena?

Se estamos agindo e trabalhando da maneira correta, devemos crer que seremos recompensados pelo Senhor. Em 1Coríntios 15.58 (ARC), Paulo diz: "Portanto, meus amados irmãos, sede firmes e constantes, sempre abundantes na obra do Senhor, sabendo que o vosso trabalho não é vão no Senhor". Sim, vale a pena permanecer firme! Vale a pena servir ao Criador com fidelidade e intensidade, auxiliando o próximo e sempre estendendo a mão ao caído! Vale a pena servir ao Senhor e viver em honestidade e santidade!

Faça a sua vida valer a pena e lembre-se de que um dia estaremos diante do Altíssimo, e ele enxugará dos nossos olhos toda lágrima. O Senhor há de recompensar todo o nosso trabalho.

Faça a sua vida valer a pena, sirva ao Eterno com integridade e seja fiel, pois, assim, você será recompensado.

"Todo o seu esforço será recompensado."

Você tem feito sua vida valer a pena? Se não, por quê?

PLANO DE LEITURA:

Zacarias 1–5

ACESSE O QR CODE PARA SABER MAIS:

DIA
268

@michelsimplicio

CADA UM DÁ O QUE TEM

Analise sua vida e responda: você tem carregado uma harpa ou uma lança?

É verdade que só podemos oferecer aquilo que já possuímos e só podemos dar aquilo que temos. Lucas 6.45 diz: "O homem bom tira coisas boas do bom tesouro que está em seu coração, e o homem mau tira coisas más do mal que está em seu coração, porque a sua boca fala do que está cheio o coração". Portanto, se você tem amor no coração, transmite esse amor, mas se tem ódio, certamente odiará.

Em 1Samuel 18 e 19, a Bíblia conta a história de dois homens: Saul, que tinha na mão uma lança e tentou várias vezes ferir pessoas; e Davi, que tinha uma harpa e adorava ao Senhor. O que você tem, você oferece! Davi oferecia louvores; Saul tentava oferecer a morte. Por isso, é importante hoje distinguir o que você carrega, porque o que tem é o que vai oferecer às pessoas.

Eu peço a Deus que a nossa geração possa ser como Davi, que carregava uma harpa, um instrumento de adoração ao Todo-Poderoso, e não como Saul, que usava uma lança para machucar pessoas.

Cuidado com o que você carrega, pois cada pessoa dá o que tem.

PLANO DE LEITURA:

Zacarias 6–10

ACESSE O QR CODE PARA SABER MAIS:

"Deus pode usar aquilo que você tem para abençoar alguém."

PÕE-TE EM PÉ E FALAREI CONTIGO

DIA
269

@michelsimplicio

O Senhor deseja falar conosco em todo tempo. Ele quer nos direcionar e manter um relacionamento pessoal, porém, muitas vezes, diante das adversidades e incertezas da vida, nos apequenamos e não conseguimos ouvir a voz de Deus, porque não estamos na postura correta.

Em Ezequiel 2.1 (ARA), o profeta relata o que o Senhor lhe dissera: "Filho do homem, põe-te em pé, e falarei contigo". Deus estava dizendo: "Tenha uma postura, endireite-se, porque quero falar com você!". Talvez Ezequiel estivesse desanimado ou até prostrado diante das adversidades, mas o Eterno queria dar um direcionamento para ele.

Da mesma forma, o Altíssimo quer direcionar você, dando orientação em relação aos próximos passos. Para isso, você precisa se posicionar e confiar.

Quando Deus disse para o profeta se colocar em pé, isso não significa que ele estava literalmente sentado ou deitado, mas provavelmente abatido e prostrado devido ao momento difícil que enfrentava.

Deus quer falar, e o segredo é ter uma nova postura, colocar-se de pé, posicionar-se, para que ele fale e traga um novo direcionamento.

"Tome uma posição, e Deus lhe mostrará a direção."

O que o impede de se pôr de pé na presença do Senhor?

....

....

....

....

....

....

....

PLANO DE LEITURA:

Zacarias 11–14

ACESSE O QR CODE PARA SABER MAIS:

DIA
270

@michelsimplicio

ESVAZIE-SE DE VOCÊ PARA SER CHEIO DE DEUS

Para ser cheio da presença de Deus, você precisa se esvaziar daquilo que tem ocupado o lugar que deveria pertencer somente ao Senhor. Ele deseja enchê-lo da presença dele e do conhecimento que vem do alto, mas para isso é preciso esvaziar-se de você mesmo e de todo conhecimento terreno.

O apóstolo Paulo aprendeu sobre isso. Em Filipenses 3.8 (ACF), ele diz: "E, na verdade, tenho também por perda todas as coisas, pela excelência do conhecimento de Cristo Jesus, meu Senhor; pelo qual sofri a perda de todas estas coisas, e as considero como escória, para que possa ganhar a Cristo". Paulo era fariseu dos fariseus, o que significa que estudou aquela religião durante muitos anos, aos pés de Gamaliel, a maior referência da época. Todavia, quando Deus o chamou, ele abriu mão de tudo para ganhar a Cristo.

Faça o mesmo, esvazie-se para receber e viver tudo o que Deus tem preparado. Lembre-se de que o segredo é fazer como João Batista, que disse: "É necessário que ele cresça e que eu diminua" (João 3.30).

Está na hora de nos esvaziarmos totalmente de tudo o que veio do passado e que não é mais suficiente para nos fazer avançar.

"Quem se esvazia está pronto para ser cheio por Deus."

O que tem impedido você de se esvaziar?

....

....

....

....

....

....

....

PLANO DE LEITURA:

Malaquias 1–4

ACESSE O QR CODE PARA SABER MAIS:

NÃO PERCA A ESPERANÇA

DIA
271

@michelsimplicio

Nos momentos adversos, a primeira coisa que perdemos é a esperança, especialmente quando lutamos por muito tempo e a vitória parece que nunca chega. A Bíblia fala sobre isso em Gênesis, ao relatar a história de Agar, serva de Sara, que teve um filho com Abraão a pedido de sua senhora.

Em certo momento, Agar e seu filho, Ismael, foram expulsos e vagaram pelo deserto. Desesperada, ela achou que ele morreria, mas o anjo do Senhor apareceu e lhe disse: "Que tens, Agar? Não temas, porque Deus ouviu a voz do menino desde o lugar onde está" (Gênesis 21.17, ACF). Deus enviou um anjo e salvou o menino!

Hoje, o Todo-Poderoso manda um recado a você: não perca a esperança! Se por muito tempo você serviu alguém que agora acha que sua vida não lhe serve mais, Deus sabe exatamente o que está acontecendo e diz: não perca a esperança!

Assim como ele viu Agar e ouviu o menino no deserto, o Senhor está lhe enviando um anjo para dizer que ele é com você.

Portanto, não desanime! Continue crendo e jamais perca a esperança!

"O que vale a pena conquistar vale a pena esperar."

O que tem roubado a sua esperança?

PLANO DE LEITURA:

Mateus 1–3

ACESSE O QR CODE PARA SABER MAIS:

DIA
272

@michelsimplicio

NÃO FAÇA TEMPESTADE EM COPO D'ÁGUA

Diante das adversidades, o que é maior aos seus olhos: o problema ou Deus?

PLANO DE LEITURA:

Mateus 4–6

ACESSE O QR CODE PARA SABER MAIS:

Às vezes, esquecemos que Deus nos escolheu, nos chamou e cuida de nós. Quando recebemos um diagnóstico preocupante, por exemplo, nossa reação é de preocupação. Alguns sequer conseguem dormir diante de uma notícia inesperada, ficam desorientados e fazem tempestade em um copo d'água.

Deus está lhe dizendo para confiar nele e em sua soberania, pois agindo ele, ninguém poderá impedir!

Você pode escolher entre fazer uma tempestade em um copo d'água e tomar um copo d'água em meio à tempestade. A maneira como reage às adversidades determina a sua fé. Jesus disse: "Deixo-vos a paz, a minha paz vos dou; não vo-la dou como o mundo a dá. Não se turbe o vosso coração, nem se atemorize" (João 14.27, ARC).

A realidade é que, com uma palavra, Deus muda completamente o cenário. Não se preocupe nem fique temeroso em relação ao futuro, porque você não está sozinho. Não há enfermidade que o Todo-Poderoso não possa curar, diagnóstico que ele não possa reverter, porta fechada que o Altíssimo não possa abrir.

Portanto, descanse o coração e não faça tempestade em copo d'água.

> **"Com apenas uma palavra Deus tem poder de mudar o cenário."**

BÊNÇÃOS INESGOTÁVEIS

DIA **273**

@michelsimplicio

Deus é uma fonte inesgotável de bênçãos! Em Efésios 3.20, lemos que ele é poderoso para fazer infinitamente mais do que pedimos ou pensamos. As bênçãos do Senhor não têm fim, como diz Efésios 1.3: "Bendito seja o Deus e Pai do nosso Senhor Jesus Cristo, que nos abençoou com todas as bênçãos espirituais nas regiões celestiais em Cristo".

O Altíssimo tem poder para abençoar tudo o que é seu: casa, finanças, emoções, ministério e muito mais. Por mais difícil que seja sua caminhada, lembre-se de que existem muitas bênçãos preparadas para você. A realidade é que o Eterno tem muitas bênçãos como presentes embrulhados esperando para serem acessados.

Ouvi uma fábula sobre um homem que, ao chegar ao Céu, viu muitos presentes guardados. Quando perguntou ao anjo de quem eram, ouviu que eram bênçãos que ele não tivera coragem de acessar.

Está na hora de entrar na presença de Deus, clamar e acessar as bênçãos que estão liberadas para sua vida! Não espere chegar ao Céu para ver muitos presentes com seu nome. O Senhor tem bênçãos sem fim, e agora é o momento de desembrulhar esses presentes.

"Deus tem grandes bênçãos preparadas para você."

Você tem estado atento às bênçãos que Deus destinou à sua vida?

PLANO DE LEITURA:

Mateus 7–9

ACESSE O QR CODE PARA SABER MAIS:

DIA
274

@michelsimplicio

ESCOLHA SEU CAMINHO

Você procura, em geral, seguir pelo caminho mais fácil ou pelo mais correto?

Tudo na vida é uma questão de escolha. São as opções que fazemos que determinam como e quando chegaremos aos destinos que traçamos.

Em Mateus 7.13–14, Jesus diz: "Entrem pela porta estreita, pois larga é a porta e amplo o caminho que leva à perdição, e são muitos os que entram por ela. Como é estreita a porta, e apertado o caminho que leva à vida! São poucos os que a encontram". Existem dois caminhos: a porta larga, que representa os prazeres do mundo e os desejos pecaminosos, e a porta estreita, que exige dizer não ao pecado e viver em santidade. Precisamos decidir se entraremos pela porta larga ou pela estreita – sabendo que essa é a de Deus.

Em geral, aquilo que for fácil hoje, amanhã será difícil, mas o que for difícil hoje, amanhã será mais fácil. Lembre-se de que um dia estaremos diante do Senhor, e ele enxugará de nossos olhos todas as nossas lágrimas. Tudo valerá a pena! Portanto, continue servindo ao Todo-Poderoso, escolha seu caminho, honre ao Senhor e entre pela porta estreita.

PLANO DE LEITURA:

Mateus 10–11

ACESSE O QR CODE PARA SABER MAIS:

"Seu destino sempre será uma questão de escolha."

UM PASSO DE CADA VEZ

DIA
275

@michelsimplicio

Quem nunca disse aos filhos: "Vá devagar, faça uma coisa de cada vez"? As crianças querem fazer tudo ao mesmo tempo e muitas vezes querem correr sem terem aprendido bem a andar. Ensinamos aos nossos filhos que na vida precisamos dar um passo de cada vez, agir com prudência e não ter pressa para tomar decisões, conforme Provérbios 19.2 (ARA): "Não é bom proceder sem refletir, e peca quem é precipitado".

Agir ou falar sem pensar nas consequências não é bom. A precipitação é a causa do sofrimento de muitas pessoas, principalmente das que querem ver resultados rápidos. Na vida, o ideal é buscar a Deus e dar um passo de cada vez. Ninguém nasce grande, crescer é um processo.

Dia após dia, Deus está trabalhando em nós. O crescimento vem dele, por isso precisamos aprender a dar um passo de cada vez. Financeiramente, não acredito em quem fica rico da noite para o dia. Tudo na vida é um processo, até enriquecer.

É preciso dar um passo de cada vez e não se apressar. Aprenda a cumprir esse princípio bíblico, crendo que Deus fará você crescer. Não tenha pressa, não seja precipitado e dê um passo de cada vez.

"Prudência é não se precipitar antes de tomar uma decisão."

Você costuma ser cauteloso ou imprudente na hora de tomar decisões?

PLANO DE LEITURA:

Mateus 12–13

ACESSE O QR CODE PARA SABER MAIS:

DIA
276

@michelsimplicio

O PODER DO ARREPENDIMENTO

Ao cometer um pecado, você se arrepende com facilidade? Por quê?

No mundo pós-moderno, o arrependimento não está na moda. Atualmente, muitos dizem que não se arrependem de nada. Porém, o arrependimento é um dos primeiros princípios do Evangelho e essencial para nossa felicidade, tanto na Terra quanto na Eternidade.

Arrepender-se é muito mais do que reconhecer os erros, é uma mudança na mente e no coração, uma nova perspectiva de Deus. O arrependimento não é sobre nós mesmos, mas sobre o mundo e tudo ao nosso redor. Diz respeito a afastar-se do pecado e voltar-se para o Senhor.

O arrependimento é motivado pelo amor divino e pelo desejo de obedecer aos mandamentos. Precisamos nos arrepender como fez o rei Davi. Ao cometer grandes pecados, ele se arrependeu rapidamente.

De igual modo, em Atos 3.19 (ARC), lemos: "Arrependei-vos, pois, e convertei-vos, para que sejam apagados os vossos pecados, e venham, assim, os tempos do refrigério pela presença do Senhor". Pecamos por palavras, pensamentos ou obras, e quando nos arrependemos, encontramos o favor de Deus.

O poder do arrependimento é que todo aquele que confessa e deixa o pecado alcança a misericórdia do Senhor.

PLANO DE LEITURA:

Mateus 14–15

ACESSE O QR CODE PARA SABER MAIS:

"Arrependimento genuíno é afastar-se do pecado."

PERMANEÇA EQUILIBRADO

DIA
277

@michelsimplicio

O equilíbrio é fundamental para que você viva a vontade de Deus. Muitas pessoas têm dificuldade em manter a vida equilibrada, e a Bíblia diz que todo desequilíbrio é perigoso: "Não sejas demasiadamente justo, nem demasiadamente sábio; por que te destruirias a ti mesmo? Não sejas demasiadamente ímpio, nem sejas louco; por que morrerias fora de teu tempo? Bom é que retenhas isso e também disso não retires a tua mão; porque quem teme a Deus escapa de tudo isso" (Eclesiastes 7.16–18, ARC).

Equilíbrio é ter moderação, autocontrole e uma postura sem oscilação.

Na Bíblia, há exemplos de pessoas equilibradas e desequilibradas. Davi, por exemplo, foi conhecido por suas conquistas, mas deixou de lado o equilíbrio familiar, cuidando tanto do reino que esqueceu dos filhos.

Pense e reflita sobre qual área da sua vida está sem equilíbrio. Talvez você tenha se envolvido apenas com bens materiais e deixado as coisas de Deus de lado. O equilíbrio é essencial para viver no centro da vontade do Eterno. Portanto, permaneça equilibrado.

"Manter o equilíbrio é viver sem oscilação."

O que afeta seu equilíbrio? O que você pode fazer a respeito?

PLANO DE LEITURA:

Mateus 16–18

ACESSE O QR CODE PARA SABER MAIS:

DIA
278

@michelsimplicio

APARTA-TE DO MAL

Você tem buscado sempre se afastar do mal? Em tudo?

....

....

....

....

....

....

....

PLANO DE LEITURA:

Mateus 19–21

ACESSE O QR CODE PARA SABER MAIS:

Quanto mais longe do mal você estiver, mais próximo da vontade de Deus estará.

É necessário estar com os olhos espirituais abertos para não trilhar o caminho do mal e estar distante do que desagrada a Deus. Em Provérbios 3.7 (ARC), lemos: "Não sejas sábio a teus próprios olhos; teme ao Senhor e aparta-te do mal". O desejo de Deus é que você se afaste do mal.

Salmos 1 (ARA) diz: "Bem-aventurado o homem que não anda no conselho dos ímpios, não se detém no caminho dos pecadores, nem se assenta na roda dos escarnecedores". Existem ambientes que Deus deseja que não frequentemos. Há amizades que não condizem com o que ele quer.

O Espírito Santo traz conselhos que não podemos ignorar. Tudo o que se afasta do propósito do Senhor é mal, e precisamos manter distância. O mundo está corrompido pelo mal, e somos bombardeados constantemente. É essencial viver uma vida longe do mal, mantendo os olhos fitos no Senhor. Em 1Pedro 3.11 (ACF), lemos: "Aparte-se do mal, e faça o bem; busque a paz, e siga-a".

Que você busque o bem, apartando-se do mal e vivendo em paz com Deus.

"Quanto mais perto de Deus você estiver, mais longe do mal estará."

A ATITUDE DETERMINA O DESTINO

DIA
279

@michelsimplicio

O destino que queremos trilhar nos próximos anos está diretamente ligado às atitudes que tomamos hoje. Se as nossas ações forem boas, provavelmente nosso destino será maravilhoso.

A Bíblia nos mostra a atitude de dois homens: um tomou uma decisão sábia e teve seu destino coroado na eternidade; o outro, infelizmente, não aproveitou a oportunidade de ser salvo. Em Lucas 23.33–43 (ACF), lemos que apenas um deles reconheceu Jesus como Salvador. Ele disse: "Senhor, lembra-te de mim, quando entrares no teu reino", e o Senhor lhe respondeu: "Em verdade te digo que hoje estarás comigo no Paraíso". A atitude daquele homem lhe permitiu desfrutar do Paraíso.

Portanto, lembre-se de que a atitude determina o destino. Uma escolha correta pode fazer você ter um futuro abençoado. Por outro lado, quem age como o outro ladrão e duvida provavelmente não terá um bom destino. Hoje, o Senhor fala ao nosso coração que a melhor decisão que podemos tomar é entregar nossa vida por completo a Jesus, pois somente ele pode mudar nosso destino e nos salvar.

"Seu destino de amanhã é definido pelas atitudes de hoje."

Avaliando as suas atitudes, você crê que elas estão de acordo com a vontade de Deus?

....

....

....

....

....

....

....

PLANO DE LEITURA:

Mateus 22–23

ACESSE O QR CODE PARA SABER MAIS:

DIA
280

@michelsimplicio

NÃO SEJA MAL-HUMORADO

Como anda seu humor?

....

....

....

....

....

....

....

PLANO DE LEITURA:

Mateus 24–25

ACESSE O QR CODE PARA SABER MAIS:

Como anda seu humor nos últimos dias? Você é conhecido por ser uma pessoa alegre ou mal-humorada?

A Bíblia destaca a importância do bom humor. Em Provérbios 22.24–25 (NBV), lemos: "Não se torne amigo de quem vive de mau humor, nem ande em companhia de pessoas iradas e grosseiras, do contrário, você acabará se tornando igual a elas e será castigado da mesma maneira." A Palavra do Senhor nos orienta a termos bom humor, pois o rosto reflete o que há no coração.

Às vezes, o mau humor é causado por uma alma entristecida e abatida; outras vezes, é fruto de um coração magoado. O Senhor deseja que reflitamos a sua glória, para que, ao entrarmos nos mais variados ambientes, as pessoas percebam que o Altíssimo cuida de nós. As pessoas notam por meio do seu bom humor e da sua alegria que você confia no Senhor? Não seja mal-humorado! Deus está cuidando de você, portanto alegre-se e confie nele, acreditando que, no fim, tudo vai terminar bem.

Seja bem-humorado e deixe seu rosto refletir a glória do Senhor!

"Viver com bom humor tem o poder de contagiar todos ao seu redor."

DEUS É BOM O TEMPO TODO!

DIA
281

@michelsimplicio

A bondade do Senhor se revela de diversas formas, mas muitas pessoas têm dificuldade de enxergar essa verdade. Olhe para o cuidado que o Eterno tem com a sua vida: ele coloca pessoas no seu caminho e cuida da sua casa, da sua saúde e de tudo que você precisa. Sabe por quê? Porque Deus é bom o tempo todo!

Muitas vezes, focamos no que não está dando certo e esquecemos de contemplar a bondade do Criador. O salmista diz em Salmos 23.6 (ARC): "Certamente que a bondade e a misericórdia me seguirão todos os dias da minha vida; e habitarei na Casa do Senhor por longos dias". Sim, o Todo-Poderoso guarda sua vida e cuida de você em todo tempo.

Está na hora de olhar para toda essa bondade que o faz se levantar todos os dias e enfrentar os desafios da vida. Nada disso está relacionado à sua força ou à sua habilidade, mas à bondade de Deus, que continua nos amando apesar de nossas falhas.

Ele é bom o tempo todo e fez questão de nos revelar o seu amor por meio de Jesus, entregue por sua bondade em favor dos seus. Renda graças ao Senhor! Ele é bom o tempo todo!

"Deus permanece bom mesmo quando enfrentamos o dia mau."

Alguma circunstância má do passado afetou o modo como você vê a bondade de Deus?

PLANO DE LEITURA:

Mateus 26

ACESSE O QR CODE PARA SABER MAIS:

DIA
282

@michelsimplicio

SEM DEUS TUDO É ILUSÃO!

Será que você já acreditou mais em ilusões do que em Deus? O que aprendeu com isso?

PLANO DE LEITURA:

Mateus 27–28

ACESSE O QR CODE PARA SABER MAIS:

Atualmente, vemos muitas pessoas desistindo da caminhada. Elas estão cansadas e sobrecarregadas, à beira de uma depressão ou um colapso, recorrendo a ansiolíticos. Precisamos nos aproximar do Senhor, pois sem ele tudo é ilusão!

O sábio Salomão escreveu, em Eclesiastes 1.14 (NTLH): "Eu tenho visto tudo o que se faz neste mundo e digo: tudo é ilusão. É como correr atrás do vento". Quando lemos esse texto, parece que o rei está depressivo, mas, na verdade, ele mostra o retrato de um homem que se distanciou do Criador e chegou à conclusão: tudo é ilusão, como correr atrás do vento, tentando alcançar o inalcançável.

Isso acontece quando estamos distantes do Todo-Poderoso, pois sem ele tudo é ilusão! Todo sucesso longe do Senhor se torna fracasso, trazendo apenas vazio existencial. Sem a presença do Altíssimo, tudo é ilusão!

Por isso, quando a humanidade tenta chegar ao topo da montanha sem o Eterno, percebe que tudo é ilusão. A presença do Pai é fundamental para que você seja feliz e tenha plenitude na sua vida.

"Ilusão é tentar escrever sua história sem o autor da vida."

TEM ALGUÉM QUE NÃO GOSTA DE VOCÊ

DIA
283

@michelsimplicio

Todos nós, de certa forma, nos esforçamos ao máximo para sermos agradáveis a todas as pessoas, desejando que gostem da gente. No entanto, sempre haverá alguém que, independentemente do nosso esforço, não gostará.

No mundo espiritual também há alguém que nos odeia. A Bíblia diz, em 1Pedro 5.8 (ARC): "Sede sóbrios, vigiai, porque o diabo, vosso adversário, anda em derredor, bramando como leão, buscando a quem possa tragar [...]". O Diabo não gosta de nós! Porém, o mais importante é saber que "o anjo do Senhor acampa-se ao redor dos que o temem, e os livra" (Salmos 34.7, ARC). Então, não tema!

Pode até haver alguém que não gosta de você e quer destruí-lo, mas o Senhor o ama, guarda a sua vida, protege a sua casa e não permitirá que o Inimigo lhe toque!

Portanto, por mais que o Inimigo use mentiras e tente utilizar pessoas para praticar injustiças, o Altíssimo sempre estará ao seu lado, guardando, protegendo e abençoando. Não há razão para temer!

Tem alguém que não gosta de você, mas há alguém maior que o ama e deu a vida pela sua: Jesus. Por isso, não tenha medo!

"Valorize quem deu a vida por você."

O que importa mais: o Diabo não gostar de você ou Deus amá-lo?

PLANO DE LEITURA:

Marcos 1–2

ACESSE O QR CODE PARA SABER MAIS:

DIA
284

@michelsimplicio

POR QUE ORAR É TÃO DIFÍCIL?

Muitas pessoas enfrentam dificuldades na oração. Elas conseguem fazer tantas outras coisas durante o dia, mas para se desligar do corre-corre da vida a fim de orar parece haver uma grande resistência.

A oração é uma das armas mais poderosas que a humanidade possui, e o Inimigo sabe disso, por isso faz de tudo para que os santos de Deus não orem. A oração é o meio pelo qual você vence muitos desafios. Em Mateus 21.22, lemos: "E tudo o que pedirem em oração, se crerem, vocês receberão".

Orar é difícil porque é uma arma em uma batalha espiritual. Quando você ora, milagres acontecem e o sobrenatural se manifesta!

A Bíblia nos mostra vários exemplos de homens e mulheres de oração: Ana, estéril, gerou Samuel, fruto de sua oração; Ezequias, à beira da morte, orou e foi curado. Muitas pessoas alcançaram grandes milagres por intermédio da oração. Por essa razão, Deus está despertando você para orar.

Orar é difícil porque o Inimigo sabe que, ao usar essa arma, você será mais que vencedor! Mas não desanime! Ore e veja milagres acontecerem!

Como anda a sua rotina de oração?

....

....

....

....

....

....

....

PLANO DE LEITURA:

Marcos 3–4

ACESSE O QR CODE PARA SABER MAIS:

"A oração é a arma mais poderosa que uma pessoa pode ter."

O VÍCIO DE SÓ FALAR!

DIA
285

@michelsimplicio

Quantas vezes falamos sobre nossos planos e projetos, mas nunca os colocamos em prática? Se você percebe que tem falado muito, mas feito pouco, está na hora de tomar uma atitude e começar a agir. Mexa-se!

Em Êxodo 14.15 (ARC), Deus diz a Moisés, às margens do mar Vermelho, quando o povo hebreu, amedrontado, empaca: "Por que clamas a mim? Dize aos filhos de Israel que marchem". O Onipotente queria que eles parassem de falar e começassem a fazer.

De igual modo, em Josué 7.10, o Senhor disse a Josué: "Levante-se! Por que você está aí prostrado?". O Criador queria que aquele homem tomasse uma atitude. Fica claro que a vontade do Senhor é que ajamos, e não apenas projetemos.

A atitude é um comportamento que nos leva a mudar circunstâncias. Está na hora de pôr a fé em ação e começar a agir de forma eficaz e consequente. Acredite que Deus já liberou uma palavra positiva sobre a sua vida! Em 2Coríntios 1.20, lemos que em Cristo já temos o sim e o amém. Portanto, elimine o vício de só falar e adquira o hábito de fazer e agir.

"Pare de falar e comece a realizar."

Será que você não tem falado demais e agido de menos?

PLANO DE LEITURA:

Marcos 5–6

ACESSE O QR CODE PARA SABER MAIS:

DIA 286

@michelsimplicio

DO JEITO QUE ESTÁ NÃO VAI FICAR!

Você faz a sua parte quando pede algo a Deus ou apenas aguarda, apático?

Existem momentos em que precisamos tomar uma atitude e mudar o que nos incomoda. Isso aconteceu com certo líder religioso judeu, cuja filha estava doente. Em Lucas 8.41–42, lemos: "Então um homem chamado Jairo, dirigente da sinagoga, veio e prostrou-se aos pés de Jesus, implorando-lhe que fosse à sua casa porque sua única filha, de cerca de doze anos, estava à morte".

Jairo não ficou passivo, antes, tomou uma atitude e foi até Jesus. Sua fé e determinação lhe permitiram viver um milagre extraordinário! O que isso nos mostra? Que precisamos tomar uma atitude, pois do jeito que estão as coisas não podem continuar.

Essa história prova sem sombra de dúvida que é necessário agir para que Jesus opere em nossa vida. Ele não deseja que fiquemos apáticos, esperando uma bênção simplesmente cair do céu.

Hoje é o momento de tomar uma atitude e crer que Cristo pode mudar sua história. O Senhor está sempre pronto para agir em sua vida, mas ele deseja que você tenha fé e determinação para buscar sua divina intervenção.

PLANO DE LEITURA:

Marcos 7–8

ACESSE O QR CODE PARA SABER MAIS:

"Se você se posicionar, do jeito que está não poderá ficar."

TIRANDO AS MÁSCARAS!

DIA
287

@michelsimplicio

Você já enfrentou uma grande dificuldade e, quando alguém perguntou como estava, respondeu: “Está tudo bem!”, mesmo sabendo que não estava? Isso é colocar máscaras para esconder o que realmente sentimos, algo comum nos dias de hoje.

Muitas pessoas usam “maquiagens” para disfarçar um coração entristecido. Jesus confrontou os fariseus em Mateus 23.27: “Ai de vocês, mestres da lei e fariseus, hipócritas! Vocês são como sepulcros caiados: bonitos por fora, mas por dentro estão cheios de ossos e de todo tipo de imundícia”. Assim como os sepulcros caiados eram bonitos por fora, mas por dentro não havia vida, muitos vivem com questões não resolvidas no interior.

É hora de tirar as máscaras diante do Senhor, reconhecer a necessidade de ajuda da parte dele. O Altíssimo quer lhe dar um sorriso verdadeiro e uma felicidade plena, sem a necessidade de máscaras. O Criador deseja curar seu coração e levantá-lo novamente!

Remova a máscara e deixe que seu sorriso seja o reflexo de um coração cheio da presença de Deus.

“Viver sem máscaras é desfrutar da verdadeira essência.”

Você tem usado máscaras? Por quê?

....

....

....

....

....

....

....

PLANO DE LEITURA:

Marcos 9–10

ACESSE O QR CODE PARA SABER MAIS:

DIA
288

@michelsimplicio

NÃO SE DESESPERE!

Como anda a sua confiança em Cristo? Plena ou abalada?

PLANO DE LEITURA:

Marcos 11–12

ACESSE O QR CODE PARA SABER MAIS:

Você não precisa se preocupar ou desesperar quanto ao futuro. Em Eclesiastes 3.1 (ARC), lemos: "Tudo tem o seu tempo determinado, e há tempo para todo o propósito debaixo do céu". Não se desespere! O Senhor está cuidando de você! Lembre-se de que o Altíssimo tem o controle de tudo.

O desespero muitas vezes revela nossa falta de confiança no Eterno. Em Marcos 4, lemos a respeito de um episódio muito interessante da vida de Cristo: uma tempestade atinge o barco onde ele estava com seus discípulos. Enquanto Jesus dormia, os discípulos se desesperaram, esquecendo dos milagres e das promessas do Criador.

Lembre-se de tudo o que o Senhor já fez ao longo de toda a sua jornada. As tempestades e crises podem até vir, mas elas também vão passar!

Não se desespere, pois o Altíssimo está cuidando de você, e o que está acontecendo é para prepará-lo para o que ele lhe tem reservado. Você pode não entender tudo o que o Pai está fazendo, mas pode confiar.

Portanto, não se desespere e tenha a plena certeza de que o Senhor está cuidando de você!

"Não se desespere, somente espere, tudo é no tempo de Deus."

VOCÊ TEM UMA VIDA SÓ

DIA **289**

@michelsimplicio

Quando eu era criança, havia uma crença popular que afirmava que os gatos tinham sete vidas. Certamente, isso é tolice, pois eles têm somente uma, assim como eu e você. Em Hebreus 9.27, lemos: "Da mesma forma, como o homem está destinado a morrer uma só vez e depois disso enfrentar o juízo [...]". Essa realidade bíblica nos revela que temos apenas uma oportunidade! Por isso, precisamos aproveitá-la!

Não desperdice a sua vida com discussões, mágoas, ressentimentos e coisas ruins. Não permita que as pessoas o irritem, nem que suas realizações passem despercebidas. Viva intensamente! Isso significa viver com alegria; servir ao Senhor e aproveitar a companhia de pessoas agradáveis, a quem você ame e que o amem de volta.

Não perca tempo fazendo críticas. O Senhor lhe deu um presente: a vida, o maior dos dons. Porém, muitas pessoas infelizmente desperdiçam esse dom.

É tempo de viver intensamente e de deixar para trás tudo aquilo que impede o seu progresso. Você só tem uma vida, então viva-a intensamente!

"Oportunidades se multiplicam à medida que são aproveitadas."

Você tem feito cada dia valer a pena?

PLANO DE LEITURA:

Marcos 13–14

ACESSE O QR CODE PARA SABER MAIS:

DIA
290

@michelsimplicio

DEUS ENXERGA VOCÊ

Você tem consciência de que o olhar do Senhor está sempre sobre sua vida?

Em um mundo com bilhões de pessoas, é maravilhoso saber que o Senhor enxerga você com um olhar totalmente único e personalizado. Ele sabe exatamente o que está passando e não é indiferente à sua dor.

Aliás, não há lugar onde você possa se esconder da presença do Todo-Poderoso. Em Salmos 139.8, lemos: "Se eu subir aos céus, lá estás; se eu fizer a minha cama na sepultura, também lá estás". Que notícia maravilhosa!

Compreenda que o Criador o enxerga e usa pessoas para reconduzi-lo ao seu propósito. Pense nos momentos de desânimo em que o Altíssimo enviou alguém para falar com você. Mesmo quando se fechou atrás dos muros da solidão, o Senhor encontrou uma maneira de alcançá-lo. Ele conhece bem sua estrutura e, mesmo que se sinta excluído, lembre-se de que existe um Pai que o incluiu em seu coração.

Sim, o Altíssimo enxerga você, sabe quem é e o formou com um potencial enorme! Portanto, aguarde no Senhor! Ele sabe a hora certa de agir.

Descanse seu coração, pois o Criador o vê e está cuidando do seu futuro.

PLANO DE LEITURA:

Marcos 15–16

ACESSE O QR CODE PARA SABER MAIS:

"Deus enxerga você, mesmo quando ninguém o está observando."

CRISTO VIVE!

DIA
291

@michelsimplicio

Você não serve a um Deus morto, cujos ossos estão em uma sepultura! Jesus morreu, mas ao terceiro dia ressuscitou. Porque ele vive, você pode ter a certeza de um amanhã feliz.

A Bíblia relata a história de dois homens a caminho de Emaús, a partir de Lucas 24.13. Eles estavam em Jerusalém, esperando que Jesus fosse o redentor do seu povo. Porém, quando Cristo foi crucificado, no domingo, eles não esperaram mais e seguiram para Emaús. O Mestre ressurreto se aproximou e começou a caminhar com eles.

Ao chegarem ao povoado, insistiram para que Jesus ficasse. Quando estavam à mesa, ele tomou o pão, deu graças, partiu-o e o deu a eles. Então, seus olhos foram abertos e o reconheceram. Cristo desapareceu da vista deles (cf. Lucas 24.28–31).

Aqueles homens viram que o Senhor havia ressuscitado e voltaram correndo para Jerusalém, anunciando que o Mestre estava vivo! A certeza de que Jesus vive trouxe convicção de que o amanhã estava guardado e protegido por aquele que pode todas as coisas!

O Senhor está vivo, portanto alegre seu coração! Cristo vive, por isso você pode confiar no amanhã!

“Quando Jesus entra no coração, somos curados de toda frustração.”

Você tem entendimento de que serve a um Senhor que venceu a morte por você?

PLANO DE LEITURA:

Lucas 1

ACESSE O QR CODE PARA SABER MAIS:

DIA
292

@michelsimplicio

NÃO PERCA TEMPO COM A OPOSIÇÃO

Você tem gastado seu tempo com as intrigas da oposição? Que tal focar em Deus?

Deus tem posto grandes projetos no seu coração, e o Inimigo sabe disso. Por isso, ele se levanta como oposição. Sempre que o Altíssimo desperta alguém, Satanás faz de tudo para dividir a atenção dessa pessoa. No entanto, se você focar no Senhor, a obra será executada com êxito.

Foi isso que aconteceu com Neemias. Ele começou a trabalhar naquilo para o qual o Todo-Poderoso o havia chamado e, de repente, o inimigo tentou desviá-lo de seu propósito. Neemias, porém, não parou; antes, continuou focado no que o Senhor o havia chamado a fazer. Em Neemias 6.16, está escrito: "Quando todos os nossos inimigos souberam disso, todas as nações vizinhas ficaram atemorizadas e com o orgulho ferido, pois perceberam que essa obra havia sido executada com a ajuda de nosso Deus".

Foi Deus quem o chamou. O Senhor despertou seu coração para uma grande obra. Quando os inimigos tentarem se levantar, a obra já estará pronta, porque será executada com a ajuda do Criador.

Portanto, não perca tempo com a oposição. Continue trabalhando focado naquilo que o Eterno lhe mostrou.

PLANO DE LEITURA:

Lucas 2–3

ACESSE O QR CODE PARA SABER MAIS:

"Não perca seu tempo com o que não vale a pena."

ADMITA SUAS FRAQUEZAS

DIA
293

@michelsimplicio

Todos temos áreas vulneráveis e precisamos da ajuda do Criador para vencer o pecado, o mundo e o Diabo. Por isso, o apóstolo Paulo, que aprendeu a viver em total dependência do Senhor, disse: "Ele, porém, me disse: 'A minha graça é suficiente para você, pois o meu poder se aperfeiçoa na fraqueza'" (2Coríntios 12.9). Aquele homem entendeu que, quanto mais reconhecia suas fraquezas, mais o Altíssimo o ajudava a vencer.

É hora de reconhecer que existem áreas nas quais você ainda não é bom, áreas que ainda não conseguiu vencer, por isso precisa da graça e da ajuda do Eterno. Talvez essas áreas sejam seus sentimentos. Outros têm áreas específicas a serem tratadas e, com isso, caem sempre nos mesmos pecados, simplesmente porque não reconhecem que precisam de ajuda.

Deus quer ajudá-lo. Ele não o está acusando; pelo contrário, o Senhor está dizendo: "Eu sou com você e o fortaleço!".

Admitir suas fraquezas pode se tornar seu maior testemunho. Reconheça suas limitações diante do Pai e ele o abençoará.

"Aquele que não reconhece os próprios erros não conhecerá seus acertos."

Você tem clareza sobre suas limitações ou sempre se acha superior em tudo?

PLANO DE LEITURA:

Lucas 4–5

ACESSE O QR CODE PARA SABER MAIS:

DIA
294

@michelsimplicio

É POSSÍVEL GANHAR SEM SE PERDER!

Você tem negociado sua fé para obter ganhos? Aonde crê que isso o levará?

....

....

....

....

....

....

....

PLANO DE LEITURA:

Lucas 6–7

ACESSE O QR CODE PARA SABER MAIS:

As pessoas fazem de tudo para ganhar, mas muitas acabam perdendo princípios, valores, família e amigos. Saiba que é possível ganhar sem se perder. Para isso, é necessário voltarmos para a Palavra, que diz: "Pois, que adianta ao homem ganhar o mundo inteiro e perder a sua alma?" (Marcos 8.36).

Geazi queria tanto receber uma quantia que, por sua ganância, perdeu o propósito (2Reis 5.20–27). Não faça como ele. Você é muito importante para o Criador, e o seu propósito é o mais relevante! Portanto, não se perca e, diante de tantas propostas, não negocie seu chamado!

Lembre-se de que é possível ganhar sem se perder. A Bíblia mostra muitos homens que foram bem-sucedidos e ricos, mas não perderam o temor ao Senhor. Um exemplo foi o rei Davi, que detinha grandes riquezas, mas seu coração esteve voltado para o Altíssimo. Abraão também foi enriquecido por Deus, mas permaneceu fiel e é chamado de "pai da fé".

Portanto, é possível sim ganhar sem se perder. Continue ganhando e conquistando, mas mantenha seu coração rendido aos pés do Senhor.

"Na vida você poderá perder algumas coisas, só não perca a fé."

QUEM SE ENVOLVE SE DESENVOLVE

DIA **295**

@michelsimplicio

A maior necessidade do homem é se relacionar e se envolver mais com o Criador. Quanto mais você se envolve com o Senhor, mais ele o desenvolve!

O maior exemplo disso é o apóstolo Paulo. Gálatas 2.1 (ARC) diz: "Depois, passados catorze anos, subi outra vez a Jerusalém com Barnabé, levando também comigo Tito". Paulo, antes de se converter, era um perseguidor dos cristãos, mas quando teve um encontro com o Senhor, tudo mudou! Todavia, ele não se tornou a pessoa maravilhosa que conhecemos do dia para a noite; foi um processo. Os catorze anos no anonimato, envolvendo-se com o Criador, fizeram Paulo se desenvolver na graça. Enquanto ele se envolvia com o Eterno, o caráter de Cristo era aperfeiçoado nele, tornando-o um grande exemplo para nós.

Quanto mais nos envolvemos com o Senhor, mais somos tratados, moldados e aperfeiçoados por ele! É necessário se envolver e se desenvolver na graça, não apenas frequentar uma igreja ou fazer uma leitura esporádica da Bíblia, mas estar cada vez mais envolvido pela presença de Deus, deixando que ele trate nosso coração.

"Investir tempo na presença de Deus é a garantia de um futuro abençoado."

O que o impede de se envolver mais profundamente com Deus?

....

....

....

....

....

....

....

PLANO DE LEITURA:

Lucas 8–9

ACESSE O QR CODE PARA SABER MAIS:

DIA
296

@michelsimplicio

A DOR DA EXPANSÃO

O medo da dor da expansão o tem impedido de expandir? Já orou sobre isso?

Expandir é uma bênção. Por isso, deve pedir a Deus que você cresça muito!

Em Isaías 54.2–3 (ACF), lemos: "Amplia o lugar da tua tenda, e estendam-se as cortinas das tuas habitações; não o impeças; alonga as tuas cordas, e fixa bem as tuas estacas. Porque transbordarás para a direita e para a esquerda; e a tua descendência possuirá os gentios e fará que sejam habitadas as cidades assoladas". Isso fala sobre expandir.

Se Deus lhe prometeu expansão, saiba que isso pode causar dor. Quando crescemos, precisamos mudar nossa estrutura e entender que as coisas velhas não podem fazer parte do novo.

A dor da expansão fará você abandonar velhos hábitos e até mesmo antigas amizades, pessoas que o conduziram até aqui, mas que, infelizmente, não estão amadurecidas emocionalmente para estar em sua companhia nos lugares onde Deus quer colocá-lo.

Expandir dói, mas dói mais ainda ficar a vida inteira do mesmo jeito! Então, prepare-se, porque o Altíssimo o fará sentir a dor do crescimento. Quando isso acontecer, lembre-se de que a bondade e a misericórdia do Senhor estão sobre a sua vida.

PLANO DE LEITURA:

Lucas 10–11

ACESSE O QR CODE PARA SABER MAIS:

"Deus pode trazer um tempo de grande crescimento na sua vida."

VENCENDO A INCONSTÂNCIA

DIA
297

@michelsimplicio

A inconstância é uma armadilha que nos impede de colher os frutos da persistência. Por isso, muitas pessoas, por viverem de forma inconstante, não estão desfrutando das promessas que o Criador preparou.

Uma pessoa inconstante tem a tendência de mudar de ideia com facilidade. Infelizmente, muitos estão vivendo assim.

Precisamos vencer, de uma vez por todas, a inconstância. A Palavra do Senhor, em Tiago 1.8 (ARC), diz: "O homem de coração dobre é inconstante em todos os seus caminhos". A inconstância é vencida mediante uma decisão. Portanto, decida e, quando for fazer algo, não troque mais de ideia. Sua decisão precisa ser contínua!

Tenha constância, sabendo que isso vai exigir um preço a ser pago. Mas é necessário, para que possa desfrutar do que o Altíssimo preparou para a sua vida.

A inconstância é vencida por meio de atitudes. Então, seja constante e lembre-se de que isso fará você viver o que o Senhor pôs em seu coração. Diga não à inconstância, pague o preço e desfrute das promessas de Deus.

"A constância é a estrada que conduz ao êxito."

Você é constante em tudo aquilo que se propõe a fazer? Como isso tem afetado sua vida?

PLANO DE LEITURA:

Lucas 12–13

ACESSE O QR CODE PARA SABER MAIS:

DIA
298

@michelsimplicio

SONHOS NÃO ENVELHECEM

Quais sonhos você abandonou pelo meio do caminho?

PLANO DE LEITURA:

Lucas 14–15

ACESSE O QR CODE PARA SABER MAIS:

É possível que Deus tenha posto um sonho em seu coração e, conforme os anos foram passando, você pensou que nada daquilo que imaginou viria a acontecer. Por isso, guardou esse sonho em uma gaveta, pensando que havia passado do tempo de realizá-lo.

Se é o caso, saiba que quando o Eterno põe algo em nosso coração, a única coisa que precisamos fazer é confiar!

Isso significa que, independentemente da nossa idade ou da circunstância, o Senhor deseja realizar os sonhos que ele nos deu. E se foi ele quem deu, com certeza ele realizará, porque agindo ele, ninguém pode impedir!

A Bíblia nos dá o exemplo de Calebe. Aos 85 anos de idade, ele disse: "Ainda estou tão forte como no dia em que Moisés me enviou; tenho agora tanto vigor para ir à guerra como naquela época" (Josué 14.11). Portanto, volte a sonhar, porque quando o Pai põe algo no nosso coração, ele é fiel e justo para realizar.

Lembre-se: sonhos não envelhecem! Se o Senhor lhe deu um sonho, ele é poderoso para cumprir. Basta você confiar e esperar o tempo dele.

"Sonhos não envelhecem; então, continue acreditando!"

NÃO ESQUEÇA QUEM VOCÊ É

DIA
299

@michelsimplicio

O Inimigo fará de tudo para que você perca sua identidade e se esqueça de quem é em Cristo.

Em João 1.12 (ACF), lemos: "Mas, a todos quantos o receberam, deu-lhes o poder de serem feitos filhos de Deus, aos que creem no seu nome [...]". Satanás tenta de todas as formas desfigurar sua verdadeira identidade, mas hoje o Senhor lembra: você é um filho amado!

Portanto, não se esqueça de quem você é!

Por meio de Jesus, o Pai o adotou como filho. Assim, além de amado, você é protegido, guardado, cuidado e tem total atenção do Criador. Você não está sozinho.

Jesus já pagou o preço, morrendo na cruz por você e por mim. Por isso, não se esqueça de quem você é! Em Salmos 37.25 está escrito: "Já fui jovem e agora sou velho, mas nunca vi o justo desamparado, nem seus filhos mendigando o pão". O Altíssimo o recebeu como filho, por isso cuida de você, direciona seus passos e o auxilia na caminhada.

Você tem um Pai presente. Portanto, não se esqueça de quem você é. Agora, levante a cabeça, olhe no espelho e declare: eu sou filho amado de Deus!

"Quando entendemos a nossa paternidade de Deus, alteramos a realidade."

Você tem plena convicção de quem é em Cristo?

....

....

....

....

....

....

....

PLANO DE LEITURA:

Lucas 16–18

ACESSE O QR CODE PARA SABER MAIS:

DIA
300

@michelsimplicio

REANIME-SE NO SENHOR!

Se Deus é por você, que diferença faz sentir-se despreparado?

....

....

....

....

....

....

....

PLANO DE LEITURA:

Lucas 19–20

ACESSE O QR CODE PARA SABER MAIS:

Às vezes, podemos nos sentir despreparados ou até mesmo desqualificados para as tarefas que o Altíssimo nos atribui. Mas a verdade é que Deus já preparou tudo para que possamos cumprir o nosso propósito.

A Bíblia nos mostra que, antes mesmo de Moisés ser chamado para liderar o povo de Israel, o Senhor já havia preparado todas as coisas. Ele disse: "Certamente vi a aflição do meu povo, que está no Egito, e ouvi o seu clamor por causa dos seus feitores. Conheço os sofrimentos do meu povo" (Êxodo 3.7, NAA). Sim, Deus já havia preparado tudo para que Moisés fosse o libertador do seu povo. Ele já tinha visto a aflição, ouvido o clamor e estava pronto para agir.

O mesmo ocorre conosco, hoje. Portanto, entenda que, antes mesmo de você ser chamado, o Pai já havia preparado tudo. Ele conhece todas as suas limitações e o capacita para cumprir o seu divino propósito.

Não se preocupe se você se sente despreparado ou desqualificado. Lembre-se de que o Criador já preparou todas as coisas e está ao seu lado em cada passo do caminho.

"O desânimo será vencido por meio da fé que há em você."

INDECISÃO NUNCA MAIS!

DIA
301

@michelsimplicio

A indecisão denota dificuldade em tomar decisões, o que muitas vezes paralisa as pessoas. A Bíblia mostra exemplos de indivíduos que não souberam decidir e ficaram pelo caminho.

Em Gênesis 19.26, a mulher de Ló recebeu ordem do Senhor para seguir em frente e não olhar para trás. No entanto, ela ficou indecisa e, ao voltar seu olhar para o local de onde havia partido, transformou-se em uma estátua de sal.

Josué também exortou o povo de Israel a escolher a quem servir: "Se, porém, não agrada a vocês servir ao SENHOR, escolham hoje a quem irão servir [...]. Mas eu e a minha família serviremos ao SENHOR" (Josué 24.15). Além desses, há outras passagens bíblicas que falam sobre a dificuldade de tomar decisões, mostrando que os indecisos ficam pelo caminho.

É hora de tomar uma decisão e entender que o Criador lhe dará firmeza para ir até o fim. Você não pode ficar parado no meio do caminho, nem viver aquém do que o Senhor prometeu e preparou para a sua vida. Decida hoje e declare: indecisão nunca mais!

"Não permita que a indecisão adie a sua felicidade."

Você é uma pessoa indecisa? Por quê? Como pode mudar isso?

PLANO DE LEITURA:

Lucas 21–22

ACESSE O QR CODE PARA SABER MAIS:

DIA
302

COMO VIVER O QUE VOCÊ NUNCA VIVEU?

@michelsimplicio

Você tem buscado resultados diferentes fazendo sempre a mesma coisa?

Muitas pessoas desejam vivenciar algo novo em sua vida. Mais que isso, elas almejam ter histórias de sucesso e testemunhos sobrenaturais que venham para abençoar outros. Porém, para você viver o que nunca experimentou antes, é necessário ter atitudes que nunca teve! Veja o exemplo bíblico dos valentes de Davi, descrito em 2 Samuel 23. Aqueles homens enfrentaram enormes dificuldades ao lado de seu líder, mas agiram de forma diferente.

Eleazar, um dos três principais guerreiros, lutou de tal maneira, com tanto empenho, que chegou ao ponto de sua mão ficar apegada à espada. Com isso, o Senhor lhe concedeu um grande livramento (cf. 2Samuel 23.9–10).

Da mesma forma, o Altíssimo deseja que você se posicione como um guerreiro. Pare de lamentar o passado! Pare com isso e lute, confiando no poder supremo do Senhor dos Exércitos. Tenha coragem para ter atitudes diferentes e, assim, Deus lhe dará a vitória!

Portanto, lembre-se: ao nos posicionarmos, o Senhor nos honra, nos abençoa e nos faz vencer.

PLANO DE LEITURA:

Lucas 23–24

ACESSE O QR CODE PARA SABER MAIS:

"Quando você quer algo que nunca teve, deve fazer algo que nunca fez."

DESISTIR NÃO COMBINA COM VOCÊ!

DIA
303

@michelsimplicio

Há momentos em nossa vida em que as situações fogem do nosso controle e podemos nos sentir tentados a desanimar e desistir. No entanto, a desistência não é a solução.

Muitas pessoas buscam agradar ao Senhor, mas quando cometem erros ou pecados, acabam se entregando ao desânimo e permitindo que o pecado as domine, pois todos nós somos falhos.

Se você está enfrentando esse desafio, quero encorajá-lo: não desista de viver de acordo com a palavra do Altíssimo. Não desista de servi-lo e agradá-lo, mesmo que isso seja difícil. Desistir não combina com você!

A cada dia, é necessário buscarmos a santificação e aprendermos a mortificar a nossa carne, para que o espírito possa dominar nossa vida. Pode parecer uma tarefa árdua, mas lembre-se: desistir não faz parte do seu caminho. O Criador afirmou em sua Palavra: "Sede santos, porque eu sou santo" (1Pedro 1.16, ARA). Se ele declarou que é possível viver em santidade, é porque sabe que você tem essa capacidade. Ele não mente.

Portanto, lute diariamente para agradá-lo e não se permita ceder. Desistir não combina com você!

"O vencedor é um sonhador que nunca desiste."

Você se sente tentado a desistir? O que Deus diria disso?

PLANO DE LEITURA:

João 1–2

ACESSE O QR CODE PARA SABER MAIS:

DIA
304

@michelsimplicio

NÃO É MÉRITO, É GRAÇA!

Você tem pleno entendimento do que é graça?

PLANO DE LEITURA:

João 3–4

ACESSE O QR CODE PARA SABER MAIS:

Na sociedade pós-moderna, muitos exaltam a si mesmos, atribuindo os louros da vitória e os méritos às próprias conquistas. O ego, então, infla-se com os aplausos, levando alguns a pensar que alcançaram suas posições por mérito próprio, como em "trabalhamos duro, por isso conquistamos" ou "esforçamo-nos, por isso conseguimos".

É verdade que devemos fazer nossa parte: trabalhar, se esforçar e planejar. No entanto, é crucial entender que nossas conquistas não são fruto de mérito próprio, mas de graça. A graça do Senhor é quem nos sustenta.

O apóstolo Paulo compreendeu essa grande verdade. Em Romanos 12.3, ele afirma: "Porque pela graça que me é dada, digo a cada um dentre vós que não pense de si mesmo além do que convém; antes, pense com moderação, conforme a medida da fé que Deus repartiu a cada um" (ACF).

Precisamos reconhecer que não merecemos nada. Somos pecadores, erramos no pensar, no falar e no agir e carecemos da glória do Criador. Portanto, não atribua suas conquistas a mérito pessoal. Reconheça que tudo é obra da graça divina e não de méritos humanos.

"A graça não elimina seu esforço; ela elimina seu mérito."

NÃO ESCONDA NADA DE DEUS

DIA
305

@michelsimplicio

Não há como esconder algo do Senhor, pois seus olhos estão sobre toda a Terra, e ele vê tudo. Tentar ocultar algo do Altíssimo é comprometer o próprio futuro.

Um exemplo claro disso é a história de Acã. Deus havia ordenado ao povo de Israel que não tomasse nada de uma cidade específica, pois seus bens eram amaldiçoados. No entanto, Acã desobedeceu e escondeu objetos em sua tenda. Quando seu pecado foi revelado, ele foi punido, e outros também sofreram as consequências.

Provérbios 28.13 afirma: "O que encobre as suas transgressões nunca prosperará; mas o que as confessa e deixa alcançará misericórdia" (ARC). Precisamos reconhecer nossos erros e confessar nossos pecados diante do Criador, pois não há como ocultar nada do Deus vivo, que tudo vê.

Seja humilde, confesse seus pecados e não tente esconder nada do Senhor. Lembre-se de Jonas, que tentou se esconder a bordo de um navio, mas causou transtornos a todos os passageiros. Portanto, não esconda nada do Pai.

Se você cometer um erro, confesse-o imediatamente e reconheça sua falha, para que possa receber a misericórdia do Eterno.

"Nada fica oculto aos olhos de Deus. Pode até demorar, mas a verdade virá!"

Existem pecados em sua vida que ainda não foram confessados a Deus?

PLANO DE LEITURA:

João 5–6

ACESSE O QR CODE PARA SABER MAIS:

DIA
306

@michelsimplicio

VOCÊ PODE MELHORAR

Em que áreas da sua vida você percebe que deve melhorar?

PLANO DE LEITURA:

João 7–8

ACESSE O QR CODE PARA SABER MAIS:

O apóstolo Paulo escreveu: "Estou convencido de que aquele que começou a boa obra em vocês vai completá-la até o dia de Cristo Jesus" (Filipenses 1.6). Isso significa que Deus está nos aperfeiçoando a cada dia. Todavia, a ação divina não pode jamais ser tomada como uma carta branca para a apatia, portanto você também deve fazer sua parte para melhorar em todas as áreas da vida.

O desejo de aprimorar-se diariamente transforma pessoas comuns em extraordinárias!

Sim, você pode melhorar todos os dias: seja mais dedicado à leitura da Palavra; melhore como amigo, sendo mais atencioso; no trabalho, esforce-se para ser melhor. Não se acomode, pensando que já alcançou a excelência. Em vez disso, faça uma autorreflexão e veja as áreas em que ainda pode se tornar melhor. E enquanto você faz a sua parte, Deus vai trabalhando na sua vida.

Lembre-se de que Paulo não começou como apóstolo; ele teve um encontro com Cristo e, com o tempo, se tornou um grande homem de Deus. Clame a Jesus e lembre-se de que você sempre pode melhorar!

"Tudo pode melhorar, se você assim acreditar."

VEJA O LADO BOM DAS COISAS

DIA
307

@michelsimplicio

Todos nós conhecemos pessoas que só enxergam o lado negativo das coisas. Às vezes, nós mesmos focamos no que não está dando certo, esquecendo que há um lado positivo e que as tribulações trazem aprendizados. Sim, os problemas que enfrentamos fazem parte da escola da vida, na qual Deus é o grande professor.

O apóstolo Paulo, ao passar por naufrágios, tristezas e desilusões, escreveu: "Quero que saibam, irmãos, que aquilo que me aconteceu tem, ao contrário, servido para o progresso do evangelho" (Filipenses 1.12). Paulo não ficou imerso em murmurações, mas se deu conta de que seu sofrimento beneficiava a proclamação da mensagem da Cruz.

Talvez Deus tenha permitido uma provação para você aprender algo. Enxergue o lado bom das coisas e lembre-se de que é depois das provas que somos aprovados. O Senhor o está preparando e trabalhando em você. Não desanime! Veja o lado positivo e saiba que o Altíssimo está cuidando de tudo, formando sua estrutura para os lugares que ele preparou.

Descanse e comece a enxergar o lado bom das coisas!

"Quem não enxerga o lado bom das coisas terá de conviver com o lado ruim delas!"

Você se considera uma pessoa otimista ou pessimista?

PLANO DE LEITURA:

João 9–10

ACESSE O QR CODE PARA SABER MAIS:

DIA
308

@michelsimplicio

NÃO DEIXE O AMOR ESFRIAR

Seu amor tem esfriado? Em caso positivo, o que pretende fazer a respeito?

....

....

....

....

....

....

....

PLANO DE LEITURA:

João 11–12

ACESSE O QR CODE PARA SABER MAIS:

Vivemos tempos difíceis, nos quais o amor de muitos está esfriando de maneira alarmante. Pessoas que, no passado, amavam intensamente o Senhor e mantinham uma vida de oração abandonaram seus caminhos. Jesus alertou seus discípulos sobre isso em Mateus 24.12: "E, por se multiplicar a iniquidade, o amor de muitos se esfriará" (ARC).

A Palavra deixa claro que nem todos serão afetados dessa forma, pois alguns permanecerão firmes. Mas, ao observarmos ao redor, notamos que muitos deixaram de servir ao Senhor por diversos motivos, como decepções ou problemas pessoais. São pessoas que antes eram fervorosas, mas agora se afastaram porque o amor se esfriou.

Esse é um grande sinal do fim dos tempos. Estamos avançando para o término de todas as coisas, e muitos estão desatentos, permitindo que seu amor se esfrie. Contudo, o Eterno nos exorta a permanecermos firmes, pois, por meio da nossa vida, outros também serão despertados.

Se o amor se esfriar, ele pode ser renovado. Basta a atitude de se aproximar de Jesus. Portanto, não deixe seu amor esfriar; busque sempre estar na presença do Senhor.

"O amor permanece aceso quando o alimentamos com a lenha da oração."

É TEMPO DE RETOMADA!

DIA
309

@michelsimplicio

Diante das pressões e das lutas que enfrentamos, frequentemente sentimos a tentação de interromper nosso propósito.

Na Bíblia, encontramos a história do profeta Elias, um homem notável, que, ao receber uma ameaça de Jezabel de que seria morto, se refugiou em uma caverna. O profeta pode ter imaginado que ali seria o fim de sua jornada, mas quando o Eterno tem um propósito para alguém, ele sempre encontra uma maneira de falar com essa pessoa e reanimá-la para o seu propósito.

Em 1Reis 19.7, está escrito: "O anjo do SENHOR voltou, tocou nele e disse: 'Levante-se e coma, pois a sua viagem será muito longa'". O Criador estava essencialmente dizendo a Elias: é hora de retomar! Mesmo que você tenha se afastado de alguns compromissos, o Senhor está lembrando você que não é o momento de parar!

Talvez você tenha desanimado, negligenciado o cuidado com você mesmo ou se afastado da congregação. No entanto, é momento de se recuperar e retomar sua caminhada. É hora de voltar a ser feliz e a servir ao Senhor com intensidade.

O tempo de retomada é agora, pois seu caminho ainda será longo. Não é hora de parar!

"Não é hora de parar! Deus está com você e ele vai sustentá-lo!"

Existe alguma coisa que o está desanimando?

....

....

....

....

....

....

....

PLANO DE LEITURA:

João 13–14

ACESSE O QR CODE PARA SABER MAIS:

DIA
310

@michelsimplicio

NÃO SE ESQUEÇA DE AMADURECER

Em que áreas da sua vida ainda é necessário um maior amadurecimento?

....

....

....

....

....

....

....

PLANO DE LEITURA:

João 15–18

ACESSE O QR CODE PARA SABER MAIS:

O Senhor nos chamou para uma vida de constante evolução. Ele deseja que você cresça e prospere a cada dia, e para isso é necessário maturidade. No entanto, alcançar esse crescimento é um grande desafio para muitas pessoas, pois a mudança de mentalidade não acontece de forma espontânea. É preciso investir tempo e esforço para amadurecer.

Infelizmente, muitos deixam o tempo passar e acabam esquecendo de buscar esse amadurecimento. A maturidade também está ligada à vida espiritual. Paulo afirma em 1Coríntios 3.1–3: “Irmãos, não lhes pude falar como a espirituais, mas como a carnais, como a crianças em Cristo. Dei-lhes leite, e não alimento sólido, pois vocês não estavam em condições de recebê-lo. De fato, vocês ainda não estão em condições, porque ainda são carnais”. Ele se dirigia aos cristãos que, mesmo frequentando a igreja havia bastante tempo, ainda não tinham amadurecido. Será que ainda estamos agindo como crianças na fé?

Precisamos crescer, evoluir e, acima de tudo, amadurecer. É a maturidade espiritual que nos faz depender cada vez mais do Criador e menos das pessoas.

“Maturidade é saber agir e reagir!”

A ÚLTIMA PALAVRA VEM DE DEUS

DIA **311**

@michelsimplicio

O Senhor tem o controle da sua história na palma das mãos. Assim, a última palavra em sua vida não vem do médico nem de um juiz; quem a dá é o Altíssimo!

Isaías 40.8 diz: "A relva murcha, e as flores caem, mas a palavra de nosso Deus permanece para sempre". O Criador é especialista em surpreender diagnósticos contrários, pois a última palavra vem dele!

Em João 11, vemos a história de Lázaro, que estava morto havia quatro dias. Quando Jesus soube, demorou alguns dias para chegar a Betânia. Muitos acreditavam que era tarde demais, que não havia mais esperança. Aquelas pessoas sentenciaram que Lázaro não tinha mais chance de voltar à vida, mas Jesus ordenou: "Lázaro, venha para fora!". O milagre aconteceu, e Lázaro ressuscitou, porque a última palavra não vem dos homens!

Precisamos crer, pois se o Eterno realizou no passado, ele também pode realizar milagres hoje! Acredite, a última palavra não vem de homem algum; ainda que seja o último diagnóstico natural, o Senhor pode agir e fazer o sobrenatural acontecer em sua vida. Portanto, descanse seu coração, pois a última palavra vem do Pai.

"Não coloque um ponto final onde o autor da vida só pôs uma vírgula."

Você está desesperançado? O que Deus diria sobre isso?

PLANO DE LEITURA:

João 19–21

ACESSE O QR CODE PARA SABER MAIS:

DIA
312

@michelsimplicio

OS BENEFÍCIOS DA PERSEVERANÇA

Você é dos que perseveram ou dos que logo abandonam os projetos?

PLANO DE LEITURA:

Atos 1–2

ACESSE O QR CODE PARA SABER MAIS:

Não é fácil perseverar, especialmente quando enfrentamos adversidades – na família, no casamento, nos relacionamentos ou mesmo na vida profissional, financeira ou espiritual. Diante dos desafios, muitos tendem a desistir. Mas são aqueles que perseveram que alcançam a vitória!

Gideão é um exemplo de alguém que foi adiante quando muitos já haviam desistido. Então, o anjo lhe disse: "O SENHOR está com você, homem valente" (Juízes 6.12, NAA). A perseverança chama atenção do Todo-Poderoso. Por isso, quem persiste e avança atrai os olhos do Senhor, assim como foi com Gideão.

Perseverar aumenta nossa confiança no Eterno. Precisamos nos manter firmes nestes dias difíceis! A perseverança nos ajuda a superar muitas áreas da nossa vida, mas é preciso primeiro ter segurança mediante a fé para depois alcançar a superação.

Comece a viver os benefícios da perseverança. Jesus disse em Mateus 24.13: "[...] mas aquele que perseverar até o fim será salvo". A perseverança abre portas na Terra e conduz à Eternidade!

"Aquele que consegue perseverar está a caminho de prosperar."

PERMANEÇA EM PÉ!

DIA
313

@michelsimplicio

Existe uma batalha espiritual acontecendo agora para que você caia e não permaneça em pé. O Inimigo quer que você desista e abandone a caminhada; o Maligno quer vê-lo no chão, mas há um Deus que o ajuda a permanecer em pé!

Em Salmos 37.24, está escrito: "[...] se cair, não ficará prostrado, porque o SENHOR o segura pela mão" (NAA). O Criador o manterá de pé, ainda que o Inimigo tente usar diversos argumentos, pessoas ou circunstâncias para tentar derrubá-lo. Existe um Deus que estende a mão para você e não o deixará caído!

Sim, o Todo-Poderoso está com você neste momento, auxiliando-o nesta caminhada. Ainda que caia, você não ficará prostrado. O Senhor cuida de cada detalhe da sua existência.

A Bíblia mostra muitas pessoas que passaram por adversidades, mas o Altíssimo os segurou. É exatamente isso que ele está fazendo em sua vida, por isso confie que você não ficará prostrado!

Lembre-se de que um dos grandes segredos para permanecer de pé é dobrar os joelhos diante de Deus. Ele o sustentará, porque quer vê-lo sempre em pé.

"Ninguém pode derrubar aquele que Deus pôs de pé."

Você tem vivido de joelhos diante do Senhor?

PLANO DE LEITURA:

Atos 3–5

ACESSE O QR CODE PARA SABER MAIS:

DIA
314

@michelsimplicio

PONHA SUA FÉ EM PRÁTICA!

Você tem posto em prática o que diz acreditar na teoria?

Nós, que seguimos a Cristo, precisamos não apenas ouvir a Palavra, mas também a pôr em prática por meio da fé. Em Tiago 1.25, lemos: "Mas aquele que considera, atentamente, na lei perfeita, lei da liberdade, e nela persevera, não sendo ouvinte negligente, mas operoso praticante, esse será bem-aventurado no que realizar" (ARA). Isso deixa claro que existe uma promessa do Senhor para aqueles que praticam a Palavra que recebem: ser bem-sucedido, feliz, bem-aventurado!

Acredito que o Todo-Poderoso deseja vê-lo feliz. Ele almeja que você realize o que, em sua soberania, preparou para sua vida. Contudo, é necessário pôr em prática os seus ensinamentos.

Talvez você esteja apenas ouvindo as palavras do Criador e muitas vezes não as consiga pôr em prática. Se for o caso, escute: está na hora de praticar essas verdades que tem ouvido!

Quando pomos a Palavra em prática, ativamos as promessas de Deus. Está na hora de agir, debaixo da mão divina! O Senhor tem falado para você despertar a sua fé; agora, é necessário que você a ponha em prática.

PLANO DE LEITURA:

Atos 6–7

ACESSE O QR CODE PARA SABER MAIS:

"Com a fé em ação você permanecerá firme em qualquer situação."

CREIA QUE EM BREVE SUA RESPOSTA CHEGARÁ

DIA
315

@michelsimplicio

É difícil esperar uma resposta; é comum ficarmos ansiosos ao aguardar por algo importante. Se é seu caso, não se preocupe, pois deve crer que sua resposta logo chegará!

Daniel precisava de uma palavra de Deus e tomou a atitude certa. O anjo lhe disse: "Não temas, Daniel, porque, desde o primeiro dia em que aplicaste o coração a compreender e a humilhar-te perante o teu Deus, foram ouvidas as tuas palavras; e, por causa das tuas palavras, é que eu vim" (10.12, ARA). Enquanto a resposta não chegava, o profeta não deixou de orar. O Eterno testou a fé daquele homem, que orou e clamou durante vinte e um dias até receber o que precisava.

Talvez você necessite de uma resposta e tenha deixado de orar. Lembre-se de que quanto mais você orar, mais rápido ela chegará! Enquanto a resposta não chega, alimente a sua fé e persevere em oração. Ela virá no tempo do Senhor e da maneira dele.

Saiba que o Altíssimo sempre nos surpreende. E quando sua resposta chegar, lembre-se de que é o Senhor quem faz, move e age. Dê a ele toda honra e glória!

"No tempo de Deus sonhos podem se tornar realidade."

O que invade seu coração enquanto a resposta não chega: ansiedade ou paz?

PLANO DE LEITURA:

Atos 8–9

ACESSE O QR CODE PARA SABER MAIS:

DIA
316

@michelsimplicio

DEUS FAZ MILAGRES

Você crê que Deus realiza milagres em nossos dias?

PLANO DE LEITURA:

Atos 10–11

ACESSE O QR CODE PARA SABER MAIS:

Milagres são intervenções sobrenaturais do Senhor no curso das questões naturais da vida. Deus os fez nos tempos bíblicos e ainda os realiza em nossos dias. Obtê-los ou não depende da soberania divina e de quanto você crê nas respostas milagrosas do alto.

A Bíblia conta a história de Dorcas – também chamada Tabita –, uma mulher muito querida, que servia com integridade. Quando ela morreu, todos a rodearam e começaram a chorar. Em Atos 9.40, a Bíblia diz: “Pedro mandou que todos saíssem do quarto; depois, ajoelhou-se e orou. Voltando-se para a mulher morta, disse: ‘Tabita, levante-se’. Ela abriu os olhos e, vendo Pedro, sentou-se”. Dorcas estava morta, sem solução, mas existe um Deus que faz milagres! O milagre aconteceu porque houve quem enfrentasse o problema, procurasse pessoas de fé, se ajoelhassem e orassem, crendo no poder do Senhor. Todos ficaram maravilhados!

Os milagres acontecem na vida daqueles que creem. Se você precisa de uma ação miraculosa do Todo-Poderoso, saiba que, neste momento, você está na presença daquele que pode realizar todas as coisas. Deus ainda faz milagres!

“Quando chegamos ao limite, Deus chega com o milagre.”

SE DEUS FALOU, ESTÁ FALADO!

DIA
317

@michelsimplicio

Quando o Senhor fala algo a respeito de alguém, aquilo se torna lei no mundo espiritual e certamente se cumprirá.

Vejamos um exemplo bíblico. Atos 9.15 relata que o Senhor disse a Ananias: “Vá! Este homem é meu instrumento escolhido para levar o meu nome perante os gentios e seus reis, e perante o povo de Israel”. Deus estava falando de Paulo, como se dissesse: “Para você, ele pode não parecer uma boa pessoa, mas para mim ele é um vaso escolhido. Para você, ele pode não ser conhecido, mas eu o chamei!”.

Alegre-se, pois o Altíssimo o escolheu e chamou, e se Deus falou, está falado!

Muitos se levantaram contra Paulo, caluniaram-no e tentaram acabar com seu ministério. Mas o que eles não sabiam é que o Senhor o escolhera para ser apóstolo aos gentios. Se Deus falou, está falado!

Homem algum pode impedir o cumprimento daquilo que o Senhor falou a seu respeito. Mesmo que o Inimigo se levante contra você, ele cairá, porque se Deus falou, está falado! Creia nessa verdade e descanse seu coração.

“Os céus e a Terra podem passar, mas a palavra do Senhor se cumprirá.”

Você sempre crê no que Deus fala ou costuma duvidar?

PLANO DE LEITURA:

Atos 12–13

ACESSE O QR CODE PARA SABER MAIS:

DIA
318

@michelsimplicio

DEUS FAZ CAMINHOS NO DESERTO

Você já atravessou desertos em sua vida? O que Deus realizou lá?

O deserto simboliza momentos difíceis, um lugar árido, uma provação. Quantos desertos você já enfrentou? Lembre-se de que há uma promessa do Senhor: ele cria caminhos no deserto. Isaías 43.19 diz: "Eis que faço uma coisa nova, agora sairá à luz; porventura não a percebeis? Eis que porei um caminho no deserto, e rios no ermo" (ACF).

No deserto, é fácil se perder, pois não há placas. Entretanto, Deus prometeu dar direção ao seu povo. Hoje, ele diz a você: creia que estou criando um caminho para que você não se perca.

O Criador enviou Jesus para morrer na cruz e dar salvação e vida eterna. Creia que ele não o deixará morrer nos desertos da vida! O Senhor criará um caminho para que você atravesse cada deserto e alcance a vitória.

Persevere na fé, mesmo em meio às dificuldades. Os caminhos que o Eterno cria no deserto são para aqueles que confiam nele, mesmo em meio à provação. Portanto, se você foi chamado pela graça, resgatado das trevas para a luz, deve crer que o Todo-Poderoso o guiará e o ajudará a vencer, pois é um Deus fiel e amoroso!

PLANO DE LEITURA:

Atos 14–15

ACESSE O QR CODE PARA SABER MAIS:

"É no deserto que os maiores milagres acontecem; não desista!"

A DÚVIDA NÃO VAI PARALISÁ-LO

DIA
319

@michelsimplicio

A dúvida é uma das grandes estratégias do Inimigo para paralisar sua fé.

Desde o início da Criação, ele semeia dúvida no coração dos homens. A estratégia não mudou, como vemos em Mateus 4.2–3, quando o Diabo tenta Cristo: "E, depois de passar quarenta dias e quarenta noites sem comer, Jesus estava com fome. Então o Diabo chegou perto dele e disse: – Se você é o Filho de Deus, mande que estas pedras virem pão" (NTLH). Esse texto mostra que o Inimigo estava tentando pôr em dúvida a identidade de Jesus, e é isso que ele quer fazer conosco.

O Diabo tentou usar essa estratégia com Cristo, mas o Senhor sabia muito bem quem era, pois tinha sua identidade definida.

Talvez a dúvida seja sua maior inimiga, pois o Maligno está tentando semear dúvidas no seu coração. Você não pode aceitar a dúvida, pois esse sentimento não provém do Altíssimo! A fé é a convicção, o firme fundamento.

Portanto, tenha firmeza na fé, para que a dúvida não o paralise. Você é filho do Eterno e nasceu para cumprir um propósito! Permaneça firme na fé e a dúvida não achará lugar em seu coração.

"Quando as dúvidas surgirem, reafirme suas certezas."

O que abala a sua fé? Como vencer isso?

PLANO DE LEITURA:

Atos 16–19

ACESSE O QR CODE PARA SABER MAIS:

DIA
320

@michelsimplicio

MANTENHA SUA FÉ VIVA

Sua fé é viva ou morta?

....

....

....

....

....

....

....

PLANO DE LEITURA:

Atos 20–21

ACESSE O QR CODE PARA SABER MAIS:

A fé é o elemento principal da jornada do cristão, visto que sem fé é impossível agradar ao Senhor. Portanto, você precisa pôr diariamente a sua fé em prática. Ela é como um músculo, que cresce quando exercitado. Quando agimos com confiança em Deus, podemos contemplar milagres e a ação sobrenatural do Todo-Poderoso em nossa vida.

Em Tiago 2.17, lemos: "Assim também a fé, por si só, se não for acompanhada de obras, está morta". É claro, há uma fé viva e uma morta: a viva opera quando você acredita e faz algo, enquanto a fé sem obras está morta!

Mantenha sua fé viva, pondo em prática o que o Criador tem posto em seu coração. Muitas vezes, Deus lhe diz para enviar uma mensagem, dar um abraço ou ajudar alguém, mas, por duvidar que é ele quem está falando, você não faz nada. Não podemos agir assim, pois, dessa forma, matamos nossa fé gradualmente.

Portanto, mantenha sua fé viva e seja obediente às sinalizações do Altíssimo. Seja fiel nas pequenas obras, exercite sua fé, e o Pai lhe dará grandes bênçãos!

"Mantenha a fé viva, e a esperança não morrerá."

FAÇA SUA PARTE

DIA
321

@michelsimplicio

Se queremos algo, precisamos nos levantar e agir para fazer aquilo que nos cabe, sem esperar que Deus faça nossa parte.

O Senhor liberou uma palavra sobre o povo de Israel dizendo que havia uma terra boa, que manava leite e mel, uma recompensa, uma herança. Números 13.30 diz: "Então Calebe fez o povo calar-se perante Moisés e disse: 'Subamos e tomemos posse da terra. É certo que venceremos!' ". Moisés enviou doze espias até a terra que Deus lhes havia dado por herança, mas dez deles retrocederam. Eles não acreditaram, não tomaram posse da terra e morreram no deserto sem ver o cumprimento da promessa.

Hoje, muitos esquecem de fazer a parte que lhes cabe e, assim como aqueles espias, deixam de tomar posse da promessa porque não creem no que o Senhor tem dito.

Creia e faça sua parte, pois o Eterno já fez a dele! O Criador prometeu e preparou muitas coisas para você. Quando ele mostra algo, já está pronto. Você só precisa crer e tomar posse do que ele pôs em seu coração.

Portanto, faça sua parte, creia e aja!

"A única coisa que Deus não faz por você é a sua parte."

Você tem o hábito de esperar Deus fazer o que você deveria fazer?

PLANO DE LEITURA:

Atos 22–23

ACESSE O QR CODE PARA SABER MAIS:

DIA
322

@michelsimplicio

TUDO VAI DAR CERTO!

Você crê que tudo vai dar certo?

PLANO DE LEITURA:

Atos 24–28

ACESSE O QR CODE PARA SABER MAIS:

A fé está acima do pensamento positivo. Ter fé é crer na Palavra do Senhor e agir segundo a vontade divina, com a convicção de que tudo dará certo.

Em Hebreus 10.23, lemos: "Guardemos firme a confissão da esperança, sem vacilar, pois quem fez a promessa é fiel" (ARA). Precisamos guardar firme essa confissão, crendo que o Altíssimo nos dará a vitória! Sabemos que durante nossa caminhada encontraremos dificuldades, mas a promessa de Deus é que, no fim, tudo dará certo. Por isso, não podemos parar!

Não desanime no meio da caminhada; você não sabe o que o Pai tem preparado para o amanhã. Levante a cabeça, enxugue as lágrimas e continue a jornada.

Paulo ensina que todas as coisas cooperam para o bem daqueles que amam a Deus (Romanos 8.28). Creia que o Altíssimo está agindo a seu favor. Não desista só porque algo não aconteceu como você imaginava.

Nada foge do controle do Senhor. Ele sabe exatamente o que está fazendo e, no fim, você entenderá o porquê de tudo. Portanto, descanse seu coração e creia que, no fim, tudo vai dar certo!

"Crer que tudo vai dar certo não é otimismo, é o poder da fé!"

EM DEUS VOCÊ É FORTE

DIA
323

@michelsimplicio

Nossa força não está em nossos braços ou habilidades, mas no Senhor!

Às vezes, somos desafiados por situações que nos põem à prova. Nessas horas, devemos lembrar que nossa força está em Deus. Paulo reconhecia esse fato e, por isso, escreveu em 2Coríntios 12.10b: "[...] quando sou fraco, é que sou forte". Paulo reconhecia que, diante das adversidades, mesmo fraco emocional, física e espiritualmente, havia um Ser que o fortalecia.

Em Deus você é forte! O Senhor é a sua força e fortaleza! Ele o ajudará a vencer os desafios da vida! Já reparou quantas vezes você achou que não conseguiria, mas venceu com uma força sobrenatural? Isso ocorreu porque, em Cristo, você é forte. E ele lhe diz: "Estou com você; eu o escolhi; não o deixarei; jamais o abandonarei".

Pense em quanto já suportou a oposição e venceu as adversidades em diversas áreas da vida. Lembre-se de que sua força provém do Criador. O homem sem Deus é fraco, mas com ele é muito forte. Sem o Eterno pode não ter estrutura, mas com a presença de Deus vence qualquer adversidade!

Você não está sozinho. O Senhor o fortalecerá, pois nele você é forte!

"Está na hora de mostrar ao problema o tamanho do seu Deus."

Você se considera autossuficiente ou compreende que sua força vem de Deus?

....

....

....

....

....

....

....

PLANO DE LEITURA:

Romanos 1–3

ACESSE O QR CODE PARA SABER MAIS:

DIA
324

@michelsimplicio

VOCÊ TEM O DIREITO DE PROSPERAR

O que o tem impedido de viver em abundância espiritual?

....

....

....

....

....

....

....

PLANO DE LEITURA:

Romanos 4–6

ACESSE O QR CODE PARA SABER MAIS:

Na cruz do Calvário, Jesus pagou um alto preço para que você pudesse ter vida, e vida em abundância. A Palavra do Senhor diz que todo aquele que recebe Cristo se torna filho de Deus. E como filhos temos acesso à herança.

Em Salmos 35.27, lemos: "Cantem de júbilo e se alegrem os que têm prazer na minha retidão; e digam sempre: Glorificado seja o SENHOR, que se compraz na prosperidade do seu servo!" (ARA). Se o Criador tem prazer que o servo prospere, quanto mais como filho – sim, Deus deseja que você prospere!

Você não nasceu para viver uma vida espiritualmente aquém de tudo o que o Senhor lhe prometeu e preparou. Prosperar é crescer! Prosperidade não significa apenas ter dinheiro; a verdadeira prosperidade envolve crescimento. Por isso, creio que Deus o fará crescer em todas as áreas da vida, pois a mão do Senhor repousa sobre você!

Portanto, levante a cabeça, creia nessa palavra e viva segundo o que Deus já falou a seu respeito. Você tem direito de crescer; não aceite menos do que a prosperidade espiritual que Deus preparou para sua vida.

"Prepare-se para desfrutar da prosperidade que Deus preparou para você."

NÃO DÊ LUGAR AO DIABO

DIA **325**

@michelsimplicio

Vivemos uma batalha espiritual constante. Podemos não ver o mundo espiritual, pois é invisível aos olhos humanos, mas é real!

O Inimigo luta para tentar matar, roubar e destruir, mas existe um Deus que o ama e enviou Jesus Cristo para dar vida a você, e vida em abundância.

Em 1Pedro 5.8, lemos: "Sede sóbrios e vigilantes. O diabo, vosso adversário, anda em derredor, como leão que ruge procurando alguém para devorar [...]" (ARA). Nosso adversário tenta por todos os meios nos destruir, usando pessoas e circunstâncias para nos entristecer e nos fazer desistir dos propósitos que Deus tem para nossa vida.

Já Efésios 4.27 diz: "Não deis lugar ao diabo" (ACF). Não dê lugar ao Inimigo! Não deixe que as mentiras do Maligno encontrem lugar em seu coração ou sua mente. Está na hora de proteger seu coração dessas mentiras e blindar sua mente.

Acredite nas promessas divinas para a sua vida e não dê ouvidos ao Maligno. O que Deus preparou ninguém poderá impedir. Portanto, creia na Palavra do Senhor e não dê lugar ao Diabo!

"Não ofereça ao Inimigo nenhum espaço em sua vida."

Você tem dado lugar ao Diabo? Em que áreas de sua vida? O que fará a respeito?

PLANO DE LEITURA:

Romanos 7–9

ACESSE O QR CODE PARA SABER MAIS:

DIA
326

@michelsimplicio

APRENDA A DESCANSAR EM DEUS

Quando tudo vai mal, o que o impede de descansar em Deus?

PLANO DE LEITURA:

Romanos 10–12

ACESSE O QR CODE PARA SABER MAIS:

Descansar em Deus não é uma tarefa nada fácil para quem ainda não confia nele. Mas, afinal, o que significa isso? Descansar no Senhor é saber que ele está no controle de todas as coisas e que, na hora certa, agirá em nosso favor, pois ele é bom, gracioso e amoroso.

Muitas vezes, lutamos com nossas próprias forças e esquecemos que temos um Deus Todo-Poderoso que cuida de nós. Em Mateus 11.28, lemos as maravilhosas palavras do nosso Mestre, quando ele diz: "Vinde a mim, todos os que estais cansados e sobrecarregados, e eu vos aliviarei" (ARA). Que enorme bênção! Jesus nos convida a ir até ele, a descansar nele, pois sabe que muitas vezes estamos sobrecarregados pelas lutas diárias.

Quando você descansa em Deus, confia de forma inabalável que ele está cuidando de tudo. É a certeza de que, no tempo que ele já determinou, tudo dará certo. Portanto, não se preocupe com o amanhã. Muito menos se angustie com as situações adversas. Entregue tudo nas mãos de Deus — tudo! — e descanse nele, pois o Criador dos céus e da Terra tem cuidado de você.

"Quando confiamos em Deus, podemos descansar, mesmo em meio às adversidades."

ALGUNS LUGARES NÃO SÃO PARA VOCÊ

DIA
327

@michelsimplicio

Alguns lugares desagradam ao Senhor, por isso ele pode tirá-lo desses ambientes, para que você viva algo mais excelente.

Certa vez, Jesus e seus discípulos foram para Betsaida, e algumas pessoas trouxeram-lhe um cego, suplicando que o tocasse. "Ele tomou o cego pela mão e o levou para fora do povoado. Depois de cuspir nos olhos do homem e impor-lhe as mãos, Jesus perguntou: 'Você está vendo alguma coisa?'" (Marcos 8.23). No versículo 26, o Mestre mandou o homem para casa, dizendo: "Não entre no povoado!". O cego foi curado e passou a enxergar, mas isso não aconteceu dentro do povoado. Não sabemos o motivo, mas era um ambiente em que Jesus não operou o milagre.

Há locais dos quais você precisa sair para enxergar coisas superiores; lugares dos quais precisa se distanciar para ver a glória de Deus manifestar-se em sua vida.

Se Jesus o tomou pela mão e o levou para regiões diferentes, é porque não deveria permanecer naquela em que estava. Portanto, deixe o Altíssimo agir. Ele sabe como conduzi-lo. Se o Criador lhe disser para sair, obedeça, pois alguns lugares não são para você.

"Não esteja em todo lugar que lhe caiba."

Se Deus o tirou de um ambiente, por que sentir saudades dele?

PLANO DE LEITURA:

Romanos 13–16

ACESSE O QR CODE PARA SABER MAIS:

DIA
328

@michelsimplicio

NÃO SEJA ACHADO EM FALTA

Há algo pendente em sua vida? O que o impede de resolver?

PLANO DE LEITURA:

1Coríntios 1–3

ACESSE O QR CODE PARA SABER MAIS:

Um dia, todos estaremos diante do Senhor, o Justo Juiz, a quem teremos de prestar contas. A Bíblia narra a história de um rei que teve a oportunidade de agir de forma diferente, mas foi achado em falta.

Em Daniel 5.27, lemos: "*Tequel*: Foste pesado na balança e achado em falta". Deus havia pesado na balança todas as atitudes do rei. Ao ver o que ele estava fazendo, o Eterno não se agradou; ele foi achado em falta. O rei poderia ter agido de outra forma, mas não o fez, ficando em débito diante de tudo o que o Senhor lhe havia confiado. Durante muitos anos, ele teve a chance de escrever uma nova história, mas negligenciou seu chamado.

O Altíssimo há de pesar nossas obras na balança, e, diante de tantas bênçãos recebidas, a pergunta é: estamos correspondendo? O Senhor nos capacitou, deu-nos saúde para falarmos do seu amor, e o que temos feito?

Que não sejamos achados em falta! Que possamos corresponder aos inúmeros benefícios que o Todo-Poderoso nos concedeu, para que, quando formos pesados, não sejamos achados em falta.

"Aquele que honra a Deus hoje será recompensado amanhã."

FAÇA O QUE É PRECISO SER FEITO

DIA **329**

@michelsimplicio

Deus espera de nós atitudes certeiras, alinhadas com sua soberana vontade. É verdade que o Senhor não fará aquilo que precisamos realizar, pois muitas bênçãos estão disponíveis para nós sem que necessitemos transferir nossa responsabilidade de ação para Deus.

A Bíblia nos mostra pessoas que fizeram o que era necessário, como a mulher que padecia de hemorragia havia 12 anos e se encontrava fraca e debilitada. Lucas 8.44 diz: "Chegando por detrás dele, tocou na orla do seu vestido, e logo estancou o fluxo do seu sangue" (ACF). Essa mulher não ficou esperando que Jesus fosse até ela; tomou uma atitude e fez o que era preciso! Ela sabia que, se não fizesse sua parte, poderia morrer com aquele fluxo.

Mire-se no exemplo dessa mulher. Tome uma atitude, levante-se e faça o que precisa ser feito! Não creio que Jesus desonre quem se levanta e vai até ele. Portanto, mesmo sem vontade, faça o que precisa ser feito.

Esse é o segredo dos campeões. Deus honra a fé daquele que se levanta para agir segundo seus eternos propósitos e sua soberana vontade.

"Suas atitudes falam mais que as suas palavras."

Se estivesse no lugar da mulher com hemorragia, você teria tocado na orla da veste de Jesus?

PLANO DE LEITURA:

1Coríntios 4–7

ACESSE O QR CODE PARA SABER MAIS:

DIA
330

@michelsimplicio

NÃO SEJA UMA PESSOA PREOCUPADA

Você é excessivamente preocupado? Por que não lança suas ansiedades para Cristo?

....

....

....

....

....

....

....

PLANO DE LEITURA:

1Coríntios 8–9

ACESSE O QR CODE PARA SABER MAIS:

A preocupação tem roubado a paz de muitas pessoas, a ponto de não conseguirem dormir nem relaxar, pois estão sempre preocupadas com aquilo que virá no futuro.

A triste realidade é que a inquietação muitas vezes se torna um estilo de vida de muitos. Jesus tratou desse problema com seus discípulos, conforme registrado em Mateus 6.34: "Não vos inquieteis, pois, pelo dia de amanhã, porque o dia de amanhã cuidará de si mesmo" (ACF).

Eles estavam preocupados com o futuro. Mas a preocupação não melhora sua vida hoje, apenas rouba momentos de que você poderia desfrutar. Portanto, não seja uma pessoa preocupada! Não deixe que as aflições da vida o impeçam de desfrutar momentos importantes.

Jesus está cuidando de tudo; você é importante para Deus. Não se preocupe tanto, o Altíssimo tem trabalhado na sua vida e tem ajudado você. Pense bem e responda: será que toda essa preocupação é benéfica para você e para as pessoas ao seu redor? Com certeza não.

Viva o presente, desfrute mais da vida e se preocupe menos, pois o Senhor cuida de você!

"Descanse seu coração, pois o hoje e o amanhã pertencem a Deus."

IGNORE AS OFENSAS

DIA

331

@michelsimplicio

O Inimigo fará tudo para paralisar você, e uma isca poderosa nesse sentido é a ofensa. Quando somos ofendidos, fechamo-nos. O sábio Salomão diz que o irmão ofendido é mais difícil de conquistar do que uma cidade murada. Uma pessoa ofendida constrói muros e deixa de se relacionar. Provérbios 19.11 afirma: "O discernimento do homem lhe dá paciência; a sua glória é ignorar as ofensas".

Se você deseja ser usado por Deus para abençoar esta geração e ser posto em posição de destaque aos olhos do Todo-Poderoso, precisa aprender a ignorar as ofensas. Ao fazer isso de forma bem-sucedida, você se torna imparável!

A questão é que o Inimigo sabe disso e usa pessoas para ofendê-lo e, com isso, tentar paralisá-lo, assim como tentou fazer com Jesus, falando de seu caráter e idoneidade. O Senhor, evidentemente, foi sábio e não caiu na armadilha. Da mesma forma, seja sábio e, assim, estará pronto para ser um instrumento nas mãos de Deus.

Siga o conselho bíblico: ignore as ofensas e lembre-se de que o Senhor tem uma grande obra a realizar por seu intermédio.

"Ignore as ofensas, pois o veneno só fará mal se você engolir."

Você costuma reagir às ofensas ou ignorá-las?

....

....

....

....

....

....

....

PLANO DE LEITURA:

1Coríntios 10–13

ACESSE O QR CODE PARA SABER MAIS:

DIA
332

@michelsimplicio

DEUS JAMAIS MUDARÁ

Se Deus não muda, do que você tem medo?

Saiba que o mesmo Deus que o conduziu até aqui é o mesmo ontem, hoje e eternamente. O Senhor não muda e continuará conduzindo seus passos.

Nós passamos por constante evolução em todas as áreas da vida. Passamos por reformulações em diversos aspectos, mas o Eterno jamais mudará; ele permanece o mesmo. O Deus que cuidou do seu povo no passado é o mesmo que continua cuidando de você.

Em Malaquias 3.6, o Eterno diz: "Porque eu, o SENHOR, não mudo; por isso vós, ó filhos de Jacó, não sois consumidos" (ACF). O Altíssimo é misericordioso e amoroso; ele não passa por transformações, por isso você pode acreditar que seu futuro será abençoado. Deus cuidava e continua cuidando de tudo o que se refere a você – ninguém está sozinho na jornada.

Embora muitas coisas tenham mudado ao seu redor e sua aparência e seu vigor não sejam mais os mesmos, lembre-se de que existe um Deus que é o mesmo e sua Palavra permanece fiel.

O Senhor continua amando você, e seu amor é inexplicável. Ele jamais mudará, e o mesmo amor que o alcançou há de guiá-lo até a Eternidade.

"O mesmo Deus que o ajudou no passado o abençoará no presente."

PLANO DE LEITURA:

1Coríntios 14–16

ACESSE O QR CODE PARA SABER MAIS:

HÁ ALGUÉM MAIS FORTE DO SEU LADO

DIA
333

@michelsimplicio

Em meio às batalhas da vida e diante das afrontas do Inimigo, às vezes nos esquecemos de que o mais forte está do nosso lado. Só precisamos levantar a cabeça e olhar para quem está conosco, a fim de não desanimarmos.

O apóstolo Paulo já dizia: "Se Deus é por nós, quem será contra nós?" (Romanos 8.31). Gideão aprendeu a lutar tendo o Onipotente como seu aliado. Em Juízes 6.12, o anjo de Deus disse: "O SENHOR é contigo, homem valente" (ACF). Gideão enfrentou um numeroso exército inimigo com apenas 300 homens, e o que fez a diferença não foi a habilidade ou a força daquele guerreiro, mas, sim, que o Eterno pelejava com ele.

Se o Criador estiver do seu lado, não importa quem seja o inimigo, ele será derrotado, porque Javé pode todas as coisas! Creia que, assim como Deus deu a vitória a Gideão, ele dará a você! Entenda que a batalha será vencida porque o mais forte está do seu lado.

Não importa quantas pessoas se levantem contra você ou qual seja o tamanho da adversidade, o importante é que, se o mais forte está do seu lado, a vitória é certa!

"Firme a sua casa sobre a rocha, e nenhum vento a destruirá."

Se Deus é por você, o que o Inimigo pode fazer contra sua vida?

PLANO DE LEITURA:

2Coríntios 1–3

ACESSE O QR CODE PARA SABER MAIS:

DIA
334

@michelsimplicio

TRANSBORDE O AMOR DE DEUS

Você transborda o amor de Deus em suas palavras e ações?

PLANO DE LEITURA:

2Coríntios 4–7

ACESSE O QR CODE PARA SABER MAIS:

Somos amados pelo Senhor e devemos transbordar esse amor às pessoas ao nosso redor. Em Romanos 5.5, lemos: "E a esperança não nos decepciona, porque Deus derramou seu amor em nossos corações, por meio do Espírito Santo que ele nos concedeu". Isso revela que a humanidade necessita do amor divino, e podemos transmiti-lo através de nossas ações e palavras.

Jesus ensinou que "a boca fala do que está cheio o coração" (Mateus 12.34). Se o nosso coração está cheio de amor, transbordaremos amor; se está cheio de ódio, transbordaremos ódio. Muitos transbordam tristeza e melancolia devido à sua história de vida. Por isso, precisamos pedir ao Espírito Santo que ele derrame cada vez mais o amor do Altíssimo em nosso coração, para que possamos transbordar amor.

Muitas pessoas necessitam ser curadas pelo amor, portanto transborde o amor de Deus para as multidões. Se ainda não é assim, a partir de hoje, seja como um copo cheio que derrama. Seja um instrumento nas mãos do Criador e transborde o amor divino a todos.

"Por meio de sua vida, muitos poderão crer e se converter."

VOLTE A ACREDITAR

DIA
335

@michelsimplicio

Viver é um grande desafio, especialmente quando nossa fé é provada.

A Bíblia nos fala de um episódio muito triste da vida do apóstolo Pedro, que enfrentou um desafio e negou a Jesus, afirmando não o conhecer. Decepcionado consigo mesmo, o pescador achou que tudo havia acabado e voltou a pescar. Em João 21.16, lemos quando Jesus o confronta: "Simão, filho de Jonas, amas-me?". Pedro responde: "Sim, Senhor; tu sabes que te amo". Cristo, então, lhe diz: "Apascenta as minhas ovelhas" (ACF). O Mestre estava dizendo que ainda acreditava no chamado de Pedro.

De igual modo, o Senhor acredita em você também! Portanto, volte a acreditar em você mesmo e no chamado divino para sua jornada. O Todo-Poderoso tem uma obra em sua vida e, mesmo que tenha pecado e negado a Jesus, como Pedro, ele se importa e diz: *volte a acreditar!*

O Criador tem um propósito para você, e muitas pessoas ainda podem conhecer Cristo por meio da sua vida. Volte a acreditar! O Altíssimo não desistiu de você, e seu testemunho ainda impactará muitas vidas!

> **"Deus tem um grande propósito para tudo o que pôs em suas mãos."**

Você duvida que Deus possa usar sua vida? Por quê?

PLANO DE LEITURA:

2Coríntios 8–13

ACESSE O QR CODE PARA SABER MAIS:

DIA
336

@michelsimplicio

SEJA MAIS OUSADO!

Você é ousado em sua fé? Em caso negativo, por que não?

PLANO DE LEITURA:

Gálatas 1–4

ACESSE O QR CODE PARA SABER MAIS:

A ousadia é uma expressão vital da fé, e todos que conhecem o Senhor são chamados a desenvolvê-la. Deus espera que você atue com ousadia a cada dia – e sempre mais –, pois ele tem grandes promessas preparadas para sua vida! Seja audacioso e receba de bom grado as bênçãos que ele destinou para você desde antes da fundação do mundo!

Somente os ousados conseguem viver as promessas divinas plenamente, como fica claro em Efésios 3.12, onde lemos: “No qual temos ousadia e acesso com confiança, pela nossa fé nele”. Entenda que o Altíssimo deseja abençoá-lo abundantemente, e a ousadia é a chave para acessar essas bênçãos.

O apóstolo Pedro exemplificou essa ousadia ao sair do barco e caminhar sobre as águas para encontrar Jesus. Ele foi o único a experimentar esse milagre! Portanto, preste atenção ao que Deus lhe diz, seja ousado em sua fé e viva experiências que outros talvez nunca tenham vivido.

Exercite a confiança inabalável no Todo-Poderoso, seja destemido e prepare-se para um testemunho poderoso a ser compartilhado!

“A ousadia o levará a patamares que você jamais imaginou.”

ELEVE SEU NÍVEL

DIA
337

@michelsimplicio

Precisamos melhorar em várias áreas de nossa vida, e Deus espera isso de nós. Você está preparado para elevar seu nível a partir de sua espiritualidade?

Em Efésios 3.20, lemos: "Ora, àquele que é poderoso para fazer infinitamente mais do que tudo quanto pedimos ou pensamos, conforme o seu poder que opera em nós, a ele seja a glória, na igreja e em Cristo Jesus, por todas as gerações, para todo o sempre. Amém!" (ARA). O que isso significa? Que o Senhor tem poder para levá-lo a um novo nível, muito superior!

Para alcançar esse patamar mais elevado em sua espiritualidade, preste atenção em três aspectos essenciais da vida: pessoas, ambientes e lugares.

Primeiro, pratique o princípio relacionado às pessoas, que podem impulsioná-lo ou fazê-lo regredir. Segundo, esteja em ambientes que proporcionam comunhão, pois eles farão diferença em sua vida. Terceiro, atente-se aos lugares que frequenta, pois eles influenciarão seu futuro.

Deus espera que você chegue a um patamar superior, logo, eleve seu nível e viva novas experiências!

"Quanto mais você elevar seu nível, tanto mais será reconhecido."

Você está acomodado ou deseja subir a patamares espirituais superiores?

PLANO DE LEITURA:

Gálatas 5–6

ACESSE O QR CODE PARA SABER MAIS:

DIA
338

@michelsimplicio

É TEMPO DE FRUTIFICAR

Você tem dado frutos para o Reino de Deus?

PLANO DE LEITURA:

Efésios 1–4

ACESSE O QR CODE PARA SABER MAIS:

Você foi escolhido por Deus para dar frutos e, por essa razão, pode prosperar em todas as áreas da sua vida.

Em João 15.16, lemos: "Não me escolhestes vós a mim, mas eu vos escolhi a vós, e vos nomeei, para que vades e deis fruto, e o vosso fruto permaneça; a fim de que tudo quanto em meu nome pedirdes ao Pai ele vo-lo conceda" (ACF). O Senhor escolheu você! Mais ainda, para ele sempre é tempo de frutificar!

Entenda que o propósito da sua vida está ligado aos frutos que você gera para a glória de Deus. Frutos que permanecem são pessoas que o Altíssimo alcançará por meio de sua atuação em favor do Reino. Muitas pessoas pensam apenas em dar frutos aqui na Terra, mas o mais importante é aquele que permanece para a eternidade.

Devemos pedir ao Eterno que desperte o coração de muitos para frutificar. Essa frutificação ocorre quando a vida do Criador está em nós, produzindo frutos.

Prepare-se, crendo que muitas pessoas ao seu redor serão alcançadas pelo Senhor por meio da sua vida e do seu testemunho.

É tempo de dar frutos que permaneçam. É tempo de frutificar.

"Quando estamos enraizados em Deus, os frutos aparecem naturalmente."

NÃO PERCA JESUS NA CAMINHADA

DIA
339

@michelsimplicio

Durante nossa caminhada, muitas coisas vêm para nos distrair, e podemos perder Jesus de vista. Isso aconteceu com Maria e José, que, voltando de festividades em Jerusalém, pensaram que seu filho estava com eles. O casal andou um dia inteiro até perceber que ele, na realidade, não estava. Os dois o procuraram entre os parentes e conhecidos, mas não o encontraram. Voltaram a Jerusalém e, finalmente, o acharam no templo.

Na empolgação da vida, isso também pode acontecer conosco. Podemos perder Jesus de vista por estarmos tão envolvidos em nossos projetos pessoais e na correria do dia a dia.

É tempo de parar e pensar se Cristo está caminhando ao seu lado ou se você está caminhando sozinho. Talvez, pela correria, você tenha deixado de orar e meditar nas Escrituras. Isso não pode acontecer! Não perca o Mestre de vista na caminhada da vida.

Volte a procurar Jesus hoje mesmo; não deixe Deus de lado! Jamais! É tempo de clamar e buscar ao Senhor. Reconsidere seus caminhos, reavalie o que tem feito e não perca Cristo de vista na caminhada.

"Decida não dar nenhum passo se Jesus não estiver ao seu lado."

Você tem certeza de que caminha a cada segundo com Jesus no coração?

PLANO DE LEITURA:

Efésios 5–6

ACESSE O QR CODE PARA SABER MAIS:

DIA
340

@michelsimplicio

A COLHEITA LEVA TEMPO

É difícil aguardar o tempo da colheita diante do imediatismo em que vivemos hoje. A Bíblia relata a história de Mardoqueu, que revelou uma trama para matar o rei, sem que, inicialmente, nada tenha sido feito em sua defesa. Em Ester 6.1, lemos: "Naquela noite, o rei não conseguiu dormir; por isso ordenou que trouxessem o livro das crônicas do seu reinado e que o lessem para ele". O rei viu o que Mardoqueu fizera por ele e o recompensou.

Saiba que o Rei dos reis não dorme. Deus sabe tudo o que você já fez, e você só precisa aguardar o tempo necessário para a colheita, mesmo que leve um tempo superior ao que você inicialmente imaginou.

Assim como o Senhor preparou tudo para honrar Mardoqueu, é importante crer que ele está preparando um tempo de honra para você. Aquele homem foi honrado pelo rei e levado ao palácio, e um dia você também habitará na presença do seu Senhor. Aguarde pacientemente, pois Deus tem o controle da História.

No tempo certo, você colherá, pois o Criador está preparando um tempo de honra para você. Continue semeando o bem, pois sua colheita chegará.

"Entre a semeadura e a colheita existe o tempo da espera; leva tempo, mas acontece."

Como anda a sua paciência para esperar o tempo de Deus?

PLANO DE LEITURA:

Filipenses 1–4

ACESSE O QR CODE PARA SABER MAIS:

NÃO SE LAMENTE, TENTE OUTRA VEZ!

DIA
341

@michelsimplicio

Em muitas questões da vida, nem sempre teremos êxito na primeira tentativa. Às vezes, será necessário insistir um pouco mais a fim de alcançarmos nossos objetivos. Infelizmente, algumas pessoas desistem após a primeira falha, e o resultado é que passam a vida se lamentando.

A Bíblia relata que, em certa ocasião, o apóstolo Pedro foi pescar e passou a noite toda sem conseguir apanhar um único peixe (cf. Lucas 5). Enquanto lavava as redes, entristecido, Jesus subitamente apareceu e lhe disse: "Faze-te ao mar alto, e lançai as vossas redes para pescar" (v. 4, ACF). O Senhor estava dizendo àquele homem: "Não se lamente. Se não deu certo, tente outra vez!". O que aconteceu? Pedro lançou as redes novamente e pescou uma enorme quantidade de peixes!

Assim como foi com aquele apóstolo de Cristo, você deve crer que há milagres e multiplicação para a sua vida. Portanto, não se lamente, antes, tente outra vez! Pare de murmurar e levante-se, pois o Senhor lhe dará estratégias e, sob a palavra do Altíssimo, você será abençoado.

"Tente quantas vezes for necessário; a vitória pertence àqueles que não desistem."

Diante das adversidades, o que você faz: lamenta-se ou tenta novamente?

PLANO DE LEITURA:

Colossenses 1–4

ACESSE O QR CODE PARA SABER MAIS:

DIA
342

@michelsimplicio

SEM AMOR NADA FAZ SENTIDO

Você põe amor em tudo o que faz?

PLANO DE LEITURA:

1Tessalonicenses 1–5

ACESSE O QR CODE PARA SABER MAIS:

Atualmente, muitas pessoas estão buscando cada vez mais se aperfeiçoar em diferentes áreas da vida e buscar conhecimento — o que é ótimo. Todavia, não se pode limitar a isso, porque há algo ainda mais essencial e primordial: crescer em amor.

Em 1Coríntios 13.3, o apóstolo Paulo diz: "E ainda que distribuísse toda a minha fortuna para sustento dos pobres, e ainda que entregasse o meu corpo para ser queimado, e não tivesse amor, nada disso me aproveitaria" (ACF). Essas palavras deixam claro que o amor é essencial, e sem ele nada faz sentido. Não adianta ter uma aparência bonita ou um bom poder aquisitivo se não houver amor.

Infelizmente, muitos negligenciam essa verdade e valorizam mais o ter do que o ser. Isso é errado! Precisamos valorizar o verdadeiro amor bíblico e ser pessoas amorosas, exalando o amor do Criador em todas as nossas palavras e ações.

Quando pomos amor no que fazemos, todas as coisas saem muito melhor do que o esperado. Ame a Deus e ao próximo, sempre, em todos os dias de sua vida, pois sem amor nada faz sentido.

"Faça tudo com amor e por amor, e Deus honrará as obras das suas mãos."

DEUS ESTÁ PROTEGENDO VOCÊ

DIA
343

@michelsimplicio

O Senhor tem guardado toda a sua vida – a sua entrada e a sua saída. Ele o protege a todo instante, por isso você pode descansar.

Em Salmos 3.5–6, está escrito: "Eu me deito e durmo, e torno a acordar, porque é o Senhor que me sustém. Não me assustam os milhares que me cercam". Isso deixa claro e fora de qualquer questionamento que Deus é poderoso e está ao seu lado – o que lhe permite dormir tranquilo.

Não deixe que a insônia roube seu descanso, pois enquanto você dorme o Todo-Poderoso está trabalhando a seu favor! O Altíssimo está protegendo você e sua vida dia e noite. e isso deve lhe trazer paz.

Existe uma proteção espiritual sobre você. Em 1João 5.18, lemos: "Sabemos que todo aquele que é nascido de Deus não vive em pecado, porque quem é nascido de Deus guarda a si mesmo, e o Maligno não pode tocar nele" (NAA). Não tema! Saiba com convicção que o Altíssimo o protege contra as ciladas do Inimigo. Ande de cabeça erguida e jamais tenha medo, pois, o tempo todo, o Senhor está protegendo a sua preciosa vida.

"Deus está olhando, guardando e protegendo você; não tema!"

Se Deus o protege em todo tempo, do que você tem medo?

....

....

....

....

....

....

....

PLANO DE LEITURA:

2Tessalonicenses 1–3

ACESSE O QR CODE PARA SABER MAIS:

DIA

344

@michelsimplicio

PARE DE PENSAR NAQUILO QUE NÃO DEU CERTO

Você gasta tempo pensando naquilo que já passou? O que isso traz de bom?

Constantemente nos pegamos pensando em coisas que não deveriam ocupar nossos pensamentos. São situações que ocorreram por negligência ou circunstâncias adversas e aconteceram por permissão do Todo-Poderoso. Contudo, devemos parar de ficar cogitando o que não deu certo e mudar nossa linha de pensamento.

O apóstolo Paulo ensina, em Atos 17.30, que Deus não leva em conta os tempos de ignorância, mas agora ordena que todos se arrependam. Esse tempo representa o período em que não tínhamos conhecimento do Evangelho. Deus não leva em conta esse tempo, mas diz que está na hora de deixar o passado para trás, arrepender-se e mudar o modo de pensar.

Em Filipenses 4.8, Paulo diz para pensarmos nas coisas que são dignas de louvor, em que há algo de excelente. Não podemos deixar que nossos pensamentos sejam tomados pelo Inimigo. Se algo não deu certo, significa que você precisa aprender algumas lições antes de tentar novamente.

Portanto, pare de pensar no que não deu certo e confie que Deus tem um tempo para tudo.

PLANO DE LEITURA:

1Timóteo 1–6

ACESSE O QR CODE PARA SABER MAIS:

"Aquilo que Deus preparou é bem maior do que você pode imaginar."

O CAMINHO MAIS RÁPIDO NEM SEMPRE É O MELHOR

DIA **345**

@michelsimplicio

Somente Deus sabe nos conduzir pelo melhor caminho!

Em Êxodo 13.17–18, vemos que, quando os israelitas saíram do Egito, o Senhor não os levou pelo caminho mais curto: “Tendo Faraó deixado ir o povo, Deus não o levou pelo caminho da terra dos filisteus, posto que mais perto, pois disse: Para que, porventura, o povo não se arrependa, vendo a guerra, e torne ao Egito” (ARA). Deus sabia que o povo não estava preparado para aquele confronto, por isso os conduziu pelo deserto para prepará-los.

O mesmo acontece conosco. Muitas vezes, queremos que as coisas aconteçam rapidamente e buscamos o trajeto mais curto. Todavia, precisamos entender que o caminho mais rápido nem sempre é o melhor. Devemos ter humildade para reconhecer que, às vezes, não estamos preparados para alguns tipos de embate. Deus conhece nossa estrutura e sabe o que precisamos para vencer.

Portanto, não se apresse. Ponha sua vida nas mãos do Senhor e peça que ele o direcione. O mais importante é quem o está conduzindo e ter constância para andar de acordo com a vontade do Altíssimo, pois nem sempre o caminho mais rápido é o melhor.

> **“É Deus quem determina o tempo de duração do processo.”**

Qual você prefere: o caminho mais rápido e pior ou o mais demorado e melhor?

PLANO DE LEITURA:

2Timóteo 1–4

ACESSE O QR CODE PARA SABER MAIS:

DIA
346

@michelsimplicio

DEUS REVELA SEGREDOS PARA QUEM ESTÁ NO SECRETO

Você tem investido tempo no secreto com o Senhor?

....

....

....

....

....

....

....

PLANO DE LEITURA:

Tito 1–3

ACESSE O QR CODE PARA SABER MAIS:

O lugar secreto é onde precisamos estar, pois é ali que recebemos as instruções e as revelações de Deus.

Mateus 6.6 registra as palavras de Jesus: "Mas tu, quando orares, entra no teu aposento e, fechando a tua porta, ora a teu Pai que está em secreto; e teu Pai, que vê em secreto, te recompensará publicamente" (ACF). Quando você entra no secreto, o Pai o recompensa publicamente! O lugar secreto representa intimidade e comunhão com o Senhor. É onde devemos passar um tempo a sós com ele, assim como fazia Moisés. Ali, podemos ver, ouvir e sentir o que poucos têm o privilégio de vivenciar.

Deus quer revelar grandes segredos, conforme diz Salmos 25.14: "O segredo do Senhor é com aqueles que o temem; e ele lhes mostrará a sua aliança" (ACF). O Todo-Poderoso quer falar com você, revelar segredos sobre seu futuro, dar sabedoria e entendimento. Mas isso só acontece para quem está sempre na presença dele.

A partir de hoje, fique mais tempo a sós com o Eterno, para ouvir sua voz e ser ministrado por ele. Lembre-se de que o Senhor só revela seus segredos para quem está com ele no secreto.

"Grandes estratégias são reveladas no lugar secreto com Deus."

VOCÊ TEM AUTORIDADE ESPIRITUAL

DIA
347

@michelsimplicio

Atualmente, uma das grandes estratégias do Maligno é a intimidação. Ele tenta fazer você acreditar que não tem poder nem autoridade por causa dos seus pecados e erros. Todavia, a Bíblia mostra que temos autoridade do Senhor para repreender as forças das trevas.

Em Lucas 10.19, lemos: "Eu dei a vocês autoridade para pisarem sobre cobras e escorpiões, e sobre todo o poder do inimigo; nada lhes fará dano". Isso significa que Deus lhe deu poder para repreender o mal. Sua autoridade espiritual vem de Jesus, pelo que ele fez.

Está na hora de nos levantarmos para repreender todo o mal, crendo que a força do Inimigo já foi vencida, porque Cristo triunfou na cruz. A autoridade que temos não é no nosso nome, mas no nome de Jesus e pelo que ele realizou!

Portanto, deixe de lado a intimidação e comece a exercer a autoridade espiritual que o Senhor lhe deu. Repreenda todo mal contra sua vida — saúde, emoções, ministério, família e tudo mais. Você tem autoridade dada pelo Onipotente! Por isso, deve crer que nenhum mal lhe sucederá.

"Só tem autoridade aquele que se submete às autoridades."

Você já se apossou da autoridade que tem, em Cristo, contra o mal?

PLANO DE LEITURA:

Filemom 1

ACESSE O QR CODE PARA SABER MAIS:

DIA
348

@michelsimplicio

DEUS LIVRARÁ VOCÊ DE TODO O MAL

Você vive sempre no Espírito ou deixa a carne tomar conta de suas ações às vezes?

É comum vermos pessoas caírem em pecado, muitas vezes por estarem cedendo às vontades da carne. A Bíblia ensina que há uma luta constante entre a natureza humana e o Espírito de Deus. Em Gálatas 5.17, lemos: "Porque a carne luta contra o Espírito, e o Espírito luta contra a carne, porque são opostos entre si, para que vocês não façam o que querem" (NAA).

A vontade da carne é oposta a do Espírito, por isso, se não estamos atentos e vigilantes, podemos ceder às tentações e cair.

Paulo nos alerta sobre a importância de viver pelo Espírito e não satisfazer os desejos carnais. Em Gálatas 5.16, ele diz: "Vivam pelo Espírito, e de modo nenhum satisfarão os desejos da carne". Viver pelo Espírito é estar em comunhão constante com Deus, buscar sua direção e seguir seus mandamentos. É permitir que o Espírito Santo guie nossas ações, nossos pensamentos e desejos. Quando fazemos isso, a carne perde sua força e conseguimos viver de um modo que agrada a Deus.

Portanto, não ceda às vontades da carne. Busque viver pelo Espírito e você verá como sua vida será transformada, cheia de paz e alegria.

PLANO DE LEITURA:

Hebreus 1–4

ACESSE O QR CODE PARA SABER MAIS:

"Creia que nenhum mal alcançará você, pois Deus o está protegendo."

SEM FÉ É IMPOSSÍVEL AGRADAR A DEUS

DIA
349

@michelsimplicio

A fé é essencial para alcançar os lugares que o Senhor preparou para você.

Em Hebreus 11.6, está escrito: "Ora, sem fé é impossível agradar-lhe, porque é necessário que aquele que se aproxima de Deus creia que ele existe, e que é galardoador dos que o buscam" (ACF). Sua posição atual reflete a sua fé, mas acredite: você pode ir mais longe. Pense nas superações passadas, quando a confiança inabalável no Todo-Poderoso o ajudou a vencer situações difíceis, e creia que ela ainda o levará a experimentar o sobrenatural de Deus.

A Bíblia diz, em Hebreus 11.8, que Abraão, ao receber a promessa do Senhor, pela fé obedeceu, saiu de onde estava e partiu de sua terra sem saber para onde ia. A fé não é um passo no escuro; quem age com fé sabe que o Eterno apontará o caminho.

Temos um Deus que reage à nossa fé. Quando oramos com confiança inabalável, o sobrenatural se manifesta: cura é liberada, portas se abrem e testemunhos grandiosos são relatados.

Exercite sua fé para viver o sobrenatural e lembre-se: sem fé é impossível agradar a Deus!

"A fé é requisito essencial para viver grandes conquistas."

Como anda a sua fé?

PLANO DE LEITURA:

Hebreus 5–9

ACESSE O QR CODE PARA SABER MAIS:

DIA
350

@michelsimplicio

TENHA UM ALVO DEFINIDO

Definir um alvo é crucial para tomar decisões firmes, sólidas e corretas em sua vida. Quem não sabe aonde quer chegar pode se atrasar ou, até mesmo, se perder. O Senhor deseja que você tenha assertividade nos seus passos.

O apóstolo Paulo sabia bem aonde queria chegar. Em Filipenses 3.14, ele escreveu: "[...] prossigo para o alvo, a fim de ganhar o prêmio do chamado celestial de Deus em Cristo Jesus". Assim como ele orientou, você precisa ter um alvo definido, a fim de alcançar o prêmio e chegar ao seu destino com sucesso.

O Criador quer ajudá-lo em todas as suas decisões, pois ele sabe que quem demora muito para decidir acaba não decidindo nada. Deus deseja que você tenha clareza em suas escolhas e não perca tempo. Após definir seu alvo, mantenha firmeza e não mude sua decisão, a menos que o Senhor o instrua.

O Altíssimo quer que você cumpra todo o propósito preparado para sua vida. Assim como atletas treinam intensamente ou estudantes se preparam para vestibulares, esforce-se e tenha um objetivo claro.

Creia que Deus o capacitará e recompensará.

"Tenha um alvo definido, para não se distrair com o Inimigo."

Você tem clareza sobre os alvos que almeja alcançar?

....

....

....

....

....

....

....

PLANO DE LEITURA:

Hebreus 10–11

ACESSE O QR CODE PARA SABER MAIS:

VOCÊ SEMPRE GANHA QUANDO FAZ A COISA CERTA

DIA
351

@michelsimplicio

Constantemente somos tentados a dar um "jeitinho", a fazer algo de uma forma que não agrada ao Senhor. Diariamente, temos a oportunidade de escolher entre o bem e o mal. Em Deuteronômio 30.19, está escrito: "Hoje tomo os céus e a terra como testemunhas contra vocês, de que apresentei diante de vocês a vida e a morte, a bênção e a maldição. Agora escolham a vida, para que vocês e os seus descendentes vivam".

Em Provérbios 10.9, lemos: "Quem anda com integridade anda seguro, mas o que perverte os seus caminhos será descoberto" (NAA). Entendemos, por meio da Palavra, que todos os dias temos a escolha de fazer aquilo que agrada o coração do Todo-Poderoso. Você sempre ganha quando faz a coisa certa, porque o Eterno vê tudo o que você faz.

Portanto, mesmo que ninguém esteja observando, continue fazendo o que é certo. Assim, você pavimentará a sua estrada com êxito.

O Criador está observando cada passo que você dá e ele conhece as motivações do seu coração. Portanto, não abra mão dos valores e princípios bíblicos. Lembre-se de que você sempre ganha quando faz a coisa certa, pois o Pai, que é justo, lhe retribuirá.

> **"Continue fazendo o certo e no tempo certo Deus o recompensará."**

Você faz sempre o certo, mesmo quando nenhuma pessoa está olhando?

PLANO DE LEITURA:

Hebreus 12–13

ACESSE O QR CODE PARA SABER MAIS:

DIA
352

@michelsimplicio

SEJA MAIS SELETIVO

Quem você traz para perto sempre passa pelo critério bíblico?

É preciso ter critério ao permitir que alguém entre no barco da sua vida. Infelizmente, muitos se machucam por falta desse cuidado, acolhendo pessoas em sua casa e no círculo de amizades sem a devida reflexão.

Isso ocorreu com um capitão que navegava tranquilamente, mas enfrentou problemas ao deixar Jonas entrar em seu barco. Esse marinheiro não foi seletivo, e isso lhe custou caro. Em Jonas 1.6, lemos: "O capitão dirigiu-se a ele e disse: 'Como você pode ficar aí dormindo? Levante-se e clame ao seu deus! Talvez ele tenha piedade de nós e não morramos'".

Toda a embarcação sofria devido ao pecado de Jonas. Portanto, devemos ser criteriosos ao conhecer alguém. Quais são os seus critérios ao convidar alguém para estar com você ou entrar em sua casa? A Palavra, em 1Coríntios 15.33, diz: "Não se deixem enganar: 'As más companhias corrompem os bons costumes'".

Seja seletivo e ore para que o Senhor apresente amigos que tragam bênçãos, e não maldições, como Jonas. Peça ao Pai que ponha em sua vida pessoas de caráter, princípios e temor a Deus.

PLANO DE LEITURA:

Tiago 1–5

ACESSE O QR CODE PARA SABER MAIS:

"Seja mais seletivo para não ser enganado pelo Inimigo."

DEUS NÃO DEIXA NADA PELA METADE

DIA
353

@michelsimplicio

Muitas pessoas têm dificuldade de concluir o que começaram. Iniciar algo e não terminar faz parte da vida de todo ser humano. No entanto, o Senhor não deixa nada pela metade.

Quando o Todo-Poderoso começa uma grande obra, ele a finaliza. Em Filipenses 1.6, lemos: "Estou convencido de que aquele que começou boa obra em vocês, vai completá-la até o dia de Cristo Jesus". A obra do Altíssimo em sua vida ainda não está completa, mas ele vai concluí-la.

Em Marcos 8, vemos que Jesus, ao curar um cego, perguntou o que ele estava enxergando. O homem respondeu que não estava vendo perfeitamente, vislumbrava os homens como árvores. Então, Jesus pôs novamente as mãos sobre os olhos dele, e ele foi completamente curado. Aquele cego estava passando por um processo de cura e a única coisa que precisava fazer era ficar mais tempo com Jesus até que a obra fosse completa.

Muitas vezes, não entendemos tudo e queremos resultados rápidos, mas o Criador não deixa nada pela metade. Ele está agindo em sua vida. Portanto, creia que ele está trabalhando em você, e a obra será completa.

"Deus não deixa nada pela metade."

Sua pressa em ver a obra concluída em sua vida não está atrapalhando você de ver o agir de Deus?

PLANO DE LEITURA:

1Pedro 1–3

ACESSE O QR CODE PARA SABER MAIS:

DIA
354

@michelsimplicio

UM CORAÇÃO DO TAMANHO DE DEUS

Você sente um vazio em sua vida? Como tem sido sua relação com Cristo?

....

....

....

....

....

....

....

PLANO DE LEITURA:

1Pedro 4–5

ACESSE O QR CODE PARA SABER MAIS:

Existe um vazio existencial em todo ser humano que apenas Deus pode preencher. Na sociedade pós-moderna, muitas pessoas se dedicam aos cuidados estéticos, buscando uma aparência bela, enquanto seu coração permanece oco. Esse vazio é uma carência que somente Jesus Cristo pode suprir.

Jesus, certa vez, confrontou alguns ao dizer: "Ai de vós, doutores da Lei e fariseus, hipócritas! Porque sois parecidos aos túmulos caiados: com bela aparência por fora, mas por dentro estão cheios de ossos de mortos e toda espécie de imundície!" (Mateus 23.27, KJA). Aquelas pessoas aparentavam justiça e religiosidade externamente, mas seus interiores estavam carentes da presença do Senhor.

Todo ser humano possui um vazio no coração que não pode ser preenchido por bens materiais, como um carro novo, uma casa desejada ou uma viagem dos sonhos. Ele só é preenchido quando nos entregamos aos pés de Jesus.

Quanto mais cheio do Altíssimo você estiver, mais plenitude terá, pois o seu coração tem o tamanho exato de Deus.

"Somente Deus pode preencher o vazio existencial do ser humano."

NÃO FIQUE COM RAIVA

DIA
355

@michelsimplicio

Muitas vezes, entristecemo-nos muito, chegando ao ponto de permitir que a raiva domine o coração.

O grande problema é que a raiva é uma porta para que o Diabo entre e destrua nossa vida. Por isso, você não pode dar lugar a Satanás nem ficar com raiva. Em Efésios 4.26, está escrito: "Se vocês ficarem com raiva, não deixem que isso faça com que pequem e não fiquem o dia inteiro com raiva" (NTLH).

A Palavra do Senhor nos orienta a não ficar muito tempo com raiva e a não deixar que o Sol se ponha antes de resolvermos o problema. Isso evita que o Inimigo encontre oportunidade para nos tentar e transformar esse sentimento em algo prejudicial.

A Bíblia mostra o exemplo de Absalão, cujo irmão violou sua irmã. Ele ficou com muita raiva e, em vez de liberar perdão, alimentou essa raiva no coração por dois anos, a ponto de tirar a vida do próprio irmão (cf. 2Samuel 13).

Absalão é um exemplo de que não podemos carregar a raiva dentro de nós. Para vencê-la, é necessário estar na presença do Altíssimo e pedir que ele limpe nosso coração, para que consigamos perdoar e amar ao próximo.

"Alimentar a raiva é tomar um gole de veneno e esperar que o outro morra!"

O que você faz quando a raiva brota em seu coração?

PLANO DE LEITURA:

2Pedro 1–3

ACESSE O QR CODE PARA SABER MAIS:

DIA
356

@michelsimplicio

NÃO TOME DECISÃO APOIADO NA EMOÇÃO

Você costuma tomar decisões baseado na razão ou na emoção?

PLANO DE LEITURA:

1João 1–5

ACESSE O QR CODE PARA SABER MAIS:

Tomamos decisões constantemente, e nem todas oferecem uma segunda chance. Algumas são tão importantes que não podemos voltar atrás. Por isso, é necessário pensar bem antes de agir e analisar se não estamos simplesmente apoiados em uma emoção momentânea.

A Bíblia conta a história do rei Herodes, que tomou uma decisão precipitada ao ficar muito feliz. Em Mateus 14.6–7, lemos: "Festejando-se, porém, o dia natalício de Herodes, dançou a filha de Herodias diante dele, e agradou a Herodes. Por isso prometeu, com juramento, dar-lhe tudo o que pedisse" (ACF).

Herodes não esperava que a filha de Herodias, instigada pela mãe, pediria a cabeça de João Batista em um prato. João Batista era um profeta, e o rei afligiu-se, mas, por causa do juramento, ordenou que João fosse degolado no cárcere (cf. Mateus 14.8–10). Ou seja, um profeta morreu porque alguém tomou uma decisão apoiada em uma emoção.

Portanto, tome muito cuidado com o que promete, porque decisões baseadas em impulsos emocionais podem destruir grandes ministérios e vidas preciosas. Espere a emoção passar e procure tomar decisões que agradam ao Senhor.

"Quem toma decisão baseado na emoção acabará machucando o coração."

DEUS CHAMOU VOCÊ PARA SER UMA REFERÊNCIA

DIA
357

@michelsimplicio

A vontade do Altíssimo é que você seja uma referência para esta geração. Ele tem despertado você para que, no meio da sua família, entre os amigos, colegas e em qualquer ambiente, você possa ser uma referência do Senhor. O apóstolo Paulo, quando escreve a Timóteo, diz: "Você, porém, que é um homem de Deus, fuja de todas essas coisas más. Busque a justiça, a devoção e também a fé, o amor, a perseverança e a mansidão" (1Timóteo 6.11, NVT).

Muitas pessoas estão em busca de influenciadores e referências nas redes sociais para seguir. Por isso, o Senhor está falando com você: ele o chamou para ser uma referência para esta geração. Seja uma referência no trato, na palavra, no amor e na devoção, pois as pessoas dificilmente lerão a Bíblia, mas pelo seu comportamento verão o Deus a quem você serve.

Seja uma referência positiva no lugar onde o Criador o colocou, de modo que possa dizer como o apóstolo Paulo: "Sejam meus imitadores, como eu sou de Cristo". Faça as coisas certas e seja um exemplo, pois o Senhor o chamou para ser uma pessoa referencial.

"Viver para Deus de forma intensa é o grande segredo para se tornar uma referência."

Você tem sido uma referência nos locais que frequenta?

PLANO DE LEITURA:

2João 1

ACESSE O QR CODE PARA SABER MAIS:

DIA
358

@michelsimplicio

ENTREGUE O MELHOR PARA DEUS

Você tem entregado sempre o melhor para Deus?

PLANO DE LEITURA:

3João 1

ACESSE O QR CODE PARA SABER MAIS:

Deus é digno de receber o melhor. Todo louvor, honra e glória pertencem ao Altíssimo. Em João 3.16, lemos: "Porque Deus amou o mundo de tal maneira que deu o seu Filho unigênito, para que todo aquele que nele crê não pereça, mas tenha a vida eterna" (ARC). O Senhor entregou o melhor que tinha por amor a você. Agora, é hora de você oferecer o melhor que tem para ele.

Gênesis 4 relata a história de Abel e Caim, irmãos que ofereceram sacrifícios ao Criador. Abel trouxe o seu melhor, uma excelente oferta. Contudo, Caim não fez o mesmo, e o Senhor não aceitou a sua oferta, o que fez o semblante daquele homem mudar.

O Eterno não aceita qualquer coisa. Infelizmente, muitos passam a vida inteira oferecendo o que acham ser o melhor e somente na velhice entregam sua vida ao Pai. Siga o exemplo de Abel, que deu o melhor para o Senhor. Entregue os melhores dias de sua vida ao Todo-Poderoso. Ofereça sua alma e coração ao Criador, dizendo: "Eis-me aqui!".

Lembre-se, o Altíssimo não aceita qualquer coisa. Quando você entrega o melhor ao Senhor, ele também oferece o melhor para você!

"Esforce-se para entregar o melhor para o Senhor e você receberá o melhor de Deus."

DEUS QUER FALAR COM VOCÊ

DIA **359**

@michelsimplicio

Uma das frases mais procuradas na internet é: "como ouvir a voz de Deus?". Isso acontece porque há um grande anseio no coração humano de escutar o Senhor e conhecer sua vontade, que, segundo Romanos 12.2b, é boa, perfeita e agradável.

O Altíssimo deseja falar com você e orientá-lo, como sempre fez. Em Hebreus 3.7–8, lemos: "Assim, como diz o Espírito Santo: 'Hoje, se vocês ouvirem a sua voz, não endureçam o coração, como na rebelião, durante o tempo de provação no deserto'".

É interessante notar que, em Atos 13.2–3, enquanto a Igreja adorava e jejuava, o Espírito Santo disse: "Separem-me Barnabé e Saulo para a obra a que os tenho chamado". O Criador falou com a Igreja e quer falar com você. Portanto, não tome nenhuma decisão sem antes ouvir a voz do Senhor, pois suas escolhas de hoje podem influenciar diretamente seu futuro.

Espere Deus falar e confirmar no seu coração antes de agir. O Altíssimo deseja se comunicar com você, então ore e aguarde sua direção. Deus quer falar com você e guiá-lo em todos os aspectos da sua vida.

"Quando nos rendemos em oração, Deus fala ao nosso coração."

Você tem se disposto a ouvir a voz de Deus? Tem lido constantemente a Bíblia?

....

....

....

....

....

....

....

PLANO DE LEITURA:

Judas 1

ACESSE O QR CODE PARA SABER MAIS:

DIA
360

VOCÊ FOI ESCOLHIDO POR DEUS

@michelsimplicio

Em que o fato de saber que Deus escolheu você afeta sua vida?

PLANO DE LEITURA:

Apocalipse 1–4

ACESSE O QR CODE PARA SABER MAIS:

Durante minha trajetória como atleta profissional, participei de muitos testes. Quando alguém dizia: "Você foi escolhido! Você passou!", meu coração se alegrava, pois sabia que um novo tempo começaria em minha vida. Hoje, entendo que Deus ainda escolhe as pessoas. Contudo, é interessante saber que muitos são chamados, mas poucos são escolhidos (cf. Mateus 22.14).

Não sabemos quais são os critérios de Deus para escolher alguém, mas entendemos que ele sempre observa o coração. Em João 15.16, está escrito: "Vocês não me escolheram, mas eu os escolhi para irem e darem fruto, fruto que permaneça, a fim de que o Pai lhes conceda o que pedirem em meu nome".

Deus escolheu você! Em Jeremias 1.5, o Senhor disse ao profeta: "Antes de formá-lo no ventre eu o escolhi; antes de você nascer, eu o separei e o designei profeta às nações". Do mesmo modo, o Criador escolheu você para fazer a diferença, e isso desde o ventre da sua mãe.

Por isso, entenda que quando o Pai escolhe alguém, ele cuida e revela o que essa pessoa precisa saber para que não fuja e cumpra o seu chamado.

"Você foi escolhido por Deus para fazer a diferença nesta geração."

ENTENDENDO AS ESTAÇÕES

DIA
361

@michelsimplicio

Todos passamos por diferentes estações em nossa vida. Existe uma história muito interessante sobre isso.

Um pai tinha filhos e, para lhes ensinar uma lição, pediu que cada um fosse a uma estação diferente. Ao retornarem, cada um relatou sua experiência. O filho que foi ao inverno comentou: "Pai, a cidade é muito feia, as árvores estão secas. Eu jamais moraria no inverno". Já o filho que visitou o verão disse: "Aquele lugar é maravilhoso, as árvores estão sempre verdes, o lugar é cheio de vida. Meu sonho é morar lá".

A lição é que a perspectiva da vida muda de acordo com a estação que estamos vivendo. Talvez você esteja vivendo o inverno da sua vida, passando por momentos difíceis. No entanto, entenda que todos passamos por fases desafiadoras.

Em Daniel 2.21, está escrito que é o Senhor quem muda o tempo e as estações. Ele está cuidando de tudo! Creia que o sol voltará a brilhar e você cantará o hino da vitória. Portanto, permaneça firme! Se estiver enraizado em Cristo, você dará muitos frutos, e eles permanecerão.

"Independentemente da estação, continue confiando em Deus de todo coração."

Que diferença faz saber que Deus tem controle sobre as estações da sua vida?

PLANO DE LEITURA:

Apocalipse 5–7

ACESSE O QR CODE PARA SABER MAIS:

DIA
362

@michelsimplicio

O AMBIENTE FAZ TODA A DIFERENÇA

Os ambientes que você frequenta o aproximam ou afastam de Deus?

PLANO DE LEITURA:

Apocalipse 8–10

ACESSE O QR CODE PARA SABER MAIS:

Em certa ocasião, Saul recebeu uma orientação do profeta Samuel, que lhe disse: "Quando você encontrar um grupo de profetas, poderá se juntar a eles e profetizará com eles" (cf. 1Samuel 10.5–6). É interessante notar que, ao se juntar aos profetas, Saul também começou a profetizar. Isso ilustra como o ambiente ao nosso redor pode influenciar nosso comportamento.

Assim como Saul foi moldado pelo grupo, você também será impactado pelo ambiente em que está inserido. É essencial caminhar com pessoas que o encorajem a buscar a santidade. Se você se rodear de indivíduos que amam ao Senhor, você será profundamente abençoado. O Espírito do Senhor se apoderou de Saul, e ele se tornou uma grande referência.

Reflita sobre o ambiente em que você está hoje e considere como ele está moldando sua vida. Alguns lugares revelam a glória do Altíssimo e ajudam a fortalecer sua fé, permitindo que você se torne referência para sua geração.

É hora de revisar seus conceitos e reconhecer a importância de estar em um ambiente que promove crescimento espiritual e conexão com o Criador.

"Quando estamos no ambiente certo, as coisas certas começam a acontecer."

JOGUE FORA O LENÇO E USE A ESPADA

DIA **363**

@michelsimplicio

Quando enfrentamos momentos difíceis, nossa tendência é nos agarrarmos ao lenço que enxuga lágrimas e lamentar as perdas. No livro de Juízes, vemos que o povo de Israel, ao se afastar das orientações do Senhor, foi afligido por inimigos. Contudo, ao clamar ao Altíssimo, o Senhor enviou Gideão para libertá-los.

A Bíblia, em Juízes 6.12, nos relata: "Então o anjo do SENHOR apareceu a Gideão e lhe disse: 'O SENHOR está com você, poderoso guerreiro'". Nessa passagem, o Senhor estava dizendo a Gideão que era o momento de deixar o lenço de lado e empunhar a espada. Foi com a espada que Gideão realizou grandes conquistas!

Essa história nos ensina que é hora de chorar menos e lutar mais. Muitas vezes, a mudança de nossa situação não acontece com lágrimas, mas com ações corajosas e decididas, como fez Gideão.

Portanto, abandone o lenço e agarre a espada, que é a Palavra de Deus. É com ela que você conquistará e avançará. O choro pode durar uma noite, mas a alegria vem ao amanhecer. Receba essa palavra e prepare-se, crendo que um novo tempo está se aproximando para a sua vida.

"Suas conquistas começam exatamente onde o choro termina."

Será que você não está chorando demais quando deveria estar agindo?

PLANO DE LEITURA:

Apocalipse 11–14

ACESSE O QR CODE PARA SABER MAIS:

DIA
364

@michelsimplicio

QUANDO DEUS PROVA O NOSSO CORAÇÃO

Nos momentos difíceis, você é aprovado ou reprovado?

PLANO DE LEITURA:

Apocalipse 15–17

ACESSE O QR CODE PARA SABER MAIS:

O Senhor frequentemente permite testes para que o nosso coração e suas intenções mais profundas sejam revelados. Um exemplo claro disso é a vida de Ezequias.

Em 2Reis 20, lemos que o rei adoeceu gravemente e estava à beira da morte. Porém, após orar, ele foi curado, e Deus lhe concedeu mais quinze anos de vida, além de prosperidade e riquezas. No entanto, em 2Crônicas 32.31, encontramos a seguinte declaração: "[...] Deus o deixou, para prová-lo e para saber tudo o que havia em seu coração". Isso nos mostra que, muitas vezes, o Altíssimo permite que situações desafiadoras ocorram para revelar o verdadeiro estado do nosso coração.

Assim como Ezequias foi testado, também nós seremos.

Que você manifeste a pureza e a dependência que sempre foram parte de seu ser. As perdas e as dificuldades que enfrenta são testes temporários e logo passarão. Lembre-se: foi o Deus que abençoou Ezequias que também permitiu o teste em sua vida. Logo, ele não o está testando para envergonhá-lo, mas para revelar o que está no seu coração e fortalecer sua fé.

"Deus prova o seu coração antes de elevar sua posição."

NADA IMPEDIRÁ VOCÊ DE CAMINHAR

DIA **365**

@michelsimplicio

Muitas vezes, o Inimigo tenta nos atingir de várias formas, com o objetivo de nos fazer parar.

Em Jó 39.24, está escrito: "Sacudindo-se e removendo-se, escarva a terra e não faz caso do som da buzina" (ARC). Nesse versículo, que faz referência a um cavalo de guerra, vemos que, apesar do toque da buzina ou do som da trombeta, ele continuava avançando sem medo e sem se deixar abalar pela pressão. E essa é a vontade do Altíssimo para a sua vida.

Não se deixe desanimar pelos ataques do Inimigo; continue marchando e lutando pelos seus objetivos.

O Criador está com você, e assim como o cavalo de guerra não se amedronta diante do toque da trombeta, você também não deve temer ou recuar. A única coisa que você não pode fazer é parar de avançar ou duvidar de que o Pai lhe concederá o direcionamento necessário para vencer as batalhas.

Portanto, creia que nada poderá impedir seu progresso. Assim como o cavalo de guerra continuava sua marcha sem temer, todos aqueles que confiam no Senhor são como o monte Sião: inabalável e firme para sempre.

"Não desistir de caminhar gera a convicção de que Deus vai abençoar."

O que tem impedido o seu avanço?

PLANO DE LEITURA:

Apocalipse 18–22

ACESSE O QR CODE PARA SABER MAIS:

Memorizar versículos bíblicos é uma prática que fortalece a fé e enriquece a vida espiritual.

MICHEL SIMPLICIO

VERSÍCULOS PARA MEMORIZAÇÃO

Memorizar versículos bíblicos é uma prática que fortalece a fé e enriquece a vida espiritual. Ao gravar as Escrituras no coração, a Palavra de Deus torna-se uma fonte constante de sabedoria, consolo e direção. Esses versículos escolhidos especialmente para memorização ajudarão a renovar a mente, a fortalecer a confiança em Deus e a manter o foco em suas promessas em meio às situações cotidianas. Lembre-se de que, ao meditar e internalizar essas passagens, a transformação espiritual ocorrerá de maneira profunda, permitindo que a verdade divina seja um guia constante em cada passo da jornada de fé.

SALVAÇÃO

Porque Deus amou o mundo de tal maneira que deu o seu Filho unigênito, para que todo o que nele crê não pereça, mas tenha a vida eterna.

João 3.16

Eu sou o caminho, a verdade e a vida. Ninguém vem ao Pai a não ser por mim.

João 14.6

Não há salvação em nenhum outro, pois abaixo do céu não há nenhum outro nome dado entre os homens pelo qual devamos ser salvos.

Atos 4.12

Mas a todos quantos o receberam, deu-lhes o poder de serem feitos filhos de Deus, a saber, aos que creem no seu nome.

João 1.12

Porque pela graça sois salvos, mediante a fé. E isto não vem de vós; é dom de Deus. Não de obras, para que ninguém se glorie.

Efésios 2.8–9

PALAVRA DE DEUS

A revelação das tuas palavras dá luz e faz entender os simples.

Salmos 119.130

Procura apresentar-te a Deus aprovado, como obreiro que não tem de que se envergonhar, que maneja bem a palavra da verdade.

2Timóteo 2.15

Porque a palavra de Deus é viva e eficaz, e mais cortante do que qualquer espada de dois gumes; e penetra até ao ponto de dividir alma e espírito, juntas e medulas; e é apta para discernir os pensamentos e intenções do coração.

Hebreus 4.12

O céu e a terra passarão, mas as minhas palavras jamais passarão.

Mateus 24.35

Desejai afetuosamente, como meninos recém-nascidos, o leite espiritual, para que por ele vejais a salvação.

1Pedro 2.2

FÉ

Se você pode? Disse Jesus. Tudo é possível àquele que crê.

Marcos 9.23

Ora, a fé é a certeza daquilo que esperamos e a prova das coisas que não vemos.

Hebreus 11.1

Porque vivemos por fé, e não pelo que vemos.

2Coríntios 5.7

Porque todo o que é nascido de Deus vence o mundo. E esta é a vitória que vence o mundo, a nossa fé.

1João 5.4

Assim também a fé, se não tiver obras, é morta em si mesma.

Tiago 2.26

ORAÇÃO

Se vós estiverdes em mim, e as minhas palavras estiverem em vós, pedireis tudo o que quiserdes, e vos será feito.

João 15.7

Se pedirdes alguma coisa em meu nome, eu o farei.

João 14.14

Clama a mim, e responder-te-ei, e anunciar-te-ei coisas grandes e firmes que não sabes.

Jeremias 33.3

Pedi, e dar-se-vos-á; buscai, e encontrareis; batei, e abrir-se-vos-á.

Mateus 7.7

Por isso vos digo que tudo o que pedirdes em oração, crede que o recebereis, e tê-lo-eis.

Marcos 11.24

CURA

Ele dá força ao cansado, e aumenta as forças ao que não tem nenhum vigor.

Isaías 40.29

Enviou a sua palavra, e os sarou, e os livrou da destruição.

Salmos 107.20

Mas ele foi ferido por causa das nossas transgressões, moído por causa das nossas iniquidades; o castigo que nos traz a paz estava sobre ele, e pelas suas feridas fomos curados.

Isaías 53.5

Mas para vós que temeis o meu nome nascerá o sol da justiça, trazendo cura nas suas asas; e saireis e saltareis como bezerros soltos da estrebaria.

Malaquias 4.2

É ele quem perdoa todos os teus pecados e cura todas as tuas enfermidades.

Salmos 103.3

PROVISÃO

Meu Deus, segundo as suas riquezas, suprirá todas as vossas necessidades em glória por Cristo Jesus.

Filipenses 4.19

Mas buscai primeiro o seu reino e a sua justiça, e todas essas coisas vos serão acrescentadas.

Mateus 6.33

Fui moço, e agora sou velho; mas nunca vi o justo desamparado, nem a sua descendência a mendigar o pão.

Salmos 37.25

Quem não poupou a seu próprio Filho, antes o entregou por todos nós, como não nos dará também com ele todas as coisas?

Romanos 8.32

Porque o Senhor Deus é sol e escudo; o Senhor dará graça e glória; nenhum bem, ele não retém dos que andam na retidão.

Salmos 84.11

LIBERTAÇÃO DO MEDO

Busquei ao Senhor, e ele me respondeu; livrou-me de todos os meus temores.

Salmos 34.4

Deixo-vos a paz, a minha paz vos dou; não vo-la dou como a dá o mundo. Não se turbe o vosso coração, nem se atemorize.

João 14.27

Tu conservarás em paz aquele cuja mente está firme em ti; porque ele confia em ti.

Isaías 26.3

Não temas, porque eu sou contigo; não te assombres, porque eu sou o teu Deus; eu te fortaleço, e te ajudo, e te sustento com a destra da minha justiça.

Isaías 41.10

O Senhor é a minha luz e a minha salvação; a quem temerei? O Senhor é a força da minha vida; de quem me atemorizarei?

Salmos 27.1

AMOR

Agora, pois, permanecem a fé, a esperança e o amor, estes três; mas o maior destes é o amor.

1Coríntios 13.13

Um novo mandamento vos dou: que vos ameis uns aos outros; assim como eu vos amei a vós, que também vós ameis uns aos outros.

João 13.34

Se me amais, guardareis os meus mandamentos.

João 14.15

Nenhum débito permaneça pendente, exceto o de amar-vos uns aos outros, pois quem ama o próximo tem cumprido a lei.

Romanos 13.8

Porque toda a lei se cumpre em um só mandamento, a saber: Amarás o teu próximo como a ti mesmo.

Gálatas 5.14

ESPÍRITO SANTO

Mas o Consolador, o Espírito Santo, que o Pai enviará em meu nome, esse vos ensinará todas as coisas e vos fará lembrar de tudo o que vos tenho dito.

João 14.26

E acontecerá nos últimos dias, diz Deus, que derramarei do meu Espírito sobre toda a carne; e os vossos filhos e as vossas filhas profetizarão, e os vossos jovens terão visões, e sonharão os vossos anciãos.

Atos 2.17

Se vós, sendo maus, sabeis dar boas dádivas aos vossos filhos, quanto mais dará o Pai celeste o Espírito Santo àqueles que lho pedirem?

Lucas 11.13

Quando, porém, vier o Consolador, que eu vos enviarei da parte do Pai, o Espírito da verdade, que dele procede, esse dará testemunho de mim.

João 15.26

Mas o fruto do Espírito é amor, gozo, paz, longanimidade, benignidade, bondade, fé.

Gálatas 5.22

PLENITUDE DE JESUS CRISTO

Eu sou o caminho, a verdade e a vida. Ninguém vem ao Pai a não ser por mim.

João 14.6

Porque há um só Deus e um só Mediador entre Deus e os homens, Cristo Jesus, homem.

1Timóteo 2.5

Porque nele habita corporalmente toda a plenitude da divindade.

Colossenses 2.9

Disse-lhe Jesus: Eu sou a ressurreição e a vida. Aquele que crê em mim, ainda que morra, viverá.

João 11.25

Lembre-se de que, ao meditar e internalizar essas passagens, a transformação espiritual ocorrerá de maneira profunda.

MICHEL SIMPLICIO

> Leia a sua Bíblia todos os dias, medite naquilo que você está lendo e construa sua vida sobre as promessas e os ensinamentos que ela apresenta.

MICHEL SIMPLICIO

PLANO ANUAL DE LEITURA BÍBLICA

POR QUE LER A BÍBLIA

- Porque por meio dela conhecemos a Deus e ficamos sabendo o que ele exige de nós e o que ele nos promete: 2Timóteo 3.16; João 5.39; 2Pedro 1.4.
- Porque nela se encontra revelado o amor de Deus pelo ser humano: João 3.16; 20.30–31.
- Porque nela somos ensinados e habilitados a viver o mais alto conceito de amor: Mateus 5.43–48; 1Coríntios 13; Romanos 12.9–21.
- Porque nela encontramos mensagens de consolo e paz: João 14.
- Porque suas palavras falam ao coração angustiado e o consolam: Salmos 103.
- Porque nela se encontram os princípios para uma vida de felicidade e harmonia no lar: Efésios 5.22 – 6.4.

COMO LER A BÍBLIA

- Antes de iniciar, ore para que Deus o oriente e abençoe na leitura e, ao terminar, agradeça-lhe as bênçãos recebidas por meio dela.
- Leia com reverência e humildade e, sempre que possível, procure ler trechos que tenham sentido completo.
- Leia a sua Bíblia todos os dias, medite naquilo que você está lendo e construa sua vida sobre as promessas e os ensinamentos que ela apresenta.

JANEIRO

Dia	Livro	Capítulo	X
1	Gênesis	1–3	
2		4–6	
3		7–9	
4		10–12	
5		13–16	
6		17–19	
7		20–22	
8		23–24	
9		25–27	
10		28–30	
11		31–32	
12		33–35	
13		36–37	
14		38–40	
15		41–42	
16		43–45	
17		46–47	
18		48–50	
19	Êxodo	1–4	
20		5–7	
21		8–10	
22		11–13	
23		14–16	
24		17–20	
25		21–23	
26		24–26	
27		27–29	
28		30–32	
29		33–35	
30		36–38	
31		39–40	

FEVEREIRO

Dia	Livro	Capítulo	X
1	Levítico	1-4	
2		5–7	
3		8–10	
4		11–12	
5		13–15	
6		16–18	
7		19–20	
8		21–23	
9		24–25	
10		26–27	
11	Números	1–2	
12		3–4	
13		5–7	
14		8–10	
15		11–12	
16		13–15	
17		16–18	
18		19–21	
19		22–24	
20		25–26	
21		27–30	
22		31–32	
23		33–34	
24		35–36	
25	Deuteronômio	1–2	
26		3–4	
27		5–7	
28		8–10	

MARÇO

Dia	Livro	Capítulo	X
1	Deuteronômio	14–18	
2		19–22	
3		23–25	
4		26–28	
5		29–31	
6		32–34	
7	Josué	1–4	
8		5–8	
9		9–11	
10		12–14	
11		15–16	
12		17–19	
13		20–22	
14		23–24	
15	Juízes	1–3	
16		4–7	
17		8–9	
18		10–12	
19		13–16	
20		17–18	
21		19–21	
22	Rute	1–4	
23	1 Samuel	1–4	
24		5–7	
25		8–10	
26		11–14	
27		15–17	
28		18–20	
29		21–24	
30		25–27	
31		28–31	

ABRIL

Dia	Livro	Capítulo	X
1	2 Samuel	1–4	
2		5–7	
3		8–10	
4		11–14	
5		15–17	
6		18–19	
7		20–22	
8		23–24	
9	1 Reis	1–2	
10		3–5	
11		6–7	
12		8–9	
13		10–11	
14		12–13	
15		14–17	
16		18–20	
17		21–23	
18	2 Reis	1–4	
19		5–7	
20		8–10	
21		11–14	
22		15–17	
23		18–19	
24		20–23	
25		24–25	
26	1 Crônicas	1–2	
27		3–5	
28		6	
29		7–9	
30		10–11	

MAIO

Dia	Livro	Capítulo	X
1	1 Crônicas	12–15	
2		16–18	
3		19–21	
4		22–25	
5		26–29	
6	2 Crônicas	1–4	
7		5–7	
8		8–11	
9		12–14	
10		15–19	
11		20–23	
12		24–26	
13		27–29	
14		30–33	
15		34–36	
16	Esdras	1–2	
17		3–6	
18		7–10	
19	Neemias	1–3	
20		4–7	
21		8–10	
22		11–13	
23	Ester	1–3	
24		4–10	
25	Jó	1–2	
26		3–5	
27		6–8	
28		9–11	
29		12–14	
30		15–19	
31		20–25	

JUNHO

Dia	Livro	Capítulo	X
1	Jó	26–28	
2		29–31	
3		32–34	
4		35–37	
5		38–40	
6		41–42	
7	Salmos	1–7	
8		8–13	
9		14–17	
10		18–23	
11		24–29	
12		30–33	
13		34–37	
14		38–43	
15		44–48	
16		49–51	
17		52–58	
18		59–65	
19		66–69	
20		70–73	
21		74–78	
22		79–82	
23		83–89	
24		90–94	
25		95–102	
26		103–105	
27		106–107	
28		108–112	
29		113–118	
30		119	

JULHO

Dia	Livro	Capítulo	X
1	Salmos	120–128	
2		129–135	
3		136–143	
4		144–147	
5		148–150	
6	Provérbios	1–3	
7		4–6	
8		7–8	
9		9–11	
10		12–15	
11		16–18	
12		19–21	
13		22–24	
14		25–27	
15		28–31	
16	Eclesiastes	1–4	
17		5–8	
18		9–12	
19	Cântico dos Cânticos	1–4	
20		5–8	
21	Isaías	1–3	
22		4–7	
23		8–10	
24		11–13	
25		14–19	
26		20–24	
27		25–28	
28		29–33	
29		34–36	
30		37–39	
31		40–43	

AGOSTO

Dia	Livro	Capítulo	X
1	Isaías	44–47	
2		48–51	
3		52-56	
4		57–61	
5		62–66	
6	Jeremias	1–3	
7		4–6	
8		7–9	
9		10–13	
10		14–17	
11		18–21	
12		22–25	
13		26–28	
14		29–32	
15		33–36	
16		37–40	
17		41–43	
18		44–48	
19		49–50	
20		51–52	
21	Lamentações	1–3	
22		4–5	
23	Ezequiel	1–4	
24		5–7	
25		8–12	
26		13–15	
27		16–19	
28		20–23	
29		24–26	
30		27–30	
31		31–33	

SETEMBRO

Dia	Livro	Capítulo	X
1	Ezequiel	34–36	
2		37–39	
3		40–42	
4		43–44	
5		45–48	
6	Daniel	1–4	
7		5–6	
8		7–9	
9		10–12	
10	Oseias	1–4	
11		5–9	
12		10–14	
13	Joel	1–3	
14	Amós	1–4	
15		5–9	
16	Obadias	1	
17	Jonas	1–4	
18	Miqueias	1–7	
19	Naum	1-3	
20	Habacuque	1–3	
21	Sofonias	1–3	
22	Ageu	1–2	
23	Zacarias	1–5	
24		6–10	
25		11–14	
26	Malaquias	1–4	
27	Mateus	1–3	
28		4–6	
29		7–9	
30		10–11	

OUTUBRO

Dia	Livro	Capítulo	X
1	Mateus	12–13	
2		14–15	
3		16–18	
4		19–21	
5		22–23	
6		24–25	
7		26	
8		27–28	
9	Marcos	1–2	
10		3–4	
11		5–6	
12		7–8	
13		9–10	
14		11–12	
15		13–14	
16		15–16	
17	Lucas	1	
18		2–3	
19		4–5	
20		6–7	
21		8–9	
22		10–11	
23		12–13	
24		14–15	
25		16–18	
26		19–20	
27		21–22	
28		23–24	
29	João	1–2	
30		3–4	
31		5–6	

NOVEMBRO

Dia	Livro	Capítulo	X
1	João	7–8	
2		9–10	
3		11–12	
4		13–14	
5		15–18	
6		19–21	
7	Atos	1–2	
8		3–5	
9		6–7	
10		8–9	
11		10–11	
12		12–13	
13		14–15	
14		16–19	
15		20–21	
16		22–23	
17		24–28	
18	Romanos	1–3	
19		4–6	
20		7–9	
21		10-12	
22		13–16	
23	1 Coríntios	1–3	
24		4–7	
25		8–9	
26		10–13	
27		14–16	
28	2 Coríntios	1–3	
29		4–7	
30		8–13	

DEZEMBRO

Dia	Livro	Capítulo	X
1	Gálatas	1–4	
2		5–6	
3	Efésios	1–4	
4		5–6	
5	Filipenses	1–4	
6	Colossenses	1–4	
7	1 Tessalonicenses	1–5	
8	2 Tessalonicenses	1–3	
9	1 Timóteo	1–6	
10	2 Timóteo	1–4	
11	Tito	1–3	
12	Filemom	1	
13	Hebreus	1–4	
14		5–9	
15		10–11	
16		12–13	
17	Tiago	1–5	
18	1 Pedro	1–3	
19		4–5	
20	2 Pedro	1–3	
21	1 João	1–5	
22	2 João	1	
23	3 João	1	
24	Judas	1	
25	Apocalipse	1–4	
26		5–7	
27		8–10	
28		11–14	
29		15–17	
30		18–20	
31		21–22	

Oro a Deus que a
leitura o tenha ajudado
a tomar as melhores
decisões em face
das circunstâncias e dos
dilemas do cotidiano!

MICHEL SIMPLICIO

CONCLUSÃO

Parabéns! Você completou com sucesso a jornada anual de busca de intimidade com o Senhor! Tenho certeza de que, ao longo deste ano, você teve muitas experiências maravilhosas com Deus ao mergulhar nas páginas deste livro.

Ao longo da leitura desses devocionais, você recebeu instrução e sabedoria, o que o conduziu a um relacionamento diário com o Eterno e permitiu que recebesse dele forças para cumprir o seu propósito.

Cada devocional foi elaborado debaixo de uma orientação clara do Espírito Santo e, creio, trouxe um grande impacto positivo em sua vida.

Oro a Deus que a leitura o tenha ajudado a tomar as melhores decisões em face das circunstâncias e dos dilemas do cotidiano!

Foi ótimo seguir com você ao longo desta jornada!

A ótima notícia é que, para o próximo ano, já estamos preparando algo ainda melhor!

Espero poder continuar contribuindo com seu crescimento em Deus.

Mesmo em meio às adversidades, não esqueça: *Priorize Deus.*

O aprendizado deve ser constante na nossa jornada de fé. Por isso, compartilho a seguir cursos que elaborei para edificar sua vida.

MICHEL SIMPLICIO

CONHEÇA OS **CURSOS** **DO** AUTOR

COMO MONTAR SEU QUARTO DE ORAÇÃO

Tu, porém, quando orares, entra no teu quarto e, fechada a porta, orarás a teu Pai, que está em secreto; e teu Pai, que vê em secreto, te recompensará.

MATEUS 6.6

O quarto da oração é essencial na vida de todo cristão, pois é ali que ficamos na presença de Deus, onde há plenitude de alegria e delícias perpetuamente. A porta fechada do quarto é onde a porta do céu se abre. Ali é o lugar onde Jesus vem ao nosso encontro e o Espírito nos unge com o óleo da alegria.

É nesse lugar secreto que as maiores batalhas são travadas, que as vitórias mais esplêndidas são alcançadas e que somos revestidos de poder para viver vitoriosamente. É nesse lugar secreto que a família experimenta seus maiores milagres, a igreja recebe a sua maior força e os céus se fendem para derramar os mais poderosos avivamentos.

No quarto de oração as recompensas divinas nos alcançam. Deus vê, age e recompensa em secreto, mas os resultados da experiência com a porta do quarto fechada refletem na vida em público.

Pela oração recebemos poder e somos curados, consolados e capacitados. Porém, sem oração, nos distrairemos e nos afadigaremos com muitas coisas e perderemos o principal, a única coisa necessária. Sem oração nossa vida será rasa, infrutífera e sem virtude do Espírito Santo.

Neste curso você aprenderá o passo a passo para montar seu quarto de oração e vivenciar experiências maravilhosas na presença de Deus.

DESENVOLVENDO UM RELACIONAMENTO DIÁRIO COM DEUS

Ter um relacionamento com Deus é algo muito importante na vida de todo cristão. Buscar a comunhão e aumentar a intimidade com ele a cada dia é uma das maiores necessidades que temos.

Para que isso ocorra e seja possível viver em união com o Senhor, precisamos nos dedicar e tomar atitudes que nos levem mais perto dele, sabendo que, quando nos chegamos ao Senhor, ele se chega a nós (Cf. Tiago 4.8).

Relacionamento é união. Ter um relacionamento com Deus significa ter união e partilha de vida com ele. O relacionamento com o Senhor pressupõe amor, proximidade e confiança.

Neste curso, vamos apresentar algumas práticas essenciais para quem deseja estar na presença do Senhor, com amor e confiança. Portanto, se você deseja desenvolver um relacionamento com Deus a se tornar íntimo dele, este curso foi preparado para você.

Você aprenderá sobre os princípios essenciais para desenvolver um relacionamento com o Eterno, a importância da oração, adoração e meditação na Palavra, o passo a passo da oração e muito mais. Certamente sua vida nunca mais será a mesma.

Você está pronto para ter um relacionamento diário com Deus?

CONHECENDO OS DIFERENTES TIPOS DE ORAÇÃO

A oração é uma comunicação pessoal com Deus, um pilar fundamental na vida cristã. Oração é uma habilidade que se desenvolve com a prática e o estudo. Essa aprendizagem ocorre por meio de dois métodos complementares: o conhecimento dos princípios bíblicos sobre a oração e a prática constante dela.

A oração não é apenas um ritual ou uma formalidade; é o coração pulsante da vida cristã. Ao orar, fortalecemos nossa relação com Deus, cultivamos a humildade e somos transformados.

Como cristãos, é essencial reconhecer e praticar diferentes tipos de oração. Por exemplo: você quando chega a uma farmácia, não pede qualquer medicamento: embora sejam todos remédios, existe um específico para cada dor.

A Bíblia revela muitos tipos de oração e emprega uma variedade de palavras para descrever a prática. Por exemplo, 1Timóteo 2.1 diz: "Antes de tudo, pois, exorto que se use a prática de súplicas, orações, intercessões, ações de graças, em favor de todos os homens." Aqui, temos um exemplo de orações diferentes que podem ser praticadas.

Está na hora de conhecer os diferentes tipos de oração para que voce possa orar de forma mais acertava e desfrutar dos benefícios dessa comunicação com o Senhor.

Nesse curso você aprenderá os diferentes tipos de oração e como e quando utilizar cada uma delas.

Você está a um passo de viver os resultados sobrenaturais da oração; vamos começar?

Acesse o QR code para saber mais:

Busquem, pois,
em primeiro lugar o Reino
de Deus e a sua justiça,
e todas essas coisas lhes
serão acrescentadas.

MATEUS 6.33

MINHAS ANOTAÇÕES

MINHAS ANOTAÇÕES

MINHAS ANOTAÇÕES

MINHAS ANOTAÇÕES

Esta obra foi composta em *Swift Neue LT Pro* e *Redonda*
e impressa por COAN Indústria Gráfica sobre papel
Chambril Avena 70 g/m² para Editora Vida.